SINTAXIS DEL ESPAÑOL
Nivel de perfeccionamiento

J. F. García Santos

GRAMÁTICA DEL ESPAÑOL LENGUA EXTRANJERA

*G*RAMÁTICA DEL *E*SPAÑOL *L*ENGUA *E*XTRANJERA

SINTAXIS DEL ESPAÑOL

Nivel de perfeccionamiento

JUAN FELIPE GARCÍA SANTOS

Profesor titular de Lengua Española

Universidad de Salamanca

PRINTED IN SPAIN
Impreso en España por
Gráfica Internacional
San Dalmacio, 25. 28021 Madrid

ISBN: 84-294-3495-X
Depósito Legal: M-38.540-1994

Índice

Introducción

EL libro que usted empieza a leer en este momento consta de **once temas** –en cada uno de los cuales se aborda un aspecto gramatical del español, con sus ejercicios correspondientes– y **dos apéndices**: el primero dedicado a la cuestión, siempre problemática, de *ser* y *estar*, y el segundo, al análisis de las preposiciones. El libro se complementa con los correspondientes **índices**. Para su comodidad, la **clave de los ejercicios** se encuentra en un cuadernillo suelto.

La parte teórica de cada uno de los temas aparece expuesta en dos apartados bien diferenciados: ESQUEMA GRAMATICAL, por un lado, y EXPLICACIÓN Y AMPLIACIÓN GRAMATICAL, por otro.

En el ESQUEMA se ofrecen, de manera más o menos resumida, los distintos aspectos de cada tema; con lo que pretendemos dar una visión de conjunto y facilitar la consulta rápida de una cuestión concreta cuando se esté familiarizado con el libro.

En EXPLICACIÓN Y AMPLIACIÓN GRAMATICAL, por su parte, se retoman los puntos incluidos en el ESQUEMA y se analizan detenidamente –desde una concepción básica que creemos que es novedosa–, y se aclaran o contextualizan los ejemplos cuando ello es necesario.

Pero la gramática –no nos cansaremos de repetirlo– «no se debe aprender de memoria», porque no se habla con la gramática. La gramática, que es el camino más directo y más cómodo para que una persona adulta conozca un fenómeno lingüístico cualquiera, «se comprende». Y una vez que se ha comprendido, «hay que automatizarla». Es decir, las estructuras entrarán primero por la cabeza, pero después tendrán que «entrar por el oído», porque nadie habla –no se puede hablar– pensando en la gramática. Por eso, cada regla, o grupo de reglas, van seguidos de sus correspondientes ejercicios.

La parte práctica de cada tema se completa con la RECAPITULACIÓN, donde hay, en primer término, unos ejercicios más bien cortos que repasan y tratan de fijar lo estudiado en el tema. Pero si, como acabamos de decir, nadie habla «pensando en la gramática», ésta –la gramática– no debe servir tampoco para «hacer ejercicios»: si sólo sirviera para eso, no serviría para nada. A través de la gramática automatizada debemos llegar a comunicarnos en un español correcto; por ello, tras los ejercicios cortos, siguen unos textos más amplios, con los que tratamos de que usted compruebe que es capaz de producir textos amplios correctos. En estos textos, a medida que se va avanzando, se van recogiendo las estructuras de los temas anteriores.

Salamanca, enero de 1993

TEMA I

Las formas verbales: valores y usos

A) EL INDICATIVO

ESQUEMA GRAMATICAL

Presente. Forma **canto**

1 Lo atemporal. Verdad de carácter general:

- *Lavarse **es** sano.*
- *Los pájaros **cantan**.*
- *La Tierra **gira** alrededor del Sol.*

2 Lo que es habitual y se continúa en el presente:

- *Todos los días **hago** gimnasia.*
- *Me **gusta** madrugar.*
- ***Vivo** en Salamanca desde hace diez años.*

3 3.1 Lo que está sucediendo en el momento de hablar. Respuesta a preguntas como: «¿Qué haces?», «¿Qué piensas?», «¿Adónde vas?», etc.:

- ***Estudio** esto para mañana.*
- *Nada. No **sé** qué hacer.*
- ***Voy** a Correos a llevar este paquete.*

3.2 En este caso es muy frecuente la sustitución de la forma **canto** por:

3.2.1 **estar** + gerundio[1]:

- ***Estoy estudiando** esto para mañana.*

3.2.2 gerundio:

- ***Estudiando** esto para mañana.*

3.2.3 **aquí** + gerundio:

- ***Aquí, estudiando** esto para mañana.*

3.2.4 **aquí con:**

- ***Aquí, con** este tema de historia, que es muy interesante.*

---

(1) No admiten las construcciones con gerundio verbos como: **ir, venir, traer, llevar, tener, saber**, etc.

4 Forma **canto** + un elemento que indique futuro: *luego, mañana, ahora (mismo), enseguida, esta tarde, esta noche, esta mañana, el fin de semana, el lunes (martes ...), el jueves (domingo ...) que viene*, etc. ⇒ «futuro»:

- *De acuerdo, esta tarde nos **vemos** y **charlamos** un rato, ¿te parece?*
- *En ese caso yo te **llamo** el jueves y **quedamos** en lo que sea.*

5 El llamado *presente histórico* ⇒ «pasado»:

5.1 Uso académico:

- *Colón **descubre** América en 1492.*
- *Cervantes **nace** en Alcalá de Henares.*

5.2 Uso coloquial: es frecuente cuando se hace un resumen rápido de algo que se acaba de contar o se está contando.

6 Forma **canto** con valor de «consejo, orden, ruego». Frecuente en el uso coloquial:

- *Mira, **subes** al Departamento y me **bajas** unos folios que tengo en la mesa de mi despacho. ≠ **Sube** al departamento y **bájame** unos folios...*

Imperfecto. Forma **cantaba/salía.** Indefinido. Forma **canté/salí**

1 1.1 Acción repetida o habitual en el pasado ⇒ **cantaba** (↓↓↓):

- *Las clases **comenzaban** (↓↓↓) a las nueve.*
- *Algunas veces **iba** (↓↓↓) en bicicleta.*

1.2 Acción puntual ⇒ **canté** (↓):

- *Un día el profesor se **retrasó** (↓) y **comenzamos** (↓) a las diez.*
- *Un día me **acosté** (↓) muy tarde y por la mañana me **quedé** (↓) dormido.*

1.3 Acción repetida, pero un número concreto de veces ⇒ **canté:**

- *Casi todas las noches me **acostaba** (↓↓↓) tarde: por lo menos ocho noches **llegué** (↓) a las cuatro de la madrugada a casa.*

2 Acción pasada, larga o corta –eso no importa–, pero *que dura*; es decir, en el tiempo que transcurre –sean años o milésimas de segundo– *suceden cosas* ⇒ **cantaba** o **estaba cantando** (—):

- *Cuando **salía** (—) esta mañana de casa **cayó** (↓) algo del tejado y le **dio** en la cabeza (↓).*
- *Todos los días, mientras **esperaba** (—) la llegada del tren, se me **acercaba** (↓↓↓) un viejecito y **charlábamos** (↓↓↓) un rato.*
- ***Estaba esperando** (—) a Elvira en la Plaza Mayor cuando **vi** (↓) correr a un joven.*

3 3.1 Descripción ⇒ **cantaba** (O).

3.2 Narración: hecho puntual ⇒ **canté** (↓) / hecho repetido ⇒ **cantaba** (↓↓↓):

- ***Llegamos** (↓) aquella mañana a una casa de las afueras de la ciudad. La casa **tenía** (O) un aspecto extraño: **era** (O) muy vieja, las ventanas se **movían** (O) con el aire y la puerta **estaba** (O) abierta. **Entramos** (↓), dentro **había** (O) muchos juguetes...*

- *Mientras **esperaba** (—) el tren se me **acercaba** (↓↓↓) muchos días un viejecito. **Era** (O) una persona muy simpática, **llevaba** (O) un traje negro y se **cubría** con un curioso sombrero. Me **saludaba** (↓↓↓) muy amablemente, **hablábamos** (↓↓↓) un ratito y luego **seguía** (↓↓↓) su camino con paso decidido. Un día no **apareció** (↓) por la estación...*

4 Futuro en relación con un pasado ⇒ **cantaba** (→). También *condicional simple:* **cantaría:**

- *Me **dijo** (↓) que al día siguiente **salía/saldría** (→) para Madrid.*

5 Copresente en el pasado ⇒ **cantaba** (↔):

- *No **quise** (↓) pararme porque (en aquel momento) **tenía** (↔) mucha prisa.*

6 Acción comenzada, pero no terminada en el pasado ⇒ **cantaba** (→...) // Acción terminada ⇒ **canté** (→I):

- *La muchedumbre no **respetó** (↓) las consignas porque aquel tren **era** (→...) el último.*
- *La desesperación se **adueñó** (↓) de todos porque has de saber que aquel tren **fue** (→I) el último.*

7 Narración. Comienzo de un cuento tradicional o de una narración cualquiera ⇒ **cantaba** o **canté:**

- ***Hubo** una vez un rey que tenía... = **Había** una vez un rey que tenía...*
- ***Fue** una mañana de mayo de 1964. Habíamos salido a... = **Era** una mañana de mayo de 1964. Habíamos salido a...*

8 Imperfecto de cortesía ⇒ «presente». El *imperfecto* de algunos verbos [también, a veces, el *condicional simple* (forma: **cantaría**) e incluso el *imperfecto de subjuntivo*, forma: **cantara**] se usa en español como fórmula cortés, más educada o más suave que la forma **canto:**

- ***Quiero** que lo veas inmediamente.* → «exigencia»
- ***Quería** que lo viera usted cuanto antes.* → «ruego»

Futuro simple. Forma **cantaré**

1 1.1 Acción futura como realidad objetiva:

- *Ha salido un momento, pero **volverá** enseguida.*

1.2 En este sentido, en el español hablado, la forma **cantaré** es sustituida con alguna frecuencia por:

1.2.1 La forma **canto:**

- *Ha salido un momento, pero **vuelve** enseguida.*

1.2.2 La perífrasis **voy, vas, ... a** + *infinitivo:*

- *Ha salido un momento, pero **va a volver** enseguida.*

2 Forma **cantaré** ⇒ «presente de probabilidad o aproximación». Equivalente a la forma **canto:**

- ***Pesará** (unos...) cuarenta gramos.*
- ***Estará** en casa, no sé.*

3 Forma **cantaré** ⇒ «presente de sorpresa», en frases exclamativas. Equivalente a la construcción: **pero** + formas **canto** o **cantaré:**

- *¡**Será** posible!*
- *¡**Pero es** posible!*
- *¡**Pero será** posible!*

4 Forma **cantaré** ⇒ «orden, mandato». Se usa tanto para órdenes negativas como afirmativas. Usos:

4.1 Mandatos para el futuro:

- ***Saldrás** inmediatamente para París.*

El uso de esta forma encierra cierta solemnidad, y por lo general es sustituido por el *presente de imperativo:*

- ***Sal** inmediatamente para París.*

4.2 Mandatos generales, atemporales:

- ***Comerás** con el sudor de tu frente.*
- *No **desearás** la mujer...*

4.3 En el uso común del idioma ⇒ «última orden». Nótese la siguiente gradación en este diálogo:

- PADRE: *Pepito, ven. Mira, **vas a bajar** al quiosco y me **subes** una...*
  HIJO: *(...)*
  PADRE: ***Te he dicho que bajes** al quiosco y me **subas**...*
  HIJO: *(...)*
  PADRE: *Mira, **baja** inmediatamente al quiosco y **súbeme** la...*
  HIJO: *(...)*
  PADRE: ***Bajarás,** porque te lo mando yo, y la **subirás,** porque si no te rompo...*

Condicional simple. Forma **cantaría**

1 Acción futura como hipótesis. La forma **cantaría** es un «sí, pero no»:

- *¡Cuánto lo siento! Me **encantaría** ir contigo, pero me ha llamado Ana y tengo que salir con ella.*

2 Futuro en relación con un pasado. También la forma **cantaba:**

- *Me dijo el lunes pasado que **vendría** ayer.*
- *Me dijo que **vendría** hoy.*
- *Me dijo que **vendría** el próximo domingo.*

3 Probabilidad en el pasado «lejano». Equivalente a la forma **cantó:**

- *Esto **sucedería** (más o menos) en octubre de 1972.*
- ***Serían** (aproximadamente) las ocho cuando llegó.*

4 Condicional de cortesía ⇒ «presente». También se puede usar a veces la forma **cantaba:**

- *Me **gustaría** discutirlo un momento con usted.*

Pretérito perfecto. Forma **he cantado.** Indefinido. Forma **canté**

He cantado y **canté** = acción pasada y terminada, situada:

1 En un espacio de tiempo inmediatamente anterior al momento de hablar (= «acabo de») ⇒ **he cantado** / en un tiempo lejano ⇒ **canté:**

- ***He estado*** *en Salamanca en un curso de español para extranjeros.*
- *También yo, cuando era joven,* ***estuve*** *en Salamanca en un curso.*

2 En un espacio de tiempo que todavía, en el momento de hablar, continúa ⇒ **he cantado** / en espacios de tiempo distintos ⇒ **canté:**

- *Hoy* ***hemos ido*** *al cine. / Ayer* ***fuimos*** *al teatro.*
- *Esta semana* ***he estudiado*** *poco. / La semana pasada* ***estudié*** *mucho.*
- *Este año* ***he estado****... / El (año) pasado (****o:*** *en 1985, 1978,...)* ***estuve****...*
- *A lo largo de este siglo* ***han cambiado****... / En el (siglo) pasado (****o:*** *en el (siglo) XVI, XVIII, ...)* ***cambiaron****...*
- *Esta mañana* ***ha llegado*** *al aeropuerto de Barajas el presidente de... =/≠ Esta mañana* ***llegó*** *al aeropuerto de Barajas...*
- *Esta primavera* ***ha llovido*** *poco. =/≠ Esta primavera* ***llovió*** *poco.*

Pretérito pluscuamperfecto. Forma **había cantado**

Había cantado = acción pasada y terminada, anterior a otra en el pasado. Esquema gráfico:

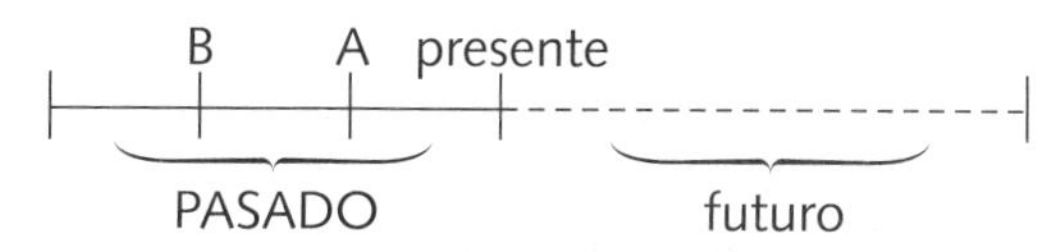

B = pluscuamperfecto. Forma **había cantado:**

- *A las doce* (A) *ya* ***había terminado*** (B) *todo.*
- *Cuando llegué* (A) ***habían retirado*** (B) *ya a los heridos.*

Futuro perfecto. Forma **habré cantado**

1 Acción futura, anterior a otra acción en el futuro. Esquema gráfico:

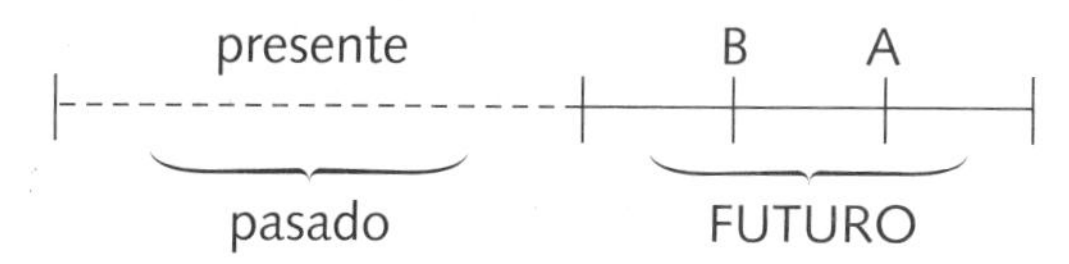

B = futuro perfecto. Forma **habré cantado:**

- *Antes de las doce* (A) ***habrá terminado*** (B) *todo.*
- *Cuando* ***volvamos*** (A) *ya nos lo* ***habrán arreglado.*** (B)

2 Pasado «próximo» de probabilidad. Equivalente a la forma **he cantado:**

- ***Habrá venido*** *Pedro esta mañana, no sé.*

Condicional compuesto. Forma **habría cantado**

1 Acción futura, anterior a otra en el futuro, en conexión con un pasado. Esquema gráfico:

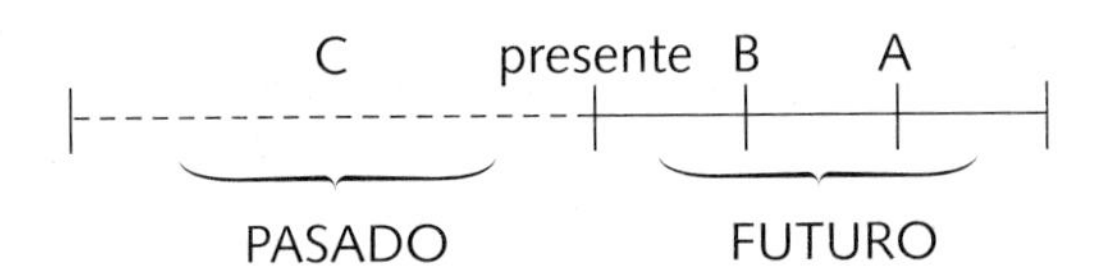

B = condicional compuesto. Forma **habría cantado:**

- *Bueno, mujer, ya está bien. Nos* ***dijeron*** (C) *que, cuando* ***regresáramos*** (A)*, ya nos lo* ***habrían terminado*** (B)*, así que hay que pensar que estará todo en orden.*

2 Probabilidad en el pasado anterior. Equivalente a la forma **había cantado:**

- *Cuando* ***llegaste*** (A) *anoche ya* ***habrían cerrado*** (B) *la tienda, ¿no?*

Lo **probable** (o **aproximado**) y lo **exacto** (o **seguro**) en INDICATIVO

	Exacto	**Probable**
Presente	**Canto** • ***Son*** *las doce.* • ***Tiene*** *18 años.* • ***Está*** *en casa.*	**Cantaré** • ***Serán*** *las doce.* • ***Tendrá*** *18 años.* • ***Estará*** *en casa.*
Pasado próximo	**He cantado** • *Ya* ***ha llegado*** *Andrés. Está ahí su maleta...*	**Habré cantado** • *¿Quién* ***habrá dejado*** *eso ahí?* ***Habrá sido*** *Andrés.*
Pasado lejano	**Canté/Cantaba** • ***Salí*** *a las cuatro.* • ***Estaban*** *todos allí.* • ***Eran*** *las cinco de la tarde.*	**Cantaría** • ***Saldría*** *sobre las cuatro.* • ***Estarían*** *todos, ¿no?* • ***Serían*** *las cinco de la tarde.*
Pasado anterior	**Había cantado** • *Ya sé que no pudo hacer nada porque ya se* ***habían marchado.***	**Habría cantado** • *No pudo hacer nada porque ya se* ***habrían marchado,*** *supongo.*

EXPLICACIÓN Y AMPLIACIÓN GRAMATICAL

En el esquema hemos destacado las formas verbales y no el nombre que reciben en la Gramática. No es un capricho, sino que tiene su explicación: el nombre, por lo general, no hace sino confundir al estudiante; por ello, es mejor ignorarlo. Lo importante es saber, por ejemplo, que hay una forma como **cantaría, saldría, tendría, llovería,** etc., y que ésta –a pesar de sus nombres: *condicional simple, futuro hipotético simple...*– se usa en español para referirse a los **tres tiempos reales:**

– **Futuro:**
- *Me dijo que* ***vendría*** *mañana.*

– **Presente:**
- *Yo* ***podría*** *explicárselo ahora mismo.*

– **Pasado:**
- ***Serían*** *las 12 cuando llamó ayer.*

Forma **canto**

1 «Lo atemporal...»

Este uso no ofrece problema alguno para el estudiante. En las lenguas de las que tenemos noticia –menos en japonés– esta forma tiene ese valor; luego, para un nivel de perfeccionamiento, no son necesarios ni más comentarios ni ejercicios.

2 «Lo que es habitual...»

Tampoco este segundo uso ofrece mayores dificultades. Con todo, conviene destacar dos hechos:

2.1 El español utiliza la forma **canto** en frases como:

- ***Vivo*** *en Salamanca desde 1988.*

donde, como se sabe, el inglés usaría **he vivido**. Pero con esta última forma, la frase:

- ***He vivido*** *en Salamanca desde 1988.*

significa que «empecé a vivir en Salamanca en la fecha indicada, pero ya no vivo en esta ciudad y, además, hace muy poco tiempo que he dejado de vivir en ella».

2.2 El presente habitual no ofrece mayores problemas, pero no así «lo habitual en el pasado».

Aunque sobre este aspecto volveremos más adelante, éste es el momento oportuno para que el estudiante retenga y practique:

Lo habitual en el presente ⇒ **canto:**
- *Las clases* ***comienzan*** *a las nueve.*

Lo habitual en el pasado ⇒ **cantaba:**
- *Las clases* ***comenzaban*** *a las nueve.*

EJERCICIO I.1

Esto es lo que hace Ana habitualmente. Pero, ¿qué hacía**? Transforme las frases.**

1. Habla todos los días una hora de español.

   ....

2. Escucha la radio por las noches.

   ....

3. Aprende cada día unas veinte palabras nuevas.

   ....

4. Trabaja cinco horas diarias.

   ....

5. Lee todos los días el periódico.

   ....

6. Se levanta muy temprano.

   ....

7. Se acuesta casi todos los días después de las doce.

   ....

8. Hace un poco de gimnasia después de estudiar.

   ....

9. Estudia con una compañera en la biblioteca.

   ....

10. Se divierte mucho los fines de semana.

   ....

3 «Lo que está sucediendo...»

Destacaremos en esta ampliación el hecho de que las fórmulas **aquí** + *gerundio* y **aquí, con** se usan preferentemente cuando el hablante:

3.1 Está manipulando algo:

— *¿Qué haces?*
— ***Aquí, intentando** arreglar este reloj, que no funciona.*

3.2 Está en compañía:

— *¿Qué haces?*
— ***Aquí, con** unos amigos que han venido a pasar el fin de semana.*

4 «Forma **canto** + un elemento que indique futuro...»

Es muy posible que el estudiante haya oído o leído más de una vez una idea formulada en estos términos, más o menos: «El español usa muy poco el futuro, que es sustituido generalmente por el presente». Si es así, debe olvidarlo, porque esa fórmula tan simple es básicamente errónea:

- *Estamos plenamente convencidos de que, en un futuro no muy lejano, las relaciones entre ambos países* ***mejoran** sensiblemente.*
- *Estamos plenamente convencidos de que...* ***mejorarán...***

(*) El asterisco indica incorrección: ***mejoran.** Téngase en cuenta en lo sucesivo.

Es decir, en una frase como la anterior, el uso de **canto** en lugar de **cantaré** resultaría totalmente inaceptable porque, aun tratándose de español hablado, por su propio contenido, la frase pertenece a un tipo de español culto.

Como reglas prácticas para el uso se pueden apuntar:

4.1 En el español culto, hablado o escrito, para referirnos al presente utilizaremos por lo general las formas de *presente*; para el futuro, las de *futuro*.

4.2 Sólo en el español conversacional, generalmente acompañado de un elemento que le da valor de futuro (véase el ESQUEMA), las formas **canto** sustituyen a las formas **cantaré.**

EJERCICIO I.2

Las frases que siguen pertenecen, unas, al español conversacional, y otras, a un tipo de español más culto. Use, en consecuencia, las formas canto **o** cantaré.

1. Según las últimas noticias, el Consejo de Seguridad se *(reunir)* .... esta misma tarde y *(tomar)* .... un acuerdo definitivo.
2. Si te parece bien, esta misma tarde nos *(reunir)* .... y *(acordar)* .... lo que sea.
3. Decídete, porque la semana que viene *(haber)* .... otra reunión y yo *(tener)* .... que saber qué quieres.
4. Se levanta la sesión. La próxima semana *(haber)* .... una nueva reunión y en ella *(tener)* .... ustedes ocasión de debatir el tema.
5. Durante el fin de semana *(llover)* .... en toda la zona norte y se *(formar)* .... bancos de niebla en la cuenca del Duero.
6. ¡A que *(llover)* .... este fin de semana y no *(poder, nosotros)* .... ir! ¿Te apuestas algo?

5 «Presente histórico»

De los dos usos posibles –uno académico y otro coloquial–, analizaremos aquí sólo el coloquial. Recordemos que es frecuente cuando se hace un resumen rápido de algo que se acaba de contar o se está contando. De manera que pensemos, por ejemplo, en una persona que le está contando a otra lo que le ha sucedido por la mañana; lógicamente, lo contará en pasado:

- *Me **levanté**, como todos los días, a las ocho; me **preparé**, **desayuné** y **bajé** al garaje. **Saqué** el coche y hasta ahí todo normal; pero ya al salir **pasó** uno muy rápido y no me **dio** de puro milagro. **Arranqué** y cincuenta metros más adelante, en el semáforo, **paré**, claro, y **vino** uno por detrás y me **pegó** un golpe...*

Cuando la persona va por este punto de la narración y se incorpora otro conocido a la conversación, para ponerlo al corriente, puede resumir brevemente:

- *Pues nada, le estoy contando a Juan el día raro que he tenido hoy. Me **levanto**, **desayuno** y tal, y **bajo** al garaje. **Salgo** y **pasa** uno que no me **da** un golpe por detrás...*

Al reemprender de nuevo la narración de los hechos, el hablante, generalmente, vuelve a usar los pasados:

- *Nos* ***bajamos*** *y se* ***formó*** *enseguida un corro de gente. El otro* ***vio*** *que* ***tenía*** *toda la culpa y no* ***hubo*** *mayores problemas. Pero...*

Este cambio podría obedecer al hecho de que las formas de pasado «parecen ser más lentas», y en consecuencia parecen permitirle al hablante recrear o recordar los hechos. Las de presente, por su parte, «son más rápidas», y de ahí su uso para repetir o resumir lo que se acaba de contar.

6 «Forma **canto** con valor de consejo...»

Este uso tiene cierta importancia porque, con mucha frecuencia, el hablante extranjero lo desconoce y, por tanto, no lo utiliza. En cierto modo, es equiparable a las fórmulas de cortesía: el *imperativo* implica una orden, es más fuerte; las formas de presente, en cambio, son más bien un ruego. Se deben utilizar, pues, cuando pedimos un favor.

Fijémonos en el ejemplo del ESQUEMA. Se podría contextualizar así: un profesor ya mayor, con autoridad moral sobre un profesor joven, le pide un favor:

- *Juan,* ***subes*** *a mi despacho y por allí, encima de la mesa, tengo un libro rojo. Me lo* ***bajas****, haz el favor.*

Como guía práctica puede valer lo que sigue:

– Mandato (puede implicar, además, autoritarismo, enfado... La entonación es fundamental) ⇒ *imperativo:*
  - ***Sal*** *y* ***cómpralo*** *tú si quieres.*

– Mandato-ruego ⇒ *imperativo*, suavizado con una expresión como *por favor:*
  - ***Ven*** *un momento, por favor.*

– Ruego-no orden ⇒ *presente*, con la entonación adecuada y generalmente apoyado en una expresión como *mira, oye (mira)...*
  - *Oye, me* ***consultas*** *eso y me* ***comunicas*** *el resultado.*

– Ruego ⇒ *presente*, en forma interrogativa:
  - *¿Me* ***pasas*** *el cenicero, (por favor)?*

– Ruego ⇒ *imperativo*, acompañado de la expresión *si no te (le, os les) importa.*
  - ***Déjame*** *que le eche un vistazo, si no te importa.*

EJERCICIO I.3

Ordene o ruegue. Use la forma más apropiada en cada caso: traes, sal, tómate, echas, atiende.

1. .... la medicina y te doy un caramelo.
2. ¿Me .... una mano, Andrés? Es que pesa mucho.
3. .... tú sola esta noche, si no te importa. Es que yo tengo que madrugar mañana, ¿sabes?
4. Antonio, ... un momento la comida, por favor, que voy al baño.
5. ¿Adónde vas? ¿Al mercado? Pues, mira, de paso me .... ya a mí un champú de la droguería de la Rúa.

Formas **cantaba/canté**

La distinción y el uso correcto de estas dos formas constituyen sin duda el mayor problema, dentro del indicativo, para el hablante extranjero, sobre todo si su lengua materna carece, como las germánicas, de una de ellas. Los símbolos –porque entran por la vista– y los ejemplos nos parecen en este caso más operativos que las exposiciones teóricas; por ello, insistiremos en lo primero y muy poco en lo segundo.

1 «Acción repetida/acción puntual»

Recordemos que para la acción repetida o habitual en el pasado usamos la forma **cantaba**. Símbolo: una flecha múltiple: (↓↓↓). Para la acción puntual, la forma **canté**, simbolizada con una flecha simple: (↓).

Si la acción es repetida –y este aspecto es el más importante y al que más atención se le debe prestar–, pero el hablante señala el **número concreto de veces,** entonces usamos **canté** (↓):

- *El año pasado todas mis clases **comenzaban** (↓↓↓) a las nueve; menos los miércoles, que **empezábamos** (↓↓↓) a las ocho y media. Si hacía buen tiempo, **iba** (↓↓↓) en bicicleta o incluso me **daba** (↓↓↓) tranquilamente un paseo. En bicicleta o andando **fui** (↓) a clase por lo menos cuarenta días. Otros, si llovía o hacía demasiado frío, **iba** (↓↓↓) en autobús.*

EJERCICIO I.4

Lo que sigue es lo que hacía **habitualmente Joaquín a lo largo de una semana durante el curso pasado:**

Los lunes, los miércoles y los viernes *(ir)* .... a clase de matemáticas; los martes, los jueves y los viernes *(entrenar)* .... y *(jugar)* .... al baloncesto; los miércoles *(tener)* .... un intercambio con una jovencita inglesa. Todos los días *(pasar)* .... el mayor tiempo posible con su novia, y los sábados y los domingos *(levantarse)* .... tarde, *(ver)* .... la televisión y, sobre todo, *(ir)* .... con Ana a bailar a una discoteca.

EJERCICIO I.5

Y esto es lo que hizo **ayer:**

A las 9,30 *(levantarse)* .... y *(ducharse)* ....; *(desayunar)* .... a las diez: un desayuno típicamente español; es decir, poco fuerte. A las 10,15 *(salir)* .... a la calle y *(comprar)* .... el periódico; *(ir)* .... a buscar a Ana, *(pasear,* ellos*)* .... un rato y *(tomar,* ellos*)* .... unos vinos y unos pinchos. A las dos y media *(dejar)* .... a Ana en casa, él *(volver)* .... a la suya y *(comer)* .... una comida fuerte; luego *(tomar)* .... café, *(descabezar)* .... un sueño en el sillón y *(ver)* .... una película en la televisión. Por la tarde, a las siete y media, *(salir)* .... de casa, *(recoger)* .... a Ana y *(irse)* .... juntos a bailar.

EJERCICIO I.6

Lo que sigue son fragmentos de diálogos reales. Complételos.

1. — *(Salir,* nosotros*)* .... todos los días a dar un paseo, ¿te acuerdas?
   — Bueno, *(salir)* .... tú y los niños, porque yo sólo *(salir)* ....
   cuatro o cinco tardes.
2. —Recuerdo que *(entrenar,* vosotros*)* .... los martes y los jueves, y que luego *(correr,* vosotros*)* .... los fines de semana.
   — Sí, sí, de acuerdo; pero te repito que yo aquel día no *(poder)* .... ir.
3. — ¿Me vas a negar que *(ir,* ellos*)* .... de vacaciones todos los veranos a Marbella?
   — ¿Quién ha dicho que no *(ir,* ellos*)* .... a Marbella? Lo que yo te estoy diciendo es que aquel año *(ir,* ellos*)* .... a la Costa Brava.

EJERCICIO I.7

Use la forma canté **o** cantaba, **según convenga.**

1. Eran otros tiempos, claro. Recuerdo que mi padre me *(dar)* .... dos pesetas para toda la semana.
2. Pedro *(oír)* .... un grito y se *(volver)* .... rápidamente.
3. En aquel bar *(poner)* .... siempre música española.
4. Mis padres me *(llevar)* .... todas las mañanas al colegio. Sólo los viernes no *(poder)* .... porque mi madre *(entrar)* .... más temprano a su trabajo.
5. Era de los que más valía de su clase. *(Sacar)* .... un montón de matrículas; en cuarto *(tener)* .... por lo menos cinco.
6. *(Ir,* nosotros*)* .... a su casa casi todos los días; *(jugar)* .... un rato y luego *(ir)* .... al quiosco a comprar cualquier chuchería. Recuerdo que un día alguien nos *(dar)* .... cinco pesetas –cinco pesetas de entonces, claro– y con ellas nos *(comprar)* .... medio quiosco.

2 «Acción pasada que dura»

Es éste uso de la forma **cantaba** uno de los que más dificultades plantea al hablante extranjero de español. Y ello posiblemente sea debido a una errónea comprensión del mismo; en concreto, al error que se desprende del siguiente ejemplo:

- *Tenía tantas ganas de venir a España que *__trabajaba__ todo el verano pasado para poder venir.*

Parece como si el hablante extranjero creyera que el *imperfecto* es un «tiempo largo». Pero no lo es; puede ser largo o corto, porque eso no tiene interés alguno, de manera que **cinco horas** son, evidentemente, un tiempo más largo que **cinco minutos**; pero se dice:

- *Ayer quedé con Pepe en la Plaza Mayor y no se presentó a la cita, así que me* ***pasé*** *allí cinco horas esperándole como un bobo.*
- *Ayer fui a la estación a esperar a Pilar; el tren llegó con cinco minutos de retraso y, mientras* ***esperaba,*** *un señor que andaba por allí se me acercó...*

Recordemos, entonces, que:

> La forma **cantaba** (o la perífrasis **estaba cantando**) lo que significa es un **tiempo que dura** y, para que haya duración, necesariamente en ese tiempo tienen que **suceder cosas**; si nada sucede, no hay duración. Por eso:
>
> ***trabajé*** *todo el verano*
> ***pasé*** *cinco horas*
> *mientras* ***esperaba***

Este uso lo hemos simbolizado con una línea horizontal (—), queriendo representar con ello la duración. Las cosas que suceden en ese tiempo, de acuerdo con el punto anterior, pueden ser: puntuales (↓) o repetidas (↓↓↓); de suerte que hay dos tipos de esquemas básicos:

2.1 (↓), (↓), (↓),...

- *Cuando* ***salía*** *(—) de casa esta mañana el pobre hombre, se* ***desprendió*** *(↓) una teja del tejado, le* ***dio*** *(↓) en la cabeza y* ***cayó*** *(↓) fulminado al suelo;* ***acudió*** *(↓) rápidamente la gente, lo* ***recogió*** *(↓) una ambulancia, pero* ***ingresó*** *(↓) cadáver en el hospital.*
- *Cuando* ***llegué*** *(↓) a España* ***tenía*** *(—) 22 años,* ***conocí*** *(↓) a Andrés, nos* ***enamoramos*** *(↓), nos* ***casamos*** *(↓) rápidamente,* ***tuvimos*** *(↓) un hijo y, antes de que terminara el año, nos* ***divorciamos*** *(↓).*

¿Cuánto dura la acción de traspasar el portal de la casa? Ciertamente, muy poco: décimas de segundo. Un año, en cambio, es un tiempo que se puede considerar largo. Pero uno y otro son **tiempo que dura, en el que sucede algo.**

2.2 (↓↓↓), (↓↓↓), (↓↓↓),...

- *Mientras* ***esperaba*** *(—) el tren se me* ***acercaba*** *(↓↓↓) un viejecito,* ***charlábamos*** *(↓↓↓) un rato y luego se* ***alejaba*** *(↓↓↓) con paso cansado.*

EJERCICIO I.8

Ana se disponía a pasárselo muy bien, pero... Complete.

Ana *(estar)* .... viendo la televisión en su casa. *(Abrir, ella)* .... una coca-cola, *(abrir)* .... también una bolsa de patatas fritas y *(ponerse)* .... cómoda para ver la película. *(Apagar, ella)* .... la luz y *(encender)* .... la lámpara de la mesita; *(beber)* .... unos sorbos de coca-cola y... En aquel preciso instante, cuando más feliz *(ser)* .... y la película *(estar)* .... empezando, *(sonar)* .... el timbre de la puerta. ¡Qué oportuno!

EJERCICIO I.9

Y esto es lo que nos cuenta Joaquín. Complete.

(Estar, yo) .... en casa solo y aburrido, entonces *(ir)* .... a mi cuarto, *(coger)* .... un libro, me *(tirar)* .... encima de la cama y me *(poner)* .... a leer. *(Leer)* .... cuatro o cinco páginas y me *(quedar)* .... dormido; mientras *(dormir)* .... *(oír)* .... un ruido, me *(despertar)* .... y me *(levantar)* .... de un salto; *(mirar)* .... por todas partes, pero no *(ver)* .... nada. Como no *(tener)* .... nada que hacer, me *(ír)* .... a ver a Ana.

EJERCICIO I.10

Éstas son las aventuras infantiles de Ana. Complételas.

Cuando *(ser, yo)* .... niña, *(ir)* .... los fines de semana con mis padres a visitar a los abuelos. Mientras los mayores *(hablar)* ...., yo *(salir)* .... al jardín y *(silbar)* .... un poquito. El niño del jardín de al lado *(salir)* .... enseguida y *(sonreír)* .... A mí, entonces, me *(dar)* .... mucha vergüenza y *(entrar)* .... corriendo en casa.

EJERCICIO I.11

Póngase el infinitivo del paréntesis en la forma canté/cantaba, **según convenga.**

1. Yo *(estar)* .... tocando el piano distraídamente y Juan *(acercarse)*........................, *(ponerme)* .... la mano sobre el hombro y *(susurrarme)* .... algo al oído.
2. Te *(ver, yo)* .... y te *(llamar)* .... ayer cuando *(salir, tú)* .... de la facultad.
3. El profesor *(estar)* .... explicando y Carmen me *(decir)* .... que me fijara en la corbata.
4. Mientras *(explicar)* ...., *(mover)* .... constantemente las manos y no *(parar)* ....
5. *(Estar, yo)* .... dando un paseo por la Plaza Mayor y me *(cruzar)* .... con un chico, nos *(mirar)* ...., nos *(sonreír)* ....: *(ser)* .... un flechazo.

3 «Descripción»

Este uso de la forma **cantaba** es menos problemático. Recordemos tan sólo que cuando la narración se detiene, para decir:

cómo eran las personas o las cosas en el pasado, o para describir el escenario en el que tenían lugar los hechos, usamos la forma **cantaba**.

Con el símbolo (O) queremos dar a entender precisamente que la acción no avanza. Lógicamente, la narración [puntual: (↓), o habitual: (↓↓↓)] y la descripción (O) se combinan. Hay, pues, dos esquemas básicos:

3.1 (↓), (↓), ... (O), (O), ...:

- ***Abrí*** *(↓) la puerta y* ***vi*** *(↓) allí a un hombre.* ***Era*** *(O) un hombre alto y delgado;* ***llevaba*** *(O) un traje oscuro y* ***tenía*** *(O) barba. Me* ***pidió*** *(↓) dinero; su voz* ***era*** *(O) agradable y no* ***parecía*** *(O) la voz de un mendigo. Le* ***di*** *(↓) el dinero y se* ***marchó*** *(↓).*

3.2 (↓↓↓), (↓↓↓), ... (O), (O), ...:

- ***Íbamos*** *(↓↓↓) todos los días a la misma casa.* ***Era*** *(O) una casa grande y vieja;* ***tenía*** *(O) los cristales rotos,* ***estaba*** *(O) muy sucia y* ***había*** *(O) también muebles desvencijados por todas partes.* ***Entrábamos*** *(↓↓↓),* ***jugábamos*** *(↓↓↓) un rato entre aquellos muebles, que* ***parecían*** *(O) sombras de fantasmas y* ***hacían*** *(O) unos ruidos extraños, y de pronto* ***echábamos*** *(↓↓↓) todos a correr.*

EJERCICIO I.12

Joaquín ha empezado a escribir su vida, con algunos datos sobre sus padres, su ciudad,... Ayúdele completando las frases.

Pues *(nacer, yo)* .... en un pueblecito del norte de Cáceres que, por entonces, *(tener)* .... unos mil habitantes, y en el que no *(haber)* .... luz eléctrica, ni teléfono, ni agua corriente... Las carreteras no *(estar)* .... asfaltadas, pero tampoco *(haber)* .... coches, así que no *(importar)* .... mucho. La gente –no todos, claro; pero sí mucha gente– *(andar)* .... descalza porque no *(tener)* .... dinero para comprarse unos zapatos. Mi padre *(ser)* .... el herrero del pueblo y mi madre *(hacer)* .... las labores de la casa.

A los cuatro años *(empezar, yo)* .... a ir a la escuela, porque al menos escuela sí *(haber)* ....: *(ser)* .... una casucha, con el suelo de tierra y a teja vana, que *(parecer)* .... cualquier cosa menos una escuela; pero allí *(aprender, yo)* .... a leer y...

EJERCICIO I.13

Ana está haciendo lo mismo. Ayúdele también a ella.

...*(Ir, yo)* .... muchas veces a Trujillo, a casa de mis abuelos. *(Ser)* .... una casa grande, de dos pisos; abajo *(tener)* .... mi abuelo el taller –mi abuelo *(ser)* .... carpintero– y arriba *(estar)* .... la vivienda. Además de mis abuelos, *(vivir)* .... allí también mis tíos y mis primas Teo y Nane. ¡Qué feliz soy al recordarlo! *(Jugar, nosotras)* .... mucho, sobre todo en el taller, y mi abuelo y mi tío se *(enfadar)* .... porque casi todos los días *(romper, nosotras)* .... algo. Mi tío Antonio *(ser)* .... una persona estupenda, pero *(tener)* .... un genio...

4 «Futuro en relación con un pasado»

Este valor de la forma **cantaba** hay que entenderlo como relación interna entre dos formas verbales: una acción es posterior a otra, pero en el tiempo real puede referirse:

al «futuro»: *Me **dijo** que **venía/vendría** <u>mañana</u>.*
al «presente»: *Me **dijo** que **venía/vendría** <u>hoy</u>.*
al «pasado»: *Me **dijo** que **venía/vendría** <u>ayer</u>.*

Por lo demás, no suele plantear mayores problemas al hablante extranjero. Recordemos tan sólo, pues, que, en su lugar, puede utilizarse la forma **cantaría** y que hemos simbolizado este uso con una flecha horizontal que mira hacia el futuro: (→). Los esquemas básicos son:

4.1 (↓) (→):

- *Me **preguntó** (↓) si por la tarde **podía/podría** (→) pasar por mi despacho a comentar unos asuntos.*

4.2 (↓↓↓) (→):

- *Con frecuencia me **preguntaba** (↓↓↓) si más tarde **tenía/tendría** (→) tiempo para recibirla.*

5 «Copresente en el pasado»

Es un valor de la forma **cantaba** muy próximo al anterior; aunque, según nuestra experiencia, crea frecuentes problemas al hablante extranjero, que tiende a utilizar en este caso la forma **canté**.

Lo mismo que en el punto anterior, se trata de una relación interna entre dos formas verbales: una pasada y otra simultánea a ella en el pasado:

- *No quise pararme porque, cuando la **vi** (↓), precisamente en aquel mismo momento **salía** (↔) Antonio de su casa.*

Y se opone a la forma **canté**, o más frecuentemente a **había cantado**, frente a las que conviene distinguirla. Fijémonos en los siguientes ejemplos:

- *No **pude** salir a la calle porque **llovía** y no **tenía** paraguas.*

La lluvia y el hecho de no tener paraguas son un impedimento para salir si son simultáneos, copresentes con la intención de salir a la calle. En cambio, con la nieve, por ejemplo, podrían suceder estas dos cosas:

- *No **pude** salir porque **nevaba** copiosamente.*
- *No **pude** salir porque la noche anterior **nevó/había nevado** copiosamente [y la nieve **había cuajado** y, por tanto, todavía **era** un impedimento].*

Este uso lo representamos así: (↔). Y los esquemas básicos son:

5.1 (↓) (↔):

- *Me **preguntó** (↓) qué **sucedía** (↔).*

5.2 (↓↓↓) (↔):

- *No se **enteraba** (↓↓↓) nunca de nada, así que constantemente me **preguntaba** (↓↓↓) qué **sucedía** (↔).*

EJERCICIO I.14

Lea las frases; después, escríbalas en pasado.

a) Esquema: (↓) (→) **o** (↓) (↔)

1. Se acuesta temprano porque tiene que madrugar.
2. Dice que tiene el libro en casa.
3. Habla poco porque le duele mucho una muela.
4. Compro estos zapatos porque me gustan y me parecen baratos.
5. Me dicen que no quedan ya entradas para el festival de rock.

b) Esquema: (↓↓↓) (→) **o** (↓↓↓) (↔)

1. Siempre dice que lo tiene en casa.
2. Voy a un gran almacén y compro todo lo que necesito.
3. Ana nos pregunta continuamente si deseamos algo.
4. Salgo muy temprano de mi casa porque la universidad está muy lejos.
5. Mi madre me dice muchas veces que salgo demasiado.

6 «Acción no terminada/acción terminada»

Es ésta precisamente la diferencia básica, radical entre las formas **cantaba** (no terminada) y **canté** (terminada) y de la que se derivan los usos que hemos analizado: descripción, copresente, futuro en relación con un pasado... Pero a veces este valor fundamental se realiza, digamos, directamente, sin que a él se sume necesariamente otro secundario de descripción, de hecho repetido, etc. Cuando esto sucede su uso no resulta fácil. Vamos a intentar, entonces, aclararlo. Recordemos los símbolos: (→...) / (→I) y los ejemplos del ESQUEMA:

- *La muchedumbre no* ***respetó*** *(↓) las consignas porque aquel tren* ***era*** *(→...) el último.*
- *La desesperación se* ***adueñó*** *(↓) de todos porque aquel tren* ***fue*** *(→I) el último.*

Para comprender el primero podemos pensar, por ejemplo, en la última escena de una película de acción bélica que transcurriera así: la palabra «**FIN**» nos sorprende cuando un gran número de personas intenta, desesperadamente, subir a un tren que está detenido en la vía; la película termina sin que sepamos si los protagonistas logran o no subir al tren y salvarse. Para el segundo, en cambio, tenemos que pensar en una película «más tradicional»: la palabra «**FIN**» sale, a modo de conclusión final, de la parte trasera de un tren que se aleja mientras los protagonistas se dan un abrazo.

EJERCICIO I.15

Así podría ser la primera situación que acabamos de describir. Complétela.

El tren estaba a punto de salir. El estruendo de las bombas se *(oír)* .... cada vez más cercano y Ana, aturdida, se dejaba llevar por la gente que, como enloquecida, *(continuar)* .... pugnando por subir. Se atropellaban. Un niño *(caer)* .... a la vía sin que nadie se preocupara por él ni le tendiera una mano cuando con desesperación *(intentar)* .... una y otra vez subir de nuevo al andén. La confusión iba en aumento y otros, niños y mayores, cayeron también, uniéndose sus gritos de dolor al vocerío de los que, arriba, *(seguir)* .... alargando los brazos para asirse a la escalerilla y trepar hasta el, en estos momentos ya, abarrotado tren. Los soldados que habían sido puestos allí para mantener el orden habían desaparecido; muchos *(subir)* .... al tren cuando la primera avalancha de gente los empujó y, casi en volandas y como si fuera en contra de su voluntad, los *(encaramar)* .... en el tren salvador; pero ninguno había opuesto resistencia, porque todos ellos *(saber)* .... que aquel tren *(ser)* .... el último, y eran los primeros en querer salir de aquel infierno. Así que ahora *(luchar)* .... para impedir que la gente que, una vez dentro, avanzaba por los pasillos como si fuera picadillo de embutido, entrara en los departamentos que habían ocupado y terminara por asfixiarlos o arrojarlos por la ventanilla. Hacía tiempo también que los altavoces de la estación habían enmudecido; las consignas eran inútiles ante aquella furia humana que no respetaba a nadie ni nada y sólo tenía una obsesión: el tren. Las bombas caían ahora ya a escasos metros de la estación y, en medio de aquella confusión, Joaquín, como enloquecido, iba y venía de un sitio para otro, alzaba la voz, empujaba y se dejaba arrastrar intentando descubrir entre aquellos miles de rostros el de Ana.

EJERCICIO I.16

Lea ahora esta otra versión. La primera parte coincide con I.15 y le servirá de clave: compruebe si resolvió bien el ejercicio. Pero, sobre todo, compare los dos finales.

El tren estaba a punto de salir. El estruendo de las bombas se oía cada vez más cercano y Ana, aturdida, se dejaba llevar por la gente que, como enloquecida, continuaba pugnando por subir. Se atropellaban. Un niño cayó a la vía sin que nadie se preocupara por él ni le tendiera una mano cuando con desesperación intentaba una y otra vez subir de nuevo al andén. La confusión iba en aumento y otros, niños y mayores, cayeron también, uniéndose sus gritos de dolor al vocerío de los que, arriba, seguían alargando los brazos para asirse a la escalerilla y trepar hasta el, en estos momentos ya, abarrotado tren. Los soldados que habían sido puestos allí para mantener el orden habían desaparecido; muchos subieron al tren cuando la primera avalancha de gente los empujó y, casi en volandas y como si fuera en contra de su voluntad, los encaramó en el tren salvador; pero ninguno había opuesto resistencia, porque todos ellos sabían que aquel tren era el último, y eran los primeros en querer salir de aquel infierno. Así que ahora luchaban para impedir que la gente que, una vez dentro, avanzaba por los pasillos como si fuera picadillo de embutido, entrara en los departamentos que habían ocupado y terminara por asfixiarlos o arrojarlos por la ventanilla. Las bombas empezaron a caer a escasos metros de la estación y en aquel momento el tren inició la marcha, arrollando a su paso a aquellos que, en un último esfuerzo desesperado, intentaron subirse a él. En el tren, en medio de la confusión y el vocerío, Joaquín oyó gritar su nombre; se abrió paso a codazos hasta llegar a la altura de Ana, se detuvo un momento, se miraron y, por fin, se fundieron en un abrazo.

7 «Principio de una narración»

El arranque de una narración –sea un cuento tradicional u otro relato cualquiera– puede usar indistintamente las dos formas: **cantaba/canté**. Por esto mismo, no ofrece problema alguno para el hablante extranjero, pues no hay posibilidad de error. Ahora bien, en un nivel de perfeccionamiento, como pretendemos que sea éste, conviene saber:

a) Que este uso no es más que otra manifestación concreta del valor básico o fundamental de una y otra forma.

b) Que hay una diferencia –si se nos permite el calificativo– preciosa entre el uso de una u otra. El español tiene dos maneras de narrar un hecho:

Una, quizás la más habitual, en la que el hablante-narrador permanece él en el presente y desde ese presente narra los hechos pasados:

- ***Fue*** *(↓) una mañana de mayo de 1964. Habíamos salido a dar un paseo; cuando* ***llegamos*** *(↓) al puente* ***había*** *(↔) allí un grupo de personas...*

Otra, más literaria, en la que el hablante, como si fuera a través del túnel del tiempo, se traslada él al pasado y comienza la narración desde ese pasado:

- ***Era*** *(→) una mañana de mayo de 1964. Habíamos salido a dar un paseo; cuando* ***llegamos*** *(↓) al puente* ***había*** *(↔) un grupo de personas...*

Nótese que la alternancia se da sólo en el primer verbo: **fue/era**, mientras que el resto de la narración es igual en los dos casos. Conviene, no obstante, tener en cuenta que esta doble posibilidad de punto de vista del narrador puede, a veces, darse también en un verbo interior. En ese caso, lógicamente, pueden usarse indistintamente las dos formas:

- *El niño no* aparecía, *así que no* ***hubo*** *otra solución que llamar a la policía.*
- *El niño no aparecía, así que no* ***había*** *otra solución que...*

8 «Imperfecto de cortesía»

En este nivel el hablante extranjero conoce ya este uso, de manera que sabe distinguir y utilizar correctamente:

- ***Quiero*** *que lo veas inmediatamente.*

Frente a:

- ***Quería*** *que lo viera usted lo antes posible.*
- ***Querría*** *que lo viera usted lo antes posible.*
- ***Quisiera*** *que lo viera usted lo antes posible.*

Lo que conviene destacar, entonces, es que no se trata de un valor propio del *imperfecto* ni tampoco del *condicional*. Todos los verbos del español pueden utilizarse en cualquiera de los usos que hemos ido viendo; pero no sucede lo mismo en este caso, y ello es así, sencillamente, porque no se trata de un valor propio de las formas **cantaba** o **cantaría** (o **cantara**). Lo que ocurre, entonces, es que:

> Hay verbos que se usan como fórmulas de cortesía, unas veces en *imperfecto*, otras en *condicional*, a veces en los dos y muy raramente en *imperfecto* de subjuntivo.

El hablante extranjero, pues, debe aprender esto como si se tratara de una parcela más del vocabulario. He aquí algunas de las formas más frecuentes:

– QUERER

- ***Quería...*** (la más frecuente)
- ***¿Quería...?*** (la única en preguntas)
- ***Querría...*** (no en preguntas)
- ***Quisiera...*** (no en preguntas)

– VENIR

- ***Venía*** *a pedirle un favor.* (cortesía)

**Vendría...* (probabilidad en el pasado)
**Viniera...* (no tiene sentido)

– GUSTAR

**Me gustaría trabajar con usted.* (pasado)
- *Me* ***gustaría*** *trabajar con usted.* (cortesía)

**Me gustara...* (no tiene sentido)

– DEBER

- ***Debía*** *hablar con él.* (cortesía; coloquial)
- ***Debería*** *hablar con él.* (cortesía; la más frecuente)
- ***Debiera*** *hablar con él.* (cortesía; uso culto)

– DESEAR

- ***¿Deseaba*** *algo?* (sólo en preguntas)
- ***Desearía*** *que hicieras...* (cortesía)

**Deseara...* (no tiene sentido)

– SABER

**Yo sabía explicarlo («pero ya no sé»).* (pasado; no cortesía)

- *Yo* ***sabría*** *explicarlo.* (cortesía)

**Yo supiera...* (no tiene sentido)

EJERCICIO I.17

Con las siguientes frases nos dirigimos a un amigo y también al señor director.

MODELO:

querer hablar un momento *(contigo/con usted)*

Al amigo: ***Quiero*** *hablar un momento contigo.*

Al director: ***Quería*** *hablar un momento con usted.*

1. Venir a devolver *(te/le)* este libro.
2. Me encantar trabajar *(contigo/con usted).*
3. Yo saber explicar *(telo/selo).*
4. Querer discutir este asunto *(contigo/con usted).*
5. ¿Poder ir *(contigo/con usted)*?.

Insistimos una vez más en que las formas **canté/cantaba** constituyen uno de los problemas principales para el hablante extranjero; por ello, vamos a hacer algunos ejercicios de recapitulación. Pero antes, fíjese en las frases que siguen y:

1.º Note que la gramática es básicamente la misma en una frase corta que en una narración más larga. Y, en este sentido, vea que c) no es más que la suma de a) y b); que e), aunque parece una frase muy compleja, no es más que la suma de c) y de d), y así sucesivamente hasta llegar al final. Por eso, si usted piensa –y piensa bien– que a), b) y d) son frases de principiantes, tendrá que admitir que e) no es más difícil, porque e) no es más que la suma de tres cosas fáciles.

2.º Fíjese también en los símbolos y trate de grabarlos en su mente.

3.º Por favor, lea más de una vez la historieta final, porque nos gustaría que se convirtiera en una especie de esquema para sus narraciones en el pasado.

a) *Aquella mañana* ***salió*** *(↓) temprano, se* ***fue*** *(↓) a su trabajo y* ***regresó*** *(↓) a la hora de comer.*

b) ***Salía*** *(↓↓↓) siempre temprano, se* ***iba*** *(↓↓↓) a su trabajo y* ***regresaba*** *(↓↓↓) a la hora de comer.*

c) ***Salía*** *(↓↓↓) siempre temprano y se* ***iba*** *(↓↓↓) directamente al trabajo, pero aquel día se* ***quedó*** *(↓) un poco más en la cama y* ***salió*** *(↓) más tarde que de costumbre.*

d) *Mientras* ***desayunaba*** *(—) me* ***contó*** *(↓) unas cosas extrañas.*

e) ***Salía*** *(↓↓↓) siempre temprano de casa y se* ***iba*** *(↓↓↓) directamente al trabajo, pero aquella mañana se* ***quedó*** *(↓) un poco más en la cama y luego, mientras* ***desayunaba*** *(—), me* ***contó*** *(↓) unas cosas extrañas.*

f) *Mientras* ***desayunaba*** *(—), me* ***contaba*** *(↓↓↓) todos los días alguna historia que él mismo* ***inventaba*** *(↔) en aquel momento, sobre la marcha.*

g) *Todos los días* ***salía*** *(↓↓↓) temprano de casa y se* ***iba*** *(↓↓↓) al trabajo, pero siempre, mientras* ***desayunaba*** *(—), me* ***contaba*** *(↓↓↓) alguna historia bonita que él mismo* ***inventaba*** *(↔) en aquel momento. Pero aquella mañana se* ***quedó*** *(↓) un poco más en la cama y luego, mientras* ***desayunaba*** *(—), me* ***contó*** *(↓) una historia muy extraña.*

h) *Don Salomón –así se* ***llamaba*** (O) *aquel señor–* ***era*** (O) *alto,* ***tenía*** (O) *las manos muy finas y, al hablar, le* ***temblaba*** (O) *un poco el bigote.* ***Vivía*** *(↓↓↓) en nuestra casa porque mamá, viuda,* ***alquilaba*** *(↓↓↓) algunas habitaciones. Y ésta es parte de la historia que me* ***contó*** *(↓) aquella mañana:*

«... Cuando ***llegamos*** *(↓), la puerta* ***estaba*** *(↔) cerrada, en la casa no se* ***veía*** *(↔) ninguna luz encendida y no se* ***oía*** *(↔) tampoco ningún ruido.* ***Era*** (O) *una casa de estilo colonial y, aunque vieja y algo abandonada,* ***conservaba*** (O) *todavía mucho de su antiguo esplendor. Mi amigo Pedro* ***llamó*** *(↓), dando dos golpes fuertes, y todos* ***contuvimos*** *(↓) la respiración. Al cabo de un rato* ***vimos*** *(↓) que se* ***iluminaba*** *(↔) una de las ventanas del piso superior y poco después* ***oímos*** *(↓) unos pasos que se* ***acercaban*** *(↔) a la puerta. Alguien* ***descorrió*** *(↓) por dentro un cerrojo y la puerta se* ***abrió*** *(↓).* ***Era*** (O) *un hombre muy viejo, de unos ochenta años, delgado y con el pelo blanco;* ***llevaba*** (O) *puesto un camisón y en la mano izquierda* ***sostenía*** (O) *una vela. Nos* ***hizo*** *(↓) un ademán suave con la cabeza y* ***entramos*** *(↓). Dentro de la casa, aunque la vela* ***alumbraba*** *(↔) poco,* ***vi*** *(↓) que* ***había*** *(↔) muchas cosas por todas partes; el anciano, sin decir nada, se* ***acercó*** *(↓) a una de las paredes,* ***buscó*** *(↓) la llave y* ***encendió*** *(↓) todas las bombillas. Entonces* ***pudimos*** *(↓) ver con claridad:* ***había*** *(↔) miles de juguetes, y mis amigos y yo* ***empezamos*** *(↓) a jugar:* ***montábamos*** *(↓↓↓) en un caballo de cartón, nos* ***bajábamos*** *(↓↓↓), luego* ***tocábamos*** *(↓↓↓) todos un piano,* ***corríamos*** *(↓↓↓),* ***saltábamos*** *(↓↓↓)... El juego* ***duró*** *(↓) mucho tiempo.»*

— *«¿Te ha gustado, niña?», me* ***preguntó*** *(↓).*

— *«Mucho, don Salomón».*

— *«Cuando yo* ***era*** *(—) niño,* ***soñaba*** *(↓↓↓) todas las noches».*

EJERCICIO I.18

Complete las frases con la forma canté/ cantaba.

1. Ayer *(pasar,* yo*)* .... un día extraordinario.
2. *(Volver,* él*)* .... todos los años a casa en Navidades.
3. El lunes pasado *(ir,* nosotros*)* .... de excursión.
4. Esta mañana te *(ver,* yo*)* .... cuando *(salir,* tú*)* .... de casa.
5. *(Ir,* yo*)* .... a hablar con el profesor, pero no *(poder,* yo*)* .... porque no *(estar,* él*)* ....
6. Me *(gustar)* .... jugar con aquella niña porque *(ser,* ella*)* .... muy simpática.
7. Mi padre siempre me *(traer)* .... algo. Recuerdo que un día me *(traer)* .... un balón de fútbol europeo. Yo no *(saber)* .... cómo se *(jugar)* ...., pero mi padre, que *(ser)* .... muy aficionado, me *(enseñar)* ....
8. Aquel reloj *(ser)* .... el primer regalo «serio» de mis padres. *(Ser)* .... un reloj automático y *(tener)* .... calendario, cronómetro y muchas cosas más.
9. *(Ver,* yo*)* .... ayer a Juan y me *(decir)* .... que *(querer)* .... verte.
10. Ayer, mientras el profesor de literatura nos *(explicar)* .... un tema, *(entrar)* .... un perro en clase y eso *(ser)* .... un motivo de fiesta para todos.

11. Hace unos días, en una discoteca, *(conocer, yo)* .... a un chico y ayer lo *(volver, yo)* .... a ver cuando *(salir, yo)* .... del colegio. Lo *(llamar, yo)* ...., me *(acompañar, él)* .... a casa y me *(preguntar, él)* .... si *(poder, él)* .... llamarme por teléfono el próximo fin de semana.
12 Yo *(pensar)* .... en el otro mientras el cura nos *(casar)* ....
13. Me *(cruzar)* .... con ella en las escaleras: Ana *(subir)* .... con un paquete muy grande en las manos y, muy caballero, yo, claro, *(ayudarle)* .... a llevarlo a su casa.
14. Cuando *(llegar, yo)* ...., Carmen *(estar)*.................. a punto de salir; todavía no *(saber)* .... nada del asunto y yo mismo *(contárselo)* ....
15. Soy el hijo mayor de una familia emigrada del campo, por eso, cuando *(ser)* .... pequeño, *(ir)* ..... todos los veranos al pueblo de los abuelos. *(Ser, yo)* .... un soñador, creo, y me *(encantar)* .... los trabajos del campo. Guardo, además, muy buenos recuerdos de aquella época: el abuelo que *(fumar)* .... en pipa y *(entonar)* .... canciones un tanto atrevidas, o al menos a mí, entonces, así me lo *(parecer)* ....; mi prima, delgaducha y algo feílla, con la que me *(sentar)* .... a la orilla del río y allí nos *(pasar)* .... horas viendo correr lentamente el agua y el paso de grandes bandadas de pájaros; mi tío, el hermano de mi padre. Los domingos, con los trajes limpios y recién planchados, *(ir)* .... todos a la iglesia y, a la salida, nos *(comprar)* .... caramelos y otras chucherías en el carrillo del tío Paloma –por cierto, nunca he sabido por qué lo *(llamar)* .... así la gente; *(ser, él)* .... un viejo gruñón, pero *(vender)* .... mil zarandajas y, además que no *(haber)* .... otro sitio donde comprar en el pueblo; así que, gruñón o no, *(ser)* .... nuestro único abastecedor–. Claro que no todo *(ser)* .... romanticismo en el campo; el abuelo se *(quejar)* .... continuamente y *(decir)*................ que el trabajo *(ser)* .... muy duro, y las tormentas, que para nosotros, los muchachos, *(ser)* .... un motivo más de diversión, *(constituir)* .... una gran preocupación para mi tío.

Forma **cantaré**

1 «Acción futura como realidad objetiva»

Frente a la forma **cantaría**, que es una mera hipótesis:

- ***Iría*** *encantado, pero no puedo.*

la forma **cantaré** significa que el hablante afirma, piensa o cree que lo que dice sucederá realmente:

- ***Iré****, no te preocupes; a las ocho estoy allí.*

En este valor, el *futuro* es sustituido por la forma **canto** en las condiciones que ya señalamos al analizar esa forma. En las mismas circunstancias es también muy frecuente la sustitución:

cantaré → voy a cantar

2 «Presente de probabilidad»

Véase más adelante el esquema general de la probabilidad.

3 «Presente de sorpresa»

Ante algo que nos cuentan o que presenciamos directamente podemos manifestar nuestra sorpresa; a veces, también indignación, impotencia, etc., con expresiones de carácter coloquial como:

- *¡**Será** posible! .... ¡Pero **será/es** posible!*
- *¡**Tendrá** cara (rostro, jeta...) (el tío)!....... ¡Pero **tendrá/tiene...***
- *¡**Será** jeta (marica...)! .... ¡Pero **será...***
- *¡**Estará** loco! .... ¡Pero **estará/está...***

4 «Forma **cantaré** → orden, mandato»

El uso no se limita, como se señala en algunos libros, a las órdenes negativas; la forma **cantaré** puede usarse en este sentido tanto para negar como para afirmar.

De los tres usos señalados en el ESQUEMA, ampliaremos aquí sólo el tercero de ellos, porque es el que pertenece al uso general del idioma y el que puede resultar, quizás, más novedoso para el hablante extranjero de español.

Recordemos que con el *futuro* damos la «última orden» cuando alguien no ha actuado conforme a otros requerimientos previos.

Así, el ejemplo del ESQUEMA podría responder a una situación como la que sigue:

— *Pepito, hijo. Mira, **vas a bajar** al quiosco y me **subes** el periódico.*

El padre, muy amable él, no ha empezado dándole una orden al niño, sino haciéndole un ruego; por eso ha usado formas de presente: **vas a bajar** y **subes**. Pero el niño, que está jugando con sus cosas, posiblemente ni haya oído al padre, por lo que ni se inmuta. Y entonces el padre eleva el tono de voz:

— *Te **he dicho que bajes** y me **subas** el periódico.*

El padre ha dado un paso más y ahora ha usado un verbo de mandato: **decir**. Pero el niño, que ahora sí ha oído, contesta:

— *Espera, que estoy jugando.*

Ante esto, inmediatamente el padre da una orden directa con *imperativos:*

— ***Baja** y **súbelo**, que...*
— *¡Que te esperes!,* replica el niño.

Ahora ya el padre ha perdido un poco la calma. Se levanta, se dirige hacia el niño, lo coge por los hombros y, mientras lo lleva en volandas hacia la puerta, sentencia, mejor que dice:

— *Mira, mocoso, **bajarás** al quiosco porque yo te lo mando y vas a **subir** el periódico, porque si no te...*

Forma **cantaría**

1 «Futuro hipotético»

Frente a la forma **cantaré**, el llamado *condicional simple* indica futuro, pero como simple hipótesis. Se podría decir que es una manera educada de decir «no».

Veamos los siguientes ejemplos en la siguiente situación:

Estamos trabajando en nuestra habitación y se acerca un compañero:

— *¿Te vienes esta noche al cine?*
— *No.*

La respuesta, corta y seca, puede molestar a nuestro interlocutor. Si queremos ser más amables, alargaremos la respuesta:

— *¿Te vienes...?*
— *Lo siento, créeme, pero no puedo porque...*

Pues bien, un grado más de cortesía, pero con el mismo resultado negativo, sería:

— *¿Te vienes...?*
— *Me **encantaría**, pero hace un minuto que me acaba de llamar Ana para que salga con ella.*

2 «Futuro en relación con un pasado» y «Condicional de cortesía»

Véanse los apartados correspondientes de la forma **cantaba**.

3 «Probabilidad en el pasado lejano»

Véase más adelante el esquema general de la probabilidad.

Formas **he cantado/canté**

Estas dos formas expresan «acción pasada y terminada». Pero en su uso se distinguen porque(1):

he cantado se refiere a un pasado «próximo»; **canté**, a un pasado «lejano».

De manera que:

• ***He estado** en Salamanca haciendo un curso de español.*

sería la frase que diría, al volver a su país, alguien que acabara de asistir a un curso en Salamanca.

---

(1) Estas formas ofrecen, por lo general, menos problemas al hablante extranjero que la pareja **cantaba / canté.** Por otro lado, aclararemos que los usos que vamos a proponer son los más generales entre los hablantes nativos peninsulares, pero en este caso hay importantes diferencias regionales e individuales. Véase también más adelante la forma **habré cantado** para el valor de «futuro perfecto» de **he cantado.**

Pero si ahora imaginamos que han pasado los años y que esa persona es ya un jubilado, y que un día en un parque de su ciudad oye esa frase a un joven, y que, como buen viejecito, al oírla, interviene en la conversación, esa persona diría:

- *¡Ah, Salamanca! Yo **estuve** también en Salamanca cuando era joven...*

No insistiremos más en este uso porque no suele crear muchos problemas y menos en el nivel de los destinatarios de este libro. Más interés tiene, sin duda, el segundo punto del ESQUEMA: si alguien que se encuentra en Madrid, por ejemplo, dice:

- *Ayer **estuve** en Salamanca,*

es claro que no se refiere a un tiempo lejano; sin embargo, usa la forma **estuve**. Otra diferencia, entonces, entre **he cantado** y **canté** es que:

he cantado se emplea para referirse a un hecho terminado, pero situado en un espacio de tiempo que no ha terminado aún; **canté**, en cambio, es una acción realizada en un espacio de tiempo anterior y distinto.

Lo que se podría representar gráficamente así:

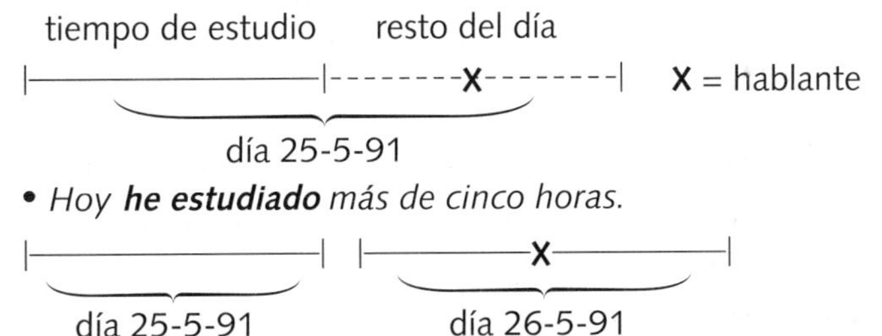

- *Hoy **he estudiado** más de cinco horas.*
- *Ayer **estudié** más de cinco horas.*

El espacio de tiempo puede ser más o menos largo –esto no importa–, tal como indican los ejemplos del ESQUEMA: *hoy, esta semana, este mes,...* Lo importante es la noción de:

espacio terminado / espacio no terminado

Tan importante que puede dar lugar a frases como los últimos ejemplos del ESQUEMA:

- *Esta mañana **ha llegado** al aeropuerto de Barajas el presidente de la República Portuguesa.*

Frase que es, a la vez, igual y distinta de:

- *Esta mañana **llegó** al aeropuerto de Barajas el presidente de...*

Cualquiera de esta dos frases podría pronunciarlas un locutor de televisión que hablara desde el telediario a las tres de la tarde. La primera respondería a un esquema como:

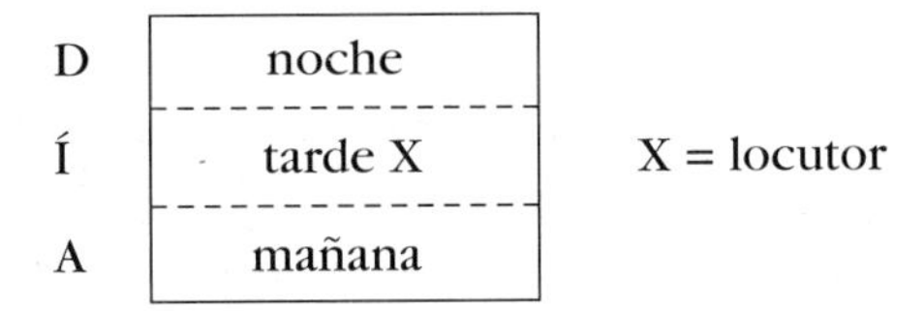

Es decir:

- *Esta mañana* [que pertenece a este día, a hoy] ***ha llegado...***

La segunda, al esquema:

[mañana] ≠ [X tarde] ≠ [noche]   X = locutor

Es decir:

- *Esta mañana* [espacio de tiempo distinto de esta tarde, desde la que hablo] ***llegó...***

Y lo mismo se explicaría el último ejemplo:

- *Esta primavera* ***ha llovido/llovió*** *poco.*

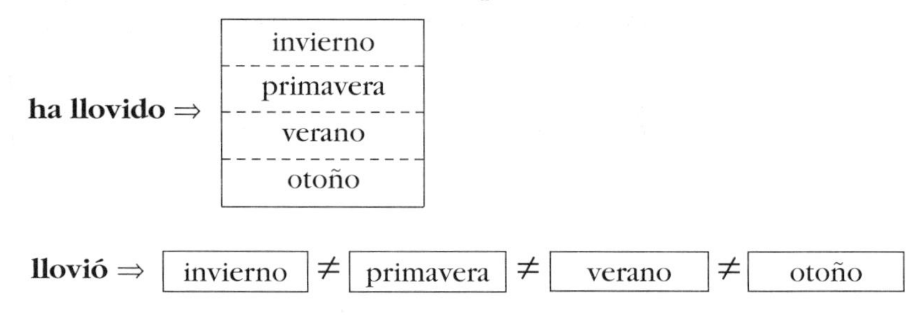

Forma **había cantado**

Expresa una acción anterior a otra en el pasado, tal como indica el gráfico:

B A presente
|——|——|——|- - - -|
PASADO futuro

A = tiempo pasado
B = **había cantado**

- *Antes de bajar* (A) *del tren, ya* ***habían empezado*** (B) *a protestar.*
- *Cuando me lo dijo* (A), *yo* ***había tomado*** (B) *ya otra decisión.*

EJERCICIO I.19

Lo que había sucedido **y lo que** estaba sucediendo. **Fíjese en la pregunta de Ana y en la respuesta de Joaquín; después complete los diálogos.**

Ana: *Cuando llegaste estaban todavía allí, ¿no?*
Joaquín: *No; no había nadie. Se habían marchado hacía ya un buen rato.*

1. — ¿Cuando lo *(llamar,* tú*)* .... *(estar,* él*)* .... en casa?
   — Ya no *(estar)* ....; *(salir)* .... a hacer unas compras.
2. — Cuando Pepe *(salir)* .... *(estar)* .... lloviendo, ¿no?
   — En aquel momento ya no *(llover)* ....; *(llover)* .... mucho por la mañana, pero en aquel momento ya no llovía.
3. — Cuando te lo *(pedir,* él*)* .... *(estar,* él*)* .... ya un poco bebido, según me han dicho.
   — ¿Cómo? ¡No *(estar,* él*)* .... borracho! *(Beber)* .... un poco, eso es cierto, pero no estaba borracho.

Forma **habré cantado**

El llamado *futuro perfecto* tiene dos valores totalmente distintos; por un lado, de acuerdo con su nombre, se usa para indicar la

acción futura anterior a otra en el futuro.

Pero la misma forma es también un

pasado próximo de probabilidad;

es decir, tiene el mismo significado temporal que **he cantado.**

Una vez más, por tanto, debemos llamar la atención sobre el hecho de lo engañosas que pueden resultar las denominaciones de las formas verbales.

1 «Acción futura»

Recordemos la representación gráfica del ESQUEMA:

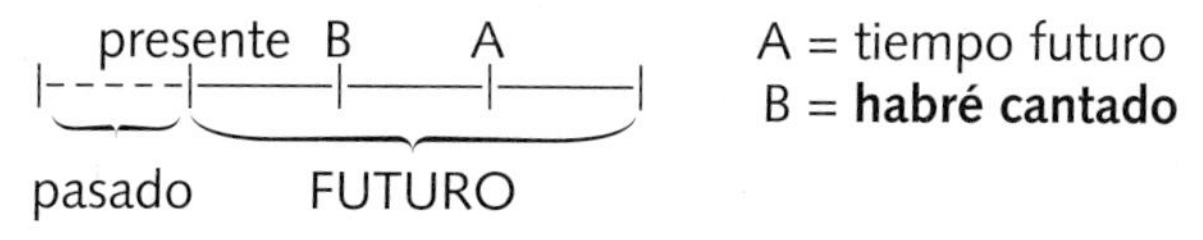

A = tiempo futuro
B = **habré cantado**

Con la línea horizontal queremos representar la línea del tiempo. Como el pasado aquí no nos interesa, de ahí el trazado con líneas discontinuas. Nótese, por lo demás, que **habré cantado** es en el futuro lo que **había cantado** en el pasado:

- *Cuando volvimos (A) ya nos lo **habían arreglado** (B).*
- *Cuando volvamos (A) ya nos lo **habrán arreglado** (B).*

Este segundo ejemplo podría responder a una situación como la que sigue: un matrimonio tiene que hacer unos arreglos en su vivienda, por lo que acuerdan:

- *Lo mejor es que los albañiles vengan mientras estamos de vacaciones; así, cuando regresemos, ya nos lo **habrán arreglado** todo y ni nos molestan ni nosotros los molestamos a ellos.*

Retendremos esta situación en la memoria porque volveremos sobre ella enseguida.

2 «Pasado próximo de probabilidad»

Véase más adelante el esquema general de la probabilidad.

3 **Habré cantado / he cantado / cantaré**

Como veremos en su momento, detrás de **si** condicional no puede utilizarse ninguna forma de *futuro*; de manera que, en el caso concreto de **habré cantado**, se usa **he cantado:**

- *Para las 12 ya **habremos terminado** y luego podremos ver la película.*
- *Si para las 12 **hemos terminado**, luego podremos ver la película.*

Esta sustitución es conocida, pero lo importante es señalar que en la lengua coloquial **he cantado** suplanta a **habré cantado** con mucha frecuencia y en cualquier tipo de frase (no sólo en las condicionales), con lo que, además de su significado «propio» de «pasado próximo», **he cantado** tiene también el de «futuro anterior». Cuanto más coloquial y «exacta» es la frase, más posibilidades hay de que **he cantado** sustituya a **habré cantado:**

- *Seguro que a las 12 ya **habremos terminado** y...*
- *Seguro que a las 12 ya **hemos terminado** y...*

La diferencia fundamental, pues, entre **habré cantado** y **he cantado** no es la de la expresión temporal –la misma en ambas: «pasado próximo» y «futuro anterior»–, sino la de «probabilidad»/«exactitud».

Por otra parte, además de la competencia de **he cantado, habré cantado** sufre también la de **cantaré**, que a veces puede ocupar su lugar. Uno y otro hecho explicarían la poca frecuencia de uso de **habré cantado:**

- *Antes de las cinco **habremos tomado** una decisión definitiva.*
- *Te aseguro que antes de las cinco **hemos tomado** una decisión definitiva.*
- *Antes de las cinco **tomaremos** una decisión definitiva.*

EJERCICIO I.20

Complete con las formas cantaré, habré cantado, he cantado **o** había cantado, **según corresponda.**

1. Creo que *(volver,* ellos*)* .... enseguida.
2. Ayer, a las diez, ya lo *(terminar,* nosotros*)* .... todo.
3. Cuando quieras llegar y echarles una mano seguro que ya lo *(hacer)* .... ellos solos.
4. Antes de lo que tú crees *(acabar)* .... todo.
5. No te preocupes; cuando regreses ya te lo *(solucionar,* ellos*)* ....

Forma **habría cantado**

Como **habré cantado**, tiene dos valores básicos distintos:

1 «Acción futura»

Recordemos la representación gráfica:

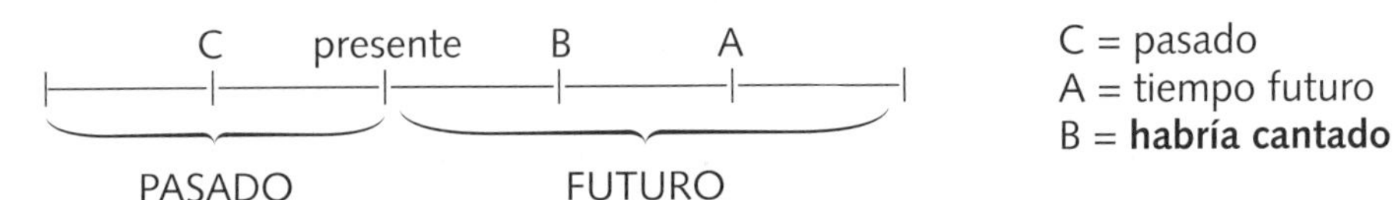

C = pasado
A = tiempo futuro
B = **habría cantado**

Habría cantado, pues, es

un futuro, anterior a otro futuro, en relación con un pasado.

Retomemos de nuevo al matrimonio que quería hacer unos arreglos en su casa durante las vacaciones e imaginemos que éstas, las vacaciones, han concluido. Pues bien, en el viaje de regreso, la mujer, por ejemplo, puede repetirle a su marido varias veces algo como:

- *¿Nos lo habrán arreglado?, como dijeron. Y si lo han hecho, ¿lo habrán dejado bien? ¿O no habrán empezado siquiera?*

Ante lo cual, el marido podría decir:

- *Bueno, ya está bien, ¿no? Nos **dijeron** (C) que, cuando **regresáramos** (A), ya nos lo **habrían terminado** (B), así que estará todo en orden, digo yo.*

2 «Probabilidad en el pasado anterior»

Véase a continuación el esquema general de lo probable y lo exacto.

Esquema general de lo **probable** (o **aproximado**) / lo **exacto** (o **seguro**)

Las correspondencias entre las distintas formas verbales pueden verse en el ESQUEMA. Aquí nos limitaremos a recordarlas a través de unos ejemplos.

Si alguien me pregunta por Enrique y dice:

- *¿Has visto por aquí a Enrique?*

Y acabo de verlo en una librería, podré contestar:

- ***Está** en esa librería comprando unos folios.*

Si no lo sé exactamente, puedo aventurar una hipótesis y decir:

- *No sé, **estará** en su casa, supongo.*

Si lo he visto salir a la calle, diré:

- ***Ha salido** un momento a la calle.*

Si no sé y aventuro una hipótesis:

- *Estaba aquí hace un momento. No sé, **habrá bajado** a tomar un café.*

A la pregunta:

- *¿Dónde pasó la tarde Enrique?*

Si sé que estuvo en el cine con Marisa, podré decir:

- ***Fue** a ver una película con Marisa.*

Pero si no sé o no quiero decir dónde estuvo, puedo contestar:

- *¡Qué sé yo! **Saldría**, como siempre, a dar una vuelta con Marisa.*

Por último, a la pregunta:

- *¿Lo habían terminado todo?*

Puedo contestar diciendo:

- *Sí, sí, todo. Lo **habían terminado** absolutamente todo.*

O bien:

- *¡Ah, pues no sé! Pero supongo que sí, que para esa hora lo **habrían terminado** ya todo .*

Lea con atención estos comentarios:

1. Sin necesidad de tener que recurrir a las formas del subjuntivo, en indicativo hay, pues, todo un sistema para expresar, además de lo exacto o seguro, también lo probable o aproximado.

2. Las formas de la probabilidad no son, por lo general, muy usadas por los hablantes extranjeros de español, que abusan en cambio de frases con **quizá(s), tal vez, posiblemente, ...** + *subjuntivo*.

3. Los hablantes nativos, por el contrario, usamos las formas de probabilidad con mucha frecuencia, sobre todo cuando la frase es corta, no muy compleja. Por ello, el hablante extranjero debe incorporarlas a su uso diario del idioma.

4. Las formas de probabilidad se usan en las siguientes situaciones:

   a) Cuando damos a conocer un hecho y no recordamos con exactitud o no sabemos con seguridad.

De manera que alguien podría contar un suceso de la siguiente forma:

- *No recuerdo bien, pero esto* ***sucedería*** *hacia finales de mayo de 1972;* ***serían****, más o menos, las seis de la tarde cuando llegó tu padre. Estábamos en ese momento allí, pues no sé,* ***estaríamos*** *cerca de diez personas...*

Frente a lo anterior, un abuelo que participó en la guerra civil podría hablar así con su nieto:

- *Mira, esto que te voy a contar* ***sucedió*** *el 24 de mayo del año 37;* ***eran*** *exactamente las seis de la tarde cuando* ***vimos*** *que se acercaba gente al puesto: era el enemigo y* ***venían*** *diez hombres, perfectamente armados, y en ese momento nosotros* ***estábamos*** *sólo cuatro en la trinchera. Se fueron acercando...*

En este primer supuesto el uso de las formas de probabilidad no siempre es obligatorio, de manera que se puede narrar algo como aproximado o probable con formas para expresar la exactitud si éstas van acompañadas de uno o más elementos que signifiquen probabilidad o aproximación: **más o menos, aproximadamente, alrededor de, un (una, unos, unas), en torno a, hacia,** etc.:

- *No recuerdo bien, pero esto* <u>*sucedió*</u> ***hacia*** *finales de mayo o principios de junio de 1972;* <u>*eran*</u> ***alrededor de*** *las seis de la tarde cuando llegó tu padre...*

También pueden combinarse de manera redundante formas y elementos de probabilidad:

- *No recuerdo bien, pero esto* ***sucedería, creo*** *yo,* ***más o menos, hacia*** *finales de mayo;* ***serían...***

b) Cuando respondemos a una pregunta y no sabemos exactamente. El uso de las formas es el mismo que en el punto anterior:

- *¿Es joven?*

Posibles respuestas:

- *Sí, **tiene** veinte años.*
- *Sí, **tendrá** veinte años.*
- *Sí, tiene **unos** veinte años.*
- *Sí, **tendrá unos** veinte años.*

c) Se usa necesariamente la forma de probabilidad en las preguntas que no esperan respuesta:

- *¡Jo! ¿Cuánto **costará** este coche?*
- *¿Cuánto le **habrá costado**?*

En las preguntas que realmente formulamos a nuestro interlocutor usamos las formas exactas:

— *Antonio, ¿cuánto te **ha costado** el coche?*
— *Mucho. Más de tres millones.*

d) Lógicamente, es obligatorio también el uso de las formas de probabilidad en las preguntas que el hablante se hace a sí mismo.

Fíjese en las dos situaciones siguientes:

Si vamos a ver a un conocido y no recordamos muy bien cómo se llega a su casa, podremos preguntarle a alguien que pase a nuestro lado:

- *Por favor, ¿puede decirme dónde **está** la calle...?*

Pero si no recordamos bien el número y empezamos a dar vueltas a la manzana, podremos interrogarnos interiormente:

- *¿Pero dónde **estará** esta dichosa casa? ¿Qué portal **será**?...*

e) Por último, usamos las formas de probabilidad cuando, ante lo que dice nuestro interlocutor, hacemos un comentario que lleva implícito o explícito el contenido de «no importa», «no merece la pena», «no se le nota», etc. La estructura de la frase es siempre:

forma de probabilidad..., pero...

— *No ha terminado, pero sí que ha estudiado dos o tres cursos de Derecho.*

— *¿Sí? Pues **habrá estado** en la universidad, **pero** la verdad es que no se le nota mucho*[1].

(1) Estas frases son equivalentes a **aunque** + *subjuntivo*:

- *Aunque haya estado en la universidad, la verdad es que no se le nota mucho.*

O bien a **pues** + el segundo miembro de la frase:

- *Pues la verdad es que no se le nota mucho.*

EJERCICIO I.21

¿Exacto o aproximado? Complete.

1. *(Ser)* .... las doce cuando llegamos. *(Haber)* .... allí unas veinte personas y entre ellas *(estar)* .... Pepe. Me *(dirigir)* .... hacia él, pero enseguida *(notar, yo)* .... que mi presencia le *(molestar)* ...., así que *(disimular, yo)* .... como pude y me *(acercar)* .... a la barra.

2. — Oye, que ése ha jugado cinco años en el Real Madrid.
   — Pues *(jugar, él)* .... donde tú digas, pero es muy malo .

3. Por el camino yo iba callada pensando: «¿Cómo *(estar, él)* ....: joven, viejo? ¿*(Casarse)* ....? Y si se ha casado, ¿cómo *(ser)* .... su mujer? ¿Me *(recibir, él)* .... bien? ¿o *(recordar, él)* .... todavía aquello y *(seguir)* .... enfadado conmigo?».

4. Aquel día *(salir, nosotros)* .... de casa temprano. *(Llevar)* .... recorridos unos diez kilómetros cuando el coche *(empezar)* .... a hacer un ruido extraño. Julio me *(mirar)* .... como diciendo: «¿Qué le *(pasar)* ....?». *(Parar, nosotros)* .... nos *(bajar)* .... y, no sé, pero *(estar, nosotros)* .... allí más de una hora. Y menos mal que después *(parar)* .... uno que *(entender)* .... algo de mecánica y nos ayudó, que si no...

5. — Te llamó ayer Pedro, ¿no?
   — No, no; no me llamó.
   — ¡Pero si me dijo a mí que te *(llamar)* ....!
   — Ah, pues no sé. *(Llamar, Pedro)* .... en un momento que *(bajar, yo)* .... a comprar el pan, porque no *(salir)* .... más de casa en todo el día.

6. — Estaba todavía allí Juan, ¿verdad?
   — *(Estar)* ...., pero yo no lo vi;

7. *(Ser)* .... ya las doce de la noche y me *(parecer)* .... que *(llamar, ellos)* .... a la puerta. ¿Quién *(llamar)* .... a estas horas? –*(pensar, yo)* ....–. Me *(acercar)* .... con cuidado, *(mirar)* .... por la mirilla y no *(ver)* .... a nadie. *(Abrir, yo)* .... la puerta y efectivamente no *(haber)* .... nadie allí. Se *(marchar, él)* .... o *(oír, yo)* .... mal –*(pensar, yo)* .... –. Pero en aquel momento *(ver, yo)* .... cómo *(moverse)* .... algo en el rellano de la escalera: *(ser)* .... un gato que *(salir)* .... corriendo asustado.

8. — ¿Es tuya esta maleta, Carmen?
   — No, mía no es.
   — Anda! Pues entonces, ¿de quién *(poder)* .... ser?
   — Qué sé yo! Pero no te asustes, *(venir)* .... tu hermano esta mañana

9. — No te estoy hablando de cualquiera, ¿eh? Es doctor por la Sorbona; tiene publicados más de veinte libros y un montón de artículos, y...
   — Pues *(ser)* .... todo lo que tú quieras y *(publicar)* .... eso y mucho más, pero a mí no me convence

B) EL SUBJUNTIVO

ESQUEMA GRAMATICAL

1. Formas del subjuntivo: valores temporales, equivalencias con las formas del indicativo y correlación

Presente. Forma **cante**

1 Valores temporales:

1.1 «presente»: *No creo que* ***venga*** *hoy.*

1.2 «futuro»: *No creo que* ***venga*** *mañana.*

2 Equivalencias: **cante ≈ canto / cantaré.**

- *Creo que nuestras relaciones* { ***son*** *importantes en estos momentos.* / ***serán*** *importantes en el futuro.* }
- *No creo que nuestras relaciones* ***sean*** { *importantes en estos momentos.* / *importantes en el futuro.* }

3 Correlación:

- *Me* ***han pedido*** *que les* ***explique*** *más despacio el tema.*

le ***piden***
le ***han pedido***
le ***pedirán***
le ***habrán pedido***
pedidle
tal vez le ***pidan***
acaso le ***hayan pedido***
} *que* ***vaya.***

Imperfecto. Forma **cantara / cantase**

1 Valores temporales:

1.1 «pasado»: *¿No vino ayer? Pues le dije que* ***viniera.***

1.2 «presente»: *¿No está aquí? Yo le dije que* ***viniera.***

1.3 «futuro»: *¿Que no va a venir mañana? Pues yo le dije que* ***viniera.***

2 Equivalencias: **cantara ≈ cantaba / cantaría / cantó**

- *Creo que* { ***estuvo*** *aquí ayer.* / ***estaba*** *allí en aquel momento.* / ***estaría*** *mal.* }
- *No creo que* ***estuviera*** { *aquí ayer.* / *allí en aquel momento.* / *mal.* }

3 Correlación:

- *Me* ***pidieron*** *que les* ***explicara*** *más despacio el tema.*

le ***pidieron***
le ***pedían***
le ***habían pedido***
le ***habrían pedido*** } *que* ***fuera****.*
le ***pedirían***
tal vez le ***pidieran***
que le ***hubieran pedido***

Perfecto. Forma **haya cantado**

1 Valores temporales:

1.1 «pasado próximo»:

- *Me encanta que, por fin, lo* ***hayas hecho.***

1.2 «futuro anterior»:

- *Me alegrará mucho que, para entonces, ya lo* ***hayas hecho.***

2 Equivalencias: **haya cantado** ≈ **he cantado / habré cantado**

- *Creo que lo* { ***ha solucionado*** *esta mañana.* / ***habrá solucionado*** *antes de las 12.*

- *No creo que lo* ***haya solucionado*** { *esta mañana.* / *antes de las 12.*

3 Correlación:

- *Me* ***han pedido*** *que les* ***explique*** *más despacio el tema.*

le ***encanta***
le ***ha encantado*** } *que* ***hayas venido.***
le ***habrá encantado***
le ***encantará***

Pluscuamperfecto. Forma **hubiera / hubiese cantado**

1 Valores temporales:

1.1 «pasado anterior»:

- *Me encantó que, cuando llegué, ya los* ***hubierais terminado.***

1.2 «futuro anterior»:

- *Me encantaría que, cuando llegaran, ya lo* ***hubierais terminado.***

1.3 «cualquier pasado hipotético»:

- *Vino ayer.* → *Que* ***hubiera venido...***
- *Ha venido esta mañana.* → *Que* ***hubiera venido...***
- *Venía todos los días.* → *Que* ***hubiera venido...***

2 Equivalencias (valores 1.1 y 1.2): **hubiera cantado ≈ había cantado / habría cantado**

- *Creí que se* { ***había marchado** ya.* / ***habría marchado** ya para entonces.* }
- *No creí que se **hubiera marchado*** { *ya.* / *ya para entonces.* }

3 Correlación:

- *Me **encantó** que se lo **hubieras explicado**.*

*me **gustó***
*me **gustaba***
*me **gustaría***
*me **habría gustado***
*me **había gustado***
*me **hubiera gustado*** } *que se lo **hubieras explicado**.*

Futuro de subjuntivo. Formas **cantare** y **hubiere cantado**

En el español actual no tienen prácticamente uso, fuera de la lengua judicial o legal.

2. Distinción de las formas cantara / hubiera cantado con valor de pasado

1. • { *Me alegré de que lo **hicieras.*** / *Me alegré de que lo **hubieras hecho.*** }
2. • { *Me dijo que **estudiaras**.* / *Me dijo que **hubieras estudiado**.* }
3. • { *Le pedí que **viniera** /le pedí que ***hubiera venido.*** / *Le prohibí que lo **hiciera** /le prohibí que lo ***hubiera hecho.*** }

3. Falta de correlación:

1. • { ***Siento** que no te **encuentres bien**.* / ***Siento** que te **pasara** aquello.* }
   • { *Me **alegra** que te **acuerdes** de mí.* / *Me **alegra** que te **acordaras** de él en París y le **hayas traído** el maletín.* }
   • { *No **creo** que **esté** en casa.* / *No **creo** que **estuviera** en casa en aquel momento.* }
   • { *No **parece** ser cierto que **haya dicho** eso.* / *No **parece** ser cierto que **dijera** eso.* }
   • { ***Es posible** que **esté** allí.* / ***Es posible** que **estuviera** allí.* }
2. • { *Te la **di** para que **abrieras**.* / *Te la **di** para que **abras** cada vez que lo **necesites**.* }
   • { *Efectivamente no le **pegó**, pero le **dijo** que, como **volviera** a hacerlo, que se **preparara**.* / *Efectivamente no le **pegó**, pero como **vuelva** a hacerlo, que se **prepare.*** }
   • { *Aunque no **estuviera** enfadado se **marchó**.* / *Se **marchó**, aunque tú **digas** ahora que no estaba enfadado.* }
3. • { ***Sé** que **hubiera sido** mejor.* / ***Creo** que **hubieras hecho** mal.* }

EXPLICACIÓN Y AMPLIACIÓN GRAMATICAL

1. Valores temporales y equivalencias

El subjuntivo es considerado como el «gran enemigo» del hablante extranjero de español; pero no debería ser así, y confiamos en que a lo largo de este curso vaya dejando de serlo. Porque, frente a lo que se piensa habitualmente,

el uso del subjuntivo es más fácil que el del indicativo.

Como se tendrá ocasión de comprobar, el uso del indicativo o del subjuntivo es, con mucha frecuencia, una mera cuestión formal: una frase se construye con indicativo y otra, simplemente, con subjuntivo, sin que el uso de uno u otro suponga, por tanto, un mayor o menor esfuerzo: las dos construcciones y las dos formas hay que dominarlas. Así, **creo que** se construye, como se sabe, con indicativo; por eso, para referirnos a la llegada de una persona, por ejemplo, diremos:

- *Creo que **viene** mañana.*

En cambio, **no creo que** se construye con subjuntivo, y, por tanto, en la situación anterior se diría:

- *No creo que **venga** mañana.*

Pero es más, como hemos destacado, son las formas del subjuntivo las que realmente resultan mucho más fáciles de usar, porque son menos que las del indicativo y, en consecuencia, no se pueden hacer con ellas las distinciones, más o menos sutiles, que son necesarias en indicativo. Así, si analizamos a continuación uno de los ejemplos incluidos en el ESQUEMA –concretamente el del *imperfecto*– veremos que:

– Si queremos referirnos a la posible presencia de Joaquín, ayer, en la ciudad, diremos:

- *Creo que **estuvo** aquí ayer.*

– Si a su presencia en un lugar, en un momento determinado:

- *Creo que **estaba** allí en aquel momento.*

– Si alguien propone que dejemos a Joaquín sin su parte de tarta, podemos comentar:

- *Creo que **estaría** mal.*

Es decir, en indicativo, necesitamos conocer y saber usar correctamente tres formas:

– **estuvo**: «pasado puntual»
– **estaba**: «pasado copresente»
– **estaría**: «presente o futuro hipotéticos»

Pues bien, en subjuntivo todo se resuelve con una misma y única forma:

- *No creo que **estuviera*** { *aquí ayer.* / *allí en aquel momento.* / *bien.* }

Por lo demás, si en el análisis de las formas del indicativo hemos dicho que preferiríamos que se olvidara o no se tuviera en cuenta el nombre gramatical, lo mismo, con más insistencia, pedimos para las formas del subjuntivo.

Forma **cante**

Su nombre, *presente*, resulta engañoso. Lo que se debe retener es que hay una forma en subjuntivo, la forma **cante,** que es «presente» o «futuro». De manera que si decimos:

- *No creo que **esté** en casa.*

fuera de todo contexto o situación concretos, esa frase resultaría ambigua en español, porque no sabemos si **esté** se refiere a:

– *en este momento, ahora, hoy, ...*; es decir, al «presente».

O bien a:

– *luego, dentro de un rato, mañana, ...*; es decir, al «futuro».

Así, además, cuando en su momento veamos que, por ejemplo, detrás de **hasta que** no se puede usar el llamado *futuro* de indicativo, de modo que no se dice:

- *No hablaré ni una palabra en alemán hasta que *__regresaré__ a mi país.*

no constituirá sorpresa alguna el saber que es que en ese caso el español usa «futuro», sí, pero de subjuntivo, es decir, la forma **cante:**

- *No hablaré ni una palabra en alemán hasta que **regrese** a mi país.*

Para las equivalencias con las formas del indicativo y la correlación véase el ESQUEMA.

Forma **cantara**

Si los nombres gramaticales resultan engañosos, esto es especialmente válido para el caso del *pretérito imperfecto* de subjuntivo. Pese a su nombre, la forma **cantara** se usa para referirse a los tres tiempos reales:

- *Le dije que **viniera*** { *que viniera **ayer**.* / *que viniera **hoy**.* / *que viniera **mañana**.* }

Su valor concreto de «pasado» lo analizaremos más abajo en relación con **hubiera cantado**. Por lo que respecta a los valores de «presente» y «futuro» hay que tener en cuenta que se refieren al *mismo tiempo real* que el «presente» y «futuro» **cante:**

- { *Quiero que **estés** aquí mañana a las diez.* / *Me gustaría que **estuvieras** aquí mañana a las diez.* }

- { *Quiero que lo **hagas** ahora mismo.* / *Me gustaría que lo **hicieras** ahora mismo.* }

Lo que cambia es la correlación:

quiero → **estés**
gustaría → **estuvieras**

Forma **haya cantado**

Véase el ESQUEMA.

Forma **hubiera cantado**

El «futuro anterior» de **hubiera cantado** y **haya cantado** es el mismo en el tiempo real, dependiendo el uso de una u otra forma de la correlación:

- *Me **alegrará** que, para entonces, ya lo **hayas hecho**.*
- *Me **alegraría** que, para entonces, ya lo **hubieras hecho**.*

El uso con valor de pasado presenta algunas dificultades, pues no siempre el hablante extranjero sabe distinguir y utilizar correctamente las formas de **cantara** y **hubiera cantado** cuando las dos indican pasado. Veamos entonces la:

2. **Distinción entre** cantara/hubiera cantado **con valor de pasado**

Si analizamos la primera pareja de ejemplos del ESQUEMA:

- *Me **alegré** de que lo **hicieras.***
- *Me **alegré** de que lo **hubieras hecho**.*

vemos que las acciones, globalmente consideradas, se sitúan en ambos casos en el pasado:

*... de que lo hicieras **ayer*** → «pasado»
*... de que lo hubieras hecho **anteayer*** → «pasado»

Ahora bien –y aquí radica la diferencia entre una forma y otra–, la relación interna que se establece entre los dos verbos de cada frase es distinta:

- **cantara,** aunque pasado, es siempre simultáneo o posterior a la acción del otro verbo.
- **hubiera cantado**, lo mismo que su equivalente **había cantado**, es, por el contrario, anterior al pasado expresado por el otro verbo. Representado gráficamente sería:

- *Me alegré de que lo **hicieras.***
  ————————————→
- *Me alegré de que lo **hubieras hecho**.*
  ←————————————

La diferencia que acabamos de explicar teóricamente se comprenderá mejor con la contextualización de la segunda pareja de ejemplos:

- *Me dijo que **estudiaras**.*
- *Me dijo que **hubieras estudiado**.*

Pensemos en un estudiante que acude a un conocido para que éste, a su vez, le recomiende ante su profesor. Supongamos, primero, que el estudiante es previsor y pide la recomendación a principios de mayo, aunque el examen es en junio. Pasados unos días:

— *¿Hablaste con el profesor?*
— *Sí, lo vi ayer, pero... me dijo que **estudiaras.***

Es decir:

estudiaras
dijo (2-5-91) ————————————→ (JUNIO)
(tiempo posible de estudio)

Pero imaginemos una situación más normal, es decir, que el estudiante busca la recomendación unos días antes del examen:

— *¿Has visto al profesor?*
— *Sí, oye, lo vi ayer, pero ese hombre no se casa con nadie. Lo siento. Me dijo que **hubieras estudiado**.*

Es decir:

hubieras estudiado

(OCTUBRE-90) ◄———————————— dijo (6-6-91)

(tiempo posible de estudio)

Como consecuencia lógica de su valor, hay verbos que no se pueden construir con la forma **hubiera cantado**. Por ejemplo, los de la tercera pareja del ESQUEMA:

- *Le pedí [ayer] que **viniera** [ayer].*
  *Le pedí [ayer] que ***hubiera venido** [anteayer].*

No se puede pedir algo anterior a la petición.

- *Le prohibí que lo **hiciera**.*
  *Le prohibí que lo ***hubiera hecho.***

No se puede prohibir lo que ya ha sucedido.

La expresión del tiempo en subjuntivo

Cuadro-resumen de los valores temporales de las formas

«presente»	**cante:**	• *Me encanta que **vengas** hoy.*
	cantara:	• *Me encantaría que **vinieras** hoy.*
«futuro»	**cante:**	• *Me encanta que **vengas** mañana.*
	cantara:	• *Me encantaría que **vinieras** mañana.*
«pasado» →	**cantara:**	• *Me encantó que **vinieras** ayer.*
«pasado anterior» →	**hubiera cantado:**	• *Me encantó que **hubieras venido**.*
«pasado próximo» →	**haya cantado**:	• *Me encanta que **hayas venido**.*
«futuro anterior»	**haya cantado:**	• *Me encantará que entonces lo **hayas hecho** ya.*
	hubiera cantado:	• *Me encantaría que, para entonces, lo **hubieras hecho** ya.*

3. Correlación

Como es sabido y veremos en el tema siguiente, las formas del subjuntivo pueden aparecer en frases simples; es decir, en frases con un solo verbo:

- *Dios mío, que **venga**.*

Pero, estadísticamente hablando, la mayor frecuencia de uso del subjuntivo corresponde a frases compuestas:

- ***Prefiero** que no **hablemos** de ese tema.*

en las que, entre los dos verbos, se establece, por lo general, una relación interna, de manera que la segunda forma cambia al cambiar la primera:

- ***Preferiría** que no **habláramos** de ese tema.*

A esto es a lo que, en las gramáticas, se le suele llamar *consecutio temporum, correlación de tiempos*, etc.

Ausencia de correlación

La correlación, con las distintas posibilidades combinatorias (véase el ESQUEMA), es, digamos, lo general en el uso del subjuntivo en las frases compuestas. Pero hay casos en los que no existe «unidad de referencia temporal» y, en consecuencia, no hay correlación interna entre las formas verbales, ya que:

> El principio básico que rige la correlación y la no-correlación es la **unidad de referencia temporal/pluralidad temporal:**
>
> - ***Siento*** *que no te* ***encuentres*** *bien.*
> - ***Sentí*** *que no te* ***encontraras*** *bien.*
> - *Siento* ***[ahora]*** *que no te encontraras bien* ***[entonces]***.

Como tendremos ocasión de ver en el tema siguiente, el grado de interrelación entre los dos miembros de una frase compuesta es distinto según los tipos de estructura. De ahí que la no-correlación sea más frecuente en unos que en otros; pero responden siempre al principio básico señalado. Como reglas prácticas señalaremos:

1 En las estructuras de *Verbo-1 + que + Verbo-2:*

- ***Quiero*** *que* ***vengas***.
- *Me* ***gustaría*** *que* ***vinieras***.

La falta de correlación se concreta en:

> **creencia, opinión o sentimiento actuales sobre un hecho pasado.**

- *No* ***creo*** *que* ***esté*** *en casa.*
- *No* ***creo*** *que* ***estuviera*** *en casa en aquel momento.*
- ***Sé*** *que* ***hubiera sido*** *mejor.*
- ***Creo*** *que* ***hubieras hecho*** *mal.*

Analícense también los restantes ejemplos 1. del ESQUEMA.

2 En otros tipos de estructuras (ejemplos 2. del ESQUEMA) la falta de correlación puede responder a lo indicado en el punto anterior, o bien a la manifestación directa del principio básico.

Este análisis de la no-correlación tiene como principal objetivo el que el estudiante extranjero no se sorprenda, en un momento de reflexión o de uso reflexivo del idioma, ante una frase en la que las formas verbales no guardan la correlación de tiempos.

Pero, una vez aclarada la cuestión, lo mejor, quizá, sea olvidarse del tema, porque nuestra experiencia nos dice que el hablante extranjero de español no suele tener problemas con estas frases –el uso de las formas verbales responde a su valor general–, mientras que sí suponen una dificultad –hay que intentar automatizar su uso, por tanto– los distintos esquemas de la correlación de tiempos.

EJERCICIO I.22

Correlación de tiempos. Repita las siguientes frases cambiando la forma de subjuntivo cuando sea necesario.

1. Te aconseja que estudies.
   Te aconsejó ....
   Te ha aconsejado ....
   Te aconsejará ....
   Te aconsejaría ....
2. Me gusta que habléis español en clase.
   Me gustaría ....
   Me habría gustado..........
   Me gustaba ....
3. Me molesta que no la hayáis invitado a la fiesta.
   Me habría molestado ....
   Me molestó ....
   Me molestaría ....
   Le habrá molestado ....

EJERCICIO I.23

Correlación de tiempos. Transforme las siguientes frases.

1. Es estupendo poder estar aquí los dos, solitos.
   Es estupendo que *(nosotros)* ....
2. Fue una gran suerte estar allí.
   Fue una suerte que Elvira ....
3. Lo compro todos los meses para aprender un poco sobre ordenadores.
   Lo compro todos los meses para que los niños ....
4. Sentiría mucho tener que recurrir a medios violentos.
   Sentiría que las dos comunidades ....
5. ¿Hay algún idioma que se pueda aprender sin esforzarse?
   ¿Hay algún idioma que se pueda aprender sin que los estudiantes ....
   ....

EJERCICIO I.24

Correlación de tiempos. Complete.

1. No esperaba que *(venir,* tú*)* .... hoy.
2. No puedo creer que *(ser,* tú*)* .... tan tonto.
3. Me encantaba que *(venir,* tú*)* .... a verme.
4. Me gustaría que *(salir,* nosotros*)* .... esta noche a cenar.
5. Sentiré que te *(marchar,* tú*)* .... de Salamanca.
6. Sentí que no *(estar,* tú*)* .... allí.
7. Sentí que te *(marchar,* tú*)*.......... ya cuando llegué.
8. Yo te aconsejaría que *(tener)* .... más cuidado con lo que dices.
9. Cuando llegabas me decías siempre que *(dar)* .... un beso, ¿recuerdas?
10. No te preocupes, hablaré con él antes de que *(irse)* ....
11. Me dijo que, como no *(estudiar)* .... más, se iba a enfadar conmigo.
12. La vida moderna exige que *(conocer,* nosotros*)* .... más de un idioma.

TEMA II

Las frases del español. Estructuras simples

ESQUEMA GRAMATICAL

1 Tipos de frases del español

1.1 Frases simples: un solo verbo:

1.2 Frases compuestas: dos o más verbos. Tipos:

a) 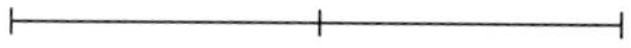 (bloque único semántico, tonal y sintáctico: relación formal entre el primer miembro y el segundo)

b) 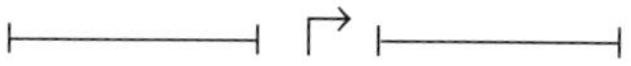 (bloque semántico, pero no tonal ni sintáctico: lo importante es la partícula, la conjunción)

c)  (los dos miembros son sintácticamente independientes)

d) 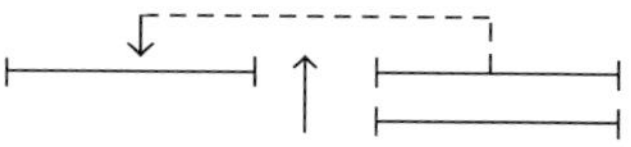 (segundo miembro → indicativo/subjuntivo creadores de mundos distintos, en relación con el primer miembro)

e)  (segundo miembro → indicativo/subjuntivo creadores de mundos distintos, sin relación con el primer miembro)

2 Construcción de las frases simples y del primer miembro de las compuestas

2.1 **Regla general:**

afirmación/negación/pregunta 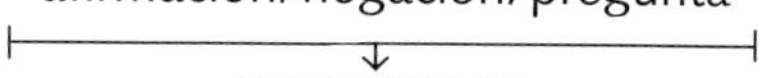
↓
INDICATIVO

- *Pedro* ***estudia*** *informática.*
- *Pedro no* ***ha estudiado*** *hoy.*
- *¿No* ***estudiaba*** *alemán Pedro?*

2.2 **Presencia de una partícula:**

De deseo: QUE, OJALÁ (QUE), ASÍ
↓
SUBJUNTIVO

- ***Puedo*** *ir.* → *Ojalá* ***pueda*** *ir.*
- ***Viene*** *este fin de semana.* → *Que* ***venga****, Dios mío.*
- ***Muérete.*** → *Así te* ***mueras.***

De deseo hipotético o poco probable:

AH SI, QUIÉN
↓
SUBJUNTIVO (cantara/hubiera cantado)

- ***Puedo*** *hacerlo.* → *Ah si yo* ***pudiera*** *hacerlo.*
- *Lo* ***hice.*** → *Ah si yo lo* ***hubiera hecho.***
- *No* ***soy*** *como tú.* → *Quién* ***fuera*** *como tú.*
- ***Estuve*** *allí.*→ *Quién* ***hubiera estado*** *allí.*

De posibilidad:

TAL VEZ, QUIZÁ(S), POSIBLEMENTE, SEGURAMENTE, ACASO...
↓
SUBJUNTIVO/INDICATIVO

- ***Viene*** *mañana.*→ *Quizás* ***venga*** *mañana, no sé.*
- ***Ha venido*** *hoy.*→ *Posiblemente* ***haya venido/ha venido*** *hoy, y no lo hemos visto.*

De posibilidad: PUEDE QUE
↓
SUBJUNTIVO

- ***Viene*** *mañana.*→ *Puede que* ***venga*** *mañana, no sé.*

De posibilidad: A LO MEJOR
↓
INDICATIVO

- ***Viene*** *mañana.*→ *A lo mejor* ***viene*** *mañana, no sé.*

2.3 **mandatos, ruegos, consejos**
↓
IMPERATIVO/SUBJUNTIVO

- ***Ve*** *tú solo enseguida.*
- *No* ***vayas*** *solo.*
- ***Vaya*** *usted a hablar con el médico.*
- *No* ***vaya*** *al médico.*
- ***Id*** *enseguida.*
- *No* ***vayáis*** *hoy a la playa.*
- ***Vayan*** *despacio.*
- *No* ***vayan*** *ustedes por esa carretera.*

2.4 **hipótesis en el pasado**

SUBJUNTIVO [hubiera cantado/(habría cantado)]

- ***Hubiera sido*** *mucho mejor el otro hotel.*
- ***Habría sido*** *mucho mejor el otro hotel.*

2.5 **Deseo:** sin uso de partícula

SUBJUNTIVO

- *¡****Viva*** *el rey!*
- ***Descanse*** *en paz.*

3 Valor universal de las reglas

Las reglas del apartado **2** tienen valor universal, es decir, se aplican necesariamente con preferencia a cualquier otra regla:

- *Creo que* ***viene*** *mañana.*
  Creo que ***hubiéramos/habríamos estado*** *mejor en el otro hotel.*
- *No ha venido porque* ***está*** *enfermo.*
  No ha venido porque puede que ***esté*** *enfermo.*
- *Hay tanta gente que no* ***podemos*** *entrar.*
  Hay tanta gente que ojalá no ***podamos*** *entrar.*
  Hay tanta gente que quizá no ***podamos*** *entrar.*

EXPLICACIÓN Y AMPLIACIÓN GRAMATICAL

1 Tipos de frases del español

Este apartado es puramente teórico y hay que entenderlo en un sentido instrumental. No se trata, pues, de retener nada en la memoria ni de practicar, sino de comprender unos fundamentos que luego nos permitirán aplicar eficazmente el método.

1.1 Frase simples

Como es sabido, son las que tienen un solo verbo:

- *Ana llegó ayer.*
- *Antonio tocaba la guitarra.*
- *Julia es guapa.*

son ejemplos de frases simples. Estas frases las representaremos así: |———|
Y serán estudiadas en este mismo tema.

1.2 **Frases compuestas**

Se le da este nombre –entre otros– a las frases complejas de dos o más verbos. De manera que si decimos:

- *Ana llegó ayer,*

pero queremos precisar más, podríamos añadir por ejemplo:

- *Ana llegó ayer, **cuando estábamos reunidos**.*

con lo cual estaríamos ante una frase compuesta, concretamente ante una *oración compuesta subordinada adverbial temporal,* pero las etiquetas gramaticales ni nos interesan ni las vamos a usar.

Todas las estructuras complejas del español pertenecen a alguno de los tipos recogidos en el ESQUEMA:

a) ├──────┼──────┤

Las frases de este tipo forman un bloque único semántico, tonal y sintáctico, por lo que:

la segunda parte de la frase depende de la primera; si se se introducen determinados cambios en el primer miembro, automáticamente cambia el segundo:

- *Creo que lo **ha hecho** él.*
  *No creo que lo **haya hecho** él.*

- *Hay tanta cola que no **podremos** entrar.*
  *Ojalá haya tanta cola que no **podamos** entrar.*

Es decir, en la primera pareja de ejemplos, la aparición de un elemento negativo –en este caso el adverbio **no**– en el primer miembro supone el subjuntivo en el segundo. En la segunda, el subjuntivo del primer miembro arrastra también hacia el subjuntivo al segundo verbo.

Las frases de este tipo son realmente complejas y crean serias dificultades al hablante extranjero de español. Pero tampoco hay que alarmarse...

b) ├──────┤ ┌→ ├──────┤

Las frases de este tipo constituyen una unidad de sentido o unidad semántica como las de a), pero no tonal, y la sintaxis del segundo miembro no depende del primero.

Lo importante en este caso es la partícula, la conjunción (┌→ en la representación gráfica), porque es la partícula la que lleva al uso del indicativo, del subjuntivo o del infinitivo.

Así:

– Si decimos **antes de que**, *necesariamente* vendrá detrás una forma del **subjuntivo**; de lo contrario, la frase jamás será correcta en español:

- *Dáselo antes de que me* ***enfade****.*

– Si decimos **si bien (no) → indicativo:**

- *Constituyó un gran triunfo, si bien no* ***conviene*** *olvidar que no fue fácil.*

– Si, en fin, decimos **sin que → subjuntivo:**

- *Se lo quité sin que se* ***diera*** *cuenta.*

Estas frases, evidentemente, son mucho más fáciles que las del tipo a) y deben plantear menos problemas al hablante extranjero. De hecho, se trata sólo de conocer –y luego automatizar– cómo se construye cada partícula.

c) |———| ↑ |———|

Este tercer tipo constituye también una unidad de sentido, pero no tonal. Los dos miembros de la frase van ligados por una partícula, pero de mero valor semántico; de manera que:

los dos miembros de la frase son sintácticamente independientes y se construyen como dos frases simples (por esto la fecha vertical ↑ en el gráfico).

Así que es una partícula de este tipo; por lo tanto, de acuerdo con lo señalado en el ESQUEMA, se construirá:

– Si afirmamos, negamos o preguntamos ⇒ **indicativo:**

- *Son las ocho y no ha llegado, así que* { ***vamos*** *a empezar.* / *no* ***podemos*** *esperar más.* / *¿qué* ***hacemos****?* }

– Si hay una partícula → subjuntivo ⇒ **subjuntivo:**

- *Son las ocho y no ha llegado, así que posiblemente no* ***venga*** *ya.*

– Si damos una orden ⇒ **imperativo/subjuntivo:**

- *Son las ocho y no ha llegado, así que* { ***vete*** *a ver qué pasa.* / *no* ***hagas*** *nada.* }

– Si hablamos, en fin, de un hecho hipotético en el pasado ⇒ **subjuntivo** (hubiera cantado)/ **habría cantado:**

- *Son las ocho y no ha llegado, así que* { ***hubiera sido*** *mejor no venir.* / ***habría sido*** *mejor no venir.* }

Las frases de este tercer tipo no constituirán, lógicamente, problema alguno para el hablante avanzado de español.

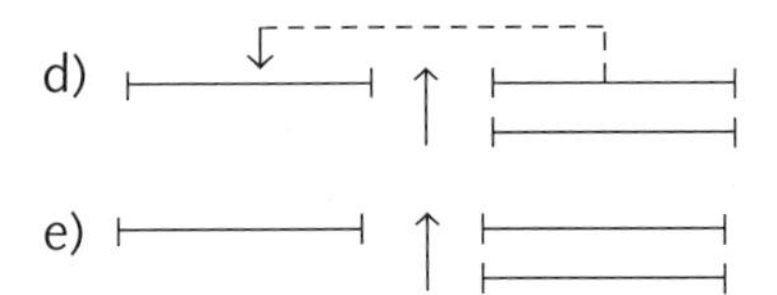

Los tipos d) y e) están emparentados. Con los esquemas anteriores pretendemos simbolizar lo siguiente: la flecha en posición vertical indica, como en el tipo c), que el elemento de unión no ejerce influencia en la sintaxis de la frase; la flecha de trazos, en el tipo d), señala que hay relación entre el segundo y el primer miembro. Por último, la doble línea horizontal en la segunda parte quiere simbolizar que puede aparecer tanto el indicativo como el subjuntivo.

Son ejemplos de estos tipos frases como:

- *Voy a casarme con una chica que* ***cocina*** *muy bien.*
  Voy a casarme con una chica que ***cocine*** *muy bien.*
- *Se quedará unos días más en la cama, aunque ya* ***está*** *mejor.*
  Se quedará unos días más en la cama, aunque ya ***esté*** *mejor.*

Fíjese bien: en las frases de los tipos a), b) y c) los errores producen, por lo general, estructuras agramaticales, es decir, inaceptables, pero comprensibles e inconfundibles con otras. Si alguien dice:

- *Quiero que *****vienes*** *conmigo.*

comete un error gramatical, pero sin mayor trascendencia, ya que esa frase sencillamente no existe, y por lo tanto no se opone a la correcta:

- *Quiero que* ***vengas*** *conmigo.*

En cambio, las frases de tipo d) y e), fuera de todo contexto o situación, admiten, generalmente, indicativo y subjuntivo, pero con un cambio de sentido, ya que en ellas el uso de uno u otro modo verbal no es una simple cuestión formal, sino que:

el indicativo y el subjuntivo crean mundos, es decir, contextos o situaciones distintos.

Y un error, por lo tanto, puede impedir que transmitamos realmente lo que queremos decir e incluso confundir a nuestro interlocutor.

Las frases de este cuarto tipo constituyen, sin duda alguna, la mayor dificultad para el hablante extranjero de español. Pero el uso del indicativo o el subjuntivo en ellas responde a unas reglas muy precisas, que analizaremos en su momento.

2 Construcción de las frases simples y del primer miembro de las compuestas

2.1 **Regla general:** si afirmamos, negamos o preguntamos ⇒ **INDICATIVO**

Dentro del indicativo usaremos la forma apropiada, según lo que queramos expresar, de acuerdo con los valores analizados en el Tema I:

- *Pedro* ***estudiaba*** *mucho.* «pasado habitual»
- *Pedro no* ***salió*** *ayer.* «pasado»
- *¿****Ha llegado*** *Pedro?* «pasado próximo»

2.2 **Partículas:**

2.2.1 **De deseo:**

Si decimos **que, ojalá (que), así** ⇒ **SUBJUNTIVO**

De manera que Laura, por ejemplo, puede informarnos de lo siguiente:

- *Mi «amigo»* ***viene*** *a verme este fin de semana.*

Pero la misma Laura puede pasarse la hora entera de la clase de español pensando en su amigo y diciéndose:

- *Que* ***venga****, Dios mío; que* ***venga****, que* ***venga****.*

Ojalá (que) puede usarse con las cuatro formas de subjuntivo, con los distintos valores que ya conocemos:

- *Ojalá* ***venga.*** [hoy o mañana]
- *Ojalá* ***haya venido.*** [esta mañana o para entonces]
- *Ojalá que* ***llegara.*** [ayer]
- *Ojalá* ***viniera.*** [hoy o mañana, pero es difícil o imposible que venga]
- *Ojalá* ***hubiera venido.*** [ayer, pero no vino; o para entonces, pero es difícil o imposible que eso suceda]

Así, igualmente, puede usarse con las cuatro formas, pero su uso se limita prácticamente a frases exclamativas que encierran una maldición:

- *¡Así te* ***mueras****, desgraciado!*

Que, para expresar deseo en una frase simple, suele emplearse con las formas **cante** y **haya cantado:**

- *Que* ***apruebe****, virgencita, que* ***apruebe****.*
- *Que no* ***haya pasado*** *nada.*

Con la forma **cantara** reclama generalmente su inclusión en una frase compleja:

— *¿Qué era lo que más deseabas en aquel momento?*
— *Que me* ***perdonara*** *ella.*

Con la forma **hubiera cantado** no tiene valor de deseo, sino que se usa habitualmente para referirse a un hecho no realizado en el pasado, con el significado de «no me importa» (al hablante), «allá él» (el no-ejecutor de la acción), «que asuma o cargue él con las consecuencias o con la responsabilidad»:

— *Han suspendido a Antonio.*
— *Que* ***hubiera estudiado*** *más.*

2.2.2 **De deseo hipotético o poco probable:**

Si decimos **ah si**, o bien **quién** con valor de deseo ⇒ **SUBJUNTIVO** (formas **cantara/hubiera cantado**).

De manera que Carmen, por ejemplo, puede decirnos:

- *Este verano voy a pasar dos meses en Ibiza.*

Ante lo cual podríamos exclamar:

- *¡Quién* ***pudiera*** *hacer lo mismo!*

Ah si y **quién** sólo pueden construirse con las formas **cantara** o **hubiera cantado**[1]. Por lo tanto, sólo se usan para expresar lo muy poco probable o, más frecuentemente, lo imposible en el pasado, en el presente o en el futuro:

- *Ah si yo **pudiera** hacer lo que tú*. [hoy o mañana]
- *Ah si lo **hubieras resuelto** ya*. [antes o para entonces]
- *¡Quién **pudiera** ir!* [hoy o mañana]
- *¡Quién **hubiera podido** hacer lo que tú!* [ayer]

Ah si puede construirse con todas las personas verbales: ah si **pudiera** (yo, él), ah si **pudieras**, ah si **pudiéramos**, etc.; y, por lo tanto, es apto para expresar deseos propios o para los demás. **Quién**, en cambio, sólo admite la construcción con la primera persona y expresa sólo los deseos propios del hablante.

2.2.3 **Posibilidad: tal vez, quizá(s), ...**

Detrás de las partículas **tal vez, quizá(s), acaso, probablemente, seguramente, posiblemente...**, puede aparecer, en principio, **SUBJUNTIVO/INDICATIVO:**

- *Seguramente **esté/está** ya en casa.*
- *Quizá **haya venido/ha venido** esta mañana.*

Aunque el uso del indicativo parece estar extendiéndose cada vez más, el español cuidado, culto, sigue prefiriendo el subjuntivo; sobre todo referido al futuro:

- *Quizás **venga** mañana, no sé.*

Si la partícula va detrás del verbo, en este caso sí, se usa siempre el indicativo:

- ***Es**, quizás, la mejor película que he visto este año.*

Este uso es muy frecuente en la lengua hablada para atenuar una afirmación; pero también se utiliza en el español escrito como expresión intermedia entre la afirmación rotunda y la posibilidad estricta:

- *El autor **ha descubierto**...≠ El autor quizás **haya descubierto**...≠ El autor **ha descubierto**, quizás,...*

En la lengua hablada, quizás más que cualquiera de las partículas mencionadas, se use, como inciso, **creo:**

- *Es, **creo**, la mejor película que he visto este año.*

Hay que tener en cuenta que **seguramente** no es **seguro:**

– **seguramente ⇒ SUBJUNTIVO/INDICATIVO:**

- *Seguramente **esté/está** ya en casa.*

– **seguro** o **es seguro ⇒ INDICATIVO:**

- *Seguro que **está** en casa.*

Asimismo, no hay que confundir **probablemente** y **posiblemente** con **es probable** y **es posible:**

– **probablemente** y **posiblemente ⇒ SUBJUNTIVO/INDICATIVO:**

- *Probablemente **ha/haya venido** esta mañana.*

---

(1) En el caso de **ah si** se explica por la presencia de **si**.
Como veremos en su momento, la partícula condicional **si** sólo admite esas dos formas de subjuntivo. Y lo mismo sucede con **como si** y **por si**.

– **es probable** y **es posible** ⇒ **SUBJUNTIVO:**

- *<u>Es probable</u> que **haya venido** esta mañana.*

Recordemos, por último, que en el español conversacional, en frases cortas y rápidas, la probabilidad, la posibilidad, o la duda –la no certeza en general– se expresa habitualmente con las correspondientes formas de indicativo:

- ***Estará** en casa, no sé.*

Mejor que:

- *Tal vez **esté/está** en casa, no sé.*

2.2.4 **Posibilidad: puede que**

Si decimos **puede que**, detrás usaremos necesariamente **SUBJUNTIVO**. Su uso es muy frecuente en el español conversacional:

- *<u>Puede que</u> **tengas** razón.*

2.2.5 **Posibilidad: a lo mejor**

A lo mejor ⇒ necesariamente **INDICATIVO:**

- *<u>A lo mejor</u> **tienes** razón.*
- *<u>A lo mejor</u> **está** en casa.*

Con mucha frecuencia el hablante extranjero de español piensa que el indicativo es el modo de la realidad, de lo cierto, etc., y el subjuntivo el de lo inseguro, lo no cierto... Esto es básicamente falso y causa de muchos errores. El uso del indicativo o el subjuntivo responde, en la mayor parte de los casos, a una mera y simple cuestión formal[(1)], tal como se verá y repetiremos con frecuencia a lo largo de este curso.

En el caso concreto que ahora nos ocupa, una acción como la «posible llegada de alguien» se puede enunciar en español de las distintas formas que hemos visto, en las que aparecen indicativo y subjuntivo:

- *<u>Quizas</u> **venga** mañana, no sé.*
- *<u>Quizás</u> **viene** mañana, no sé.*
- *<u>Puede que</u> **venga** mañana, no sé.*
- *<u>A lo mejor</u> **viene** mañana, no sé.*
- ***Vendrá** mañana, no sé.*

---

(1) Alguien, en un momento determinado, puede decir una frase como:

- *Se enfadó de que nos **riéramos**.*

Pero el mismo hablante, en la misma ocasión y para referirse al mismo hecho, puede decir:

- *Se enfadó porque nos **reíamos**.*

Evidentemente, lo expresado no es más ni menos cierto por el hecho de usar el indicativo o el subjuntivo; el uso de uno u otro modo se debe sencillamente a una diferencia formal: el primer tipo de estructura exige el subjuntivo y el segundo el indicativo.

2.3 Mandatos, ruegos, consejos

Las distintas formas verbales, en función de que la orden sea afirmativa o negativa, o de que nos dirijamos a nuestro interlocutor de tú o de usted, quedaron reflejadas ya en el ESQUEMA.

Recuérdese también lo dicho sobre esta cuestión en el Tema I: formas **canto** y **cantaré**.

2.4 Hipótesis en el pasado

Para referirse a un hecho pasado hipotético, en principio, pueden usarse dos formas: **hubiera cantado/habría cantado:**

- ***Hubiera sido*** *mucho mejor el otro hotel.*
- ***Habría sido*** *mucho mejor el otro hotel.*

son dos frases que, a modo de queja por ejemplo, podría utilizar, indistintamente, alguien descontento con el hotel elegido para pasar el fin de semana.

La forma **hubiera cantado** es de uso universal, pero **habría cantado** tiene muchas restricciones:

– En frases sin partículas –como las del ejemplo– por lo general pueden usarse indistintamente las dos formas. Pero sólo cabe **hubiera cantado** cuando el hablante «se desentiende del hecho»:

— *Me han suspendido.*
— *Pues muy bien, **hubieras estudiado** más.*

En la misma situación, para referirse a una tercera persona, usaríamos **que** y únicamente también la forma **hubiera cantado:**

— *Han suspendido a Antonio.*
— *Que **hubiera estudiado** más.*

– En frases encabezadas por una partícula:

Si la partícula → subjuntivo ⇒ **hubiera cantado:**

- *Ojalá **hubieras estado** allí.*

Si la partícula → indicativo, o al menos, lo admite ⇒ **hubiera cantado/habría cantado:**

- *A lo mejor **habría sido** bueno decírselo.*
- *A lo mejor **hubiera sido** bueno decírselo.*
- *Seguramente **habríamos estado** mejor allí.*
- *Seguramente **hubiéramos estado** mejor allí.*

– Lo señalado en el apartado anterior es también válido para las frases compuestas. Así:

creo que → indicativo, luego son posibles las dos formas:

- *Creo que **habrías hecho** mal.*
- *Creo que **hubieras hecho** mal.*

no creo que, en cambio, supone el uso del modo subjuntivo, por lo tanto sólo es posible:

- *No creo que **hubieras obrado** bien.*

porque, por ejemplo, → indicativo, luego:

- *Lo hice porque, de lo contrario, **habría protestado**.*
- *Lo hice porque, de lo contrario, **hubiera protestado**.*

no porque, en cambio, → subjuntivo, luego sólo:

- *Lo hice, no porque **hubiera hablado** antes con él, sino porque me pareció bien.*

– En las frases condicionales y concesivas, en el miembro que lleva la partícula –**si, aunque**– sólo es posible la forma **hubiera cantado**, pero en el otro son posibles las dos:

- *Si **hubieras estado** allí* { *lo **habrías visto**.* / *lo **hubieras visto**.* }
- *Aunque **hubieras estado** allí* { *no **habrías visto** nada.* / *no **hubieras visto** nada.* }

Fíjese: la forma **hubiera cantado** es posible en todos los casos, pero no así **habría cantado**. Entonces, todo lo anterior le podrá ser muy útil como conocimiento pasivo, pero para su uso activo del idioma, para evitar problemas y posibles errores, utilice siempre la forma **hubiera cantado** y diga:

- ***Hubiera sido** mejor el otro hotel.*
- ***Hubieras estudiado** más.*
- *Que **hubiera estudiado** más.*
- *Ojalá **hubieras estado** allí.*
- *A lo mejor **hubiera sido** bueno decírselo.*
- *Seguramente **hubiéramos estado** mejor allí.*
- *Creo que **hubieras hecho** mal.*
- *No creo que **hubieras obrado** bien.*
- *Lo hice porque, de lo contrario, **hubiera protestado**.*
- *Lo hice, no porque **hubiera hablado** antes...*
- *Si **hubieras estado** allí, lo **hubieras visto**...*
- *Aunque **hubieras estado** allí, no **hubieras visto** nada.*

La expresión de deseo sin uso de partículas

Se trata, por lo general, de modismos o frases hechas en las que se utiliza siempre el subjuntivo. Suelen ser frases exclamativas:

- *¡**Viva** el rey!*
- *¡**Mueran** las cadenas!*
- *¡Dios te **oiga**!*
- *¡La Santísima Virgen y todos los santos nos **cojan** confesados!*
- *¡Ahí se las **den** todas!*

que el hablante extranjero deberá aprender como cualquier otro modismo o frase coloquial.

3 Valor universal de las reglas

Las reglas del apartado **2** tienen **valor universal** y se aplican antes que cualquier otra regla particular. Es decir, en los temas que vienen a continuación analizaremos las distintas estructuras del español e iremos viendo, en cada caso, las reglas propias o particulares por las que se rigen esas estructuras; pero:

> las reglas particulares de cada tipo de estructura tendrán –se señale o no se señale en cada momento– unas **excepciones universales:** las reglas que hemos analizado en este tema.

Así, es cosa sabida de todos los hablantes de este nivel que **creo que** se construye con indicativo; de manera que decimos, por ejemplo:

- *Creo que **viene** mañana.*

Pero una frase como:

- *Creo que **hubiéramos estado** mejor en el otro hotel.*

en la que, como se ve, usamos el subjuntivo, no debe sorprendernos ya porque se trata simplemente de un **valor o excepción universales:** los hechos hipotéticos en el pasado se expresan con la forma **hubiera cantado**.

Esto es válido para cualquier tipo de estructura. En su momento veremos que, si decimos **porque** causal, detrás vendrá una forma de indicativo:

- *No ha venido porque **está** enfermo.*

Pero si entre **porque** y el verbo intercalamos una partícula que implique el uso del subjuntivo, entonces se usará, **por el valor universal de esa partícula**, la correspondiente forma de subjuntivo:

- *No ha venido porque puede que **esté** enfermo.*

O, en fin –para explicar el último ejemplo del ESQUEMA– hay un tipo de estructuras, las *consecutivas de intensidad*, en las que una regla nos dice que, si la primera parte es afirmativa e indicativo, la segunda se construye también en indicativo:

- *Hay tanta gente que no **podemos** entrar.*

Pero si intercalamos **ojalá**, por ejemplo, la regla particular deja de actuar ante esa **partícula universal:**

- *Hay tanta gente que ojalá no **podamos** entrar.*

TEMA III

Sustantivas

ESQUEMA GRAMATICAL

1 Cuestiones previas

Sustantivas = estructuras de:

Verbo-1 + que + Verbo-2:

- *Quiero* (V-1) *que vengas* (V-2).

Verbo 1 + Infinitivo:

- *Quiero* (V-1) *ir.*

Tipo: V-1 ├───┼───┤ V-2

El V-2 depende totalmente del **V-1:**

- *Creo que **está** en casa.*
- *Quiero que **estés** en casa.*
- *Me gustaría que **estuvieras** en casa.*

El verbo-1 sólo puede ser una de estas dos cosas:

A. GRUPO I
B. GRUPO II

2 Construcción de las estructuras de V-1 + que + V-2

A. Estructuras con verbo-1 de GRUPO I

1. **Son verbos de GRUPO I los verbos de:**

Entendimiento: *creer, pensar, comprender, entender, reconocer, opinar, considerar, juzgar, suponer, imaginar(se), figurarse, observar, comprobar, saber, deducir, recordar, acordarse (de), olvidar, averiguar, descubrir, adivinar, soñar, intuir...*

Sentido: *ver, oír, notar, observar, comprobar, darse cuenta, descubrir, sentir I...*

Lengua: *contar, afirmar, narrar, escribir, comunicar, referir, confesar, murmurar, explicar, manifestar, contestar, revelar, jurar, sostener, indicar, responder, comentar, declarar, exponer, relatar, señalar, leer, mencionar, decir I...*

2. **Reglas de construcción**

Regla básica:

Si el *verbo-1* = verbo de GRUPO I, el **verbo-2** se construye:

Ia Si verbo-1 *afirmativo* ⇒ **INDICATIVO:**

- *Creo que **ha llegado** esta mañana.*

Ib Si verbo-1 *negativo* ⇒ **SUBJUNTIVO/indicativo:**

- *No creo que **haya llegado** todavía.*

Ampliaciones de la regla básica:

de **Ia:** Sólo las excepciones universales:

- *Creo que **hubiera sido** mejor el otro hotel.*
- *Creo que quizás **sea** mejor quedarnos aquí.*

de **Ib:**

Ib1 Orden negativa ⇒ **INDICATIVO:**

- *No creas que **estoy** tonto.*

Ib2 Pregunta negativa ⇒ **INDICATIVO:**

- *¿No crees que así **estoy** muchísimo más guapa?*

Ib3 Aún siendo negativo el verbo-1, a veces, puede aparecer el indicativo. Pero, por lo general, **siempre es posible el subjuntivo:**

- *No sabía que **estuvieras/estabas** en el cine.*

B. Estructuras con verbo-1 de GRUPO II

1. **Son verbos de GRUPO II los verbos de:**

Sentimiento: *gustar, encantar, avergonzarse, molestar, fastidiar, dar pena, contentarse con, conformarse con, cansarse de, hartarse de, resignarse a, sufrir, aguantar, soportar, extrañarse de, admirarse de, consolar, doler, aburrir, divertir, entusiasmar, alegrar, alegrarse de, entristecer, apenar, lamentar, lamentarse de, quejarse de, temer, tener miedo a/de, sentir II...*

Voluntad, o deseo: *querer, desear, preferir, aspirar a, pretender, intentar, apetecer, oponerse a, conseguir, lograr, hacer (= «lograr»)...*

Mandato, consejo, ruego, prohibición: *ordenar, mandar, decretar, aconsejar, desaconsejar, recomendar, animar a, invitar a, incitar a, pedir, rogar, suplicar, solicitar, procurar, permitir, tolerar, consentir, dejar, acceder a, prohibir, impedir, obligar a, hacer (= «obligar»), decir II...*

Y otros muchos verbos: *interesar, bastar con, ayudar a, esperar, esperar a, aguardar a, contribuir a, aventurarse a, exponerse a, criticar, aprobar (= «parecer bien»)...*

2. **Reglas de construcción**

Regla básica:

Si el *verbo-1* = verbo de GRUPO II, el **verbo-2** se construye:

IIa **Distintos sujetos** para verbo-1 y verbo-2 ⇒ **SUBJUNTIVO:**

- *Me gustaría que **salieras** con él.*
- *No me gustaría que **salieras** con él.*

IIb «**Mismo**» **sujeto** para verbo-1 y verbo-2 ⇒ **INFINITIVO:**

- *Me gustaría* ***salir*** *con él.*
- *No me gustaría* ***salir*** *con él.*

Ampliaciones de la regla básica:

IIa1 Algunos verbos de sentimiento –*lamentarse, alegrarse, avergonzarse, quejarse,* etc.,– que se construyen con **de que**, admiten tres construcciones:

La básica con **subjuntivo:**

- *Se queja de que le* ***hayan relegado****.*

Doble construcción «causal» con **indicativo:**

- *Se queja de que la* ***han relegado****.*
- *Se queja porque la* ***han relegado****.*

IIb1 Los verbos *permitir, dejar, impedir, prohibir, mandar, ordenar, recomendar, obligar a, hacer («obligar»), ayudar a, animar a, invitar a, incitar a,* etc., admiten dos construcciones:

La básica con **subjuntivo:**

- *Me prohibieron ustedes que* ***entrara****.*

La «inglesa» con **infinitivo:**

- *Me prohibieron ustedes* ***entrar.***

Algo similar ocurre con los verbos de sentido **ver** y **oír:**

Construcción básica con **indicativo:**

- *Vi que* ***salía*** *en aquel momento.*
- *Oigo que* ***canta*** *todas las mañanas.*

Construcción «inglesa» con **infinitivo:**

- *La vi* ***salir*** *en aquel momento.*
- *La oigo* ***cantar*** *todas las mañanas.*

3 Variantes de GRUPO I y de GRUPO II

3.1 Verbo-1 = expresión de GRUPO I o de GRUPO II

Si verbo-1 = expresión de GRUPO I: *es evidente, es cierto, es indudable, es indiscutible, es manifiesto, es patente, es obvio, es verdad, es seguro, es/está claro, está visto, está demostrado, dar a entender, dar la impresión (la sensación) de, dar(se) la coincidencia (la circunstancia, el hecho) de, darse cuenta de, caer en la cuenta de, hacerse la ilusión (la idea) de, dejar entrever (ver, notar...), ser consciente de, estar convencido de, estar seguro (de), me (le,...) consta, que conste, se ve, se conoce, resulta (resultó,...), pasa (pasaba,...) sucede (había sucedido,...), para mí que (no) (= «creo», «pienso»)...*

el verbo-2 se construye conforme a las reglas del GRUPO I:

Ia Expresión **afirmativa** ⇒ **INDICATIVO:**

- *Está claro que* ***ha sido*** *él.*

Ib Expresión **negativa** ⇒ **SUBJUNTIVO:**

- *No está claro que **haya sido** él.*

Ib1 Pregunta negativa ⇒ **INDICATIVO:**

- *¿No está claro que **ha sido** él?*

Si verbo-1 = expresión de GRUPO II: *es bueno, es malo, es mejor, es peor, es fácil, es difícil, es conveniente, es necesario, es raro, es curioso, es extraño, es milagroso, está bien, está mal, es probable, es improbable, es posible, es imposible, es útil, es inútil, es suficiente con, es estupendo, es magnífico, es maravilloso, es esencial, es imprescindible, es indispensable, es sorprendente, es natural, es justo, es injusto, es estúpido, es ridículo, es terrible, es horroroso, es lógico, es preciso, es un fastidio, es una lata, es una pena, es una suerte, es una ventaja, es una barbaridad, es una coincidencia, es un disparate, es una bobada, es una tontería, es una locura, es una lástima, es mentira, estar temiendo, estar temeroso de, estar decidido a, estar acostumbrado a, estar dispuesto a, estar asombrado de, estar maravillado de, estar sorprendido de, estar encantado de, estar contento de, estar orgulloso de, estar ilusionado con, estar satisfecho de, estar pendiente de, ser partidario de, tener interés en, me (le...) interesa, no hay (la menor) posibilidad (esperanza, oportunidad...) de, qué suerte, hace falta, conviene, basta, puede ser, dar (producir) pena (rabia, gusto, alegría, tristeza, vergüenza,...), (ya) es hora de, (ya) va siendo hora de, no hay derecho a, más vale, vale más, a mí que (no), por mí que (no)...*

el verbo-2 se construye conforme a las reglas del GRUPO II:

IIa «**Distinto**» **sujeto** ⇒ **SUBJUNTIVO:**

- *Es bueno que **salgas** un poco todos los días.*
- *No es bueno que **salgas** tanto.*

IIb «**Mismo**» **sujeto** (impersonal) ⇒ **INFINITIVO:**

- *Es bueno **salir** un poco todos los días.*
- *No es bueno **salir** tanto.*

3.2 Verbo-1 = sustantivo de GRUPO I o de GRUPO II

Si sustantivo de GRUPO I: *la evidencia de, la seguridad de, la certeza de, el convencimiento de, la demostración de, la conciencia de, la noticia de, la prueba de, la creencia de, la objeción de, la convicción de, el pensamiento de, la idea de, la impresión de...*

el verbo-2 se construye:

Ia Sustantivo **afirmativo** ⇒ **INDICATIVO** [es raro el uso negativo]:

- *El convencimiento de que **estabas** obrando mal me hacía sufrir.*

Ib «**Mismo**» **sujeto** ⇒ **INDICATIVO/INFINITIVO:**

- *El convencimiento de que **estaba** [yo] obrando bien me confundía.*
- *El convencimiento de **estar** [yo] obrando bien me confundía.*

Si sustantivo de GRUPO II: *la posibilidad de, la sorpresa de, la oportunidad de, la esperanza de, la utilidad de, la conveniencia de, la dificultad de, la probabilidad de, el deseo de, la prohibición de, la orden de, la sugerencia de, el peligro de, el temor de/a, el riesgo de, las ganas de, el motivo de, la razón de, la causa de, la culpa de, el modo de, la manera de, la forma de, la satisfacción de, la vergüenza de, la necesidad de, la importancia de, la costumbre de...*

el verbo-2 se construye conforme a las reglas del GRUPO II:

IIa «**Distinto**» **sujeto ⇒ SUBJUNTIVO:**

- *La posibilidad de que* ***pudieras*** *pensar así me hacía sufrir.*

IIb «**Mismo**» **sujeto ⇒ INFINITIVO:**

- *La posibilidad [mía] de* ***estar*** *[yo] equivocado me hacía sufrir.*

3.3 Verbo-1 = adjetivo de GRUPO I o de GRUPO II

Si adjetivo de GRUPO I: *seguro de, convencido de, consciente de, persuadido de, confiado en...*

el verbo-2 se construye conforme a las reglas del GRUPO I:

Ia Adjetivo **afirmativo ⇒ INDICATIVO:**

- *Jaime, seguro de que le* ***estarían*** *esperando, avanzó lentamente.*

Ib Adjetivo **negativo ⇒ SUBJUNTIVO:**

- *Jaime, no muy seguro de que* ***estuvieran*** *esperándole, entró sin prisa en la cafetería.*

Si adjetivo de GRUPO II: *temeroso de, decidido a, acostumbrado a, preocupado de/por, dispuesto a, asombrado de/por, sorprendido de/por, orgulloso de/por, encantado de/con, ilusionado con/por, partidario de, contento de/por, satisfecho de/por...*

el verbo-2 se construye conforme a las reglas del GRUPO II:

IIa «**Distinto**» **sujeto ⇒ SUBJUNTIVO:**

- *La mujer, encantada de que la* ***hayan invitado****, cuelga el teléfono.*

IIb «**Mismo**» **sujeto ⇒ INFINITIVO:**

- *La mujer, encantada de* ***ser*** *la primera invitada, cuelga el teléfono y...*

IIa1 Construcción «causal» **⇒ INDICATIVO:**

- *La mujer, encantada porque la* ***han invitado, ...***
- *La mujer, encantada porque* ***es*** *la primera invitada ...*

3.4 Estudio particular de algunos verbos-1

De doble significado:

decir

I → «comunicar, dar a conocer»

- *Me dijo que se* ***quedaba*** *allí.*
- *No me dijo que se* ***fuera*** *a quedar.*
- *¿No te dijo que se* ***iba*** *a quedar?*
- *No le digas que me* ***voy*** *a quedar.*

II → «pedir, mandar, aconsejar»

- *Me dijo que me* ***quedara*** *allí* (1).
- *No le digas que se* ***quede****.*

sentir

I → «notar, darse cuenta, oír»

- *Sintió que alguien le* ***tocaba****.*

II → «dar pena, lamentar»

- *Sentí que te* ***pasara*** *aquello.*
- *Sentía que las cosas nos* ***fueran*** *tan mal.*

decidir

I → «pensar, llegar a la conclusión»

- *Decidió que el divorcio* ***era*** *lo mejor.*

II → «querer, imponer el pensamiento propio»

- *Juana decidió que nos* ***separáramos*** (2).

comprender

I → «darse cuenta»

- *Comprendo que* ***estás*** *enfadada conmigo.*

II → «aceptar, reconocerse culpable»

- *Comprendo que* ***estés*** *enfadada conmigo* (3).

dudar

dudar = «no saber, no estar seguro» → GRUPO I negativo.

- *Dudo que* ***llegue*** *un día a ser alguien.*

no dudar = «saber, estar seguro» → GRUPO I afirmativo.

- *No dudo (de) que* ***llegará*** *a ser alguien.*
- *No dudo (de) que un día* ***pueda*** *acabar mal.*

---

(1) Como **decir**, también: **indicar, comunicar, contestar, escribir, responder, recordar.**

(2) Lo mismo **pensar.**

(3) También **entender, admitir, reconocer.**

Verbos «vacíos»:

insistir

I si remite a verbo de GRUPO I

- *Creo que no **ha hecho** nada condenable.*
- *Insisto en que no **ha hecho** nada condenable.*

II si remite a verbo de GRUPO II

- *Yo pido que **venga** él mismo a explicarlo.*
- *Insisto en que **venga** a explicarlo*[(1)].

El verbo «parecer»:

a) **parecer** = «dar la impresión, creer» → verbo de GRUPO I. Luego:
afirmativo ⇒ **INDICATIVO**
negativo ⇒ **SUBJUNTIVO**
pregunta negativa ⇒ **INDICATIVO**

- *Parece que **están** en casa.*
- *No parece que **estén** en casa.*
- *¿No te parece que así **estoy** más guapa?*

b) **parecer**, en preguntas **=** «querer» → verbo de GRUPO II ⇒ **SUBJUNTIVO:**

- *¿Te parece que **salgamos** esta noche a cenar?*

c) **parecer** ≈ *ser/estar:*

1. Expresión de GRUPO I: *parece evidente, parece cierto, parece indudable, parece verdad, parece seguro, parece claro, parece demostrado*, etc.

Ia Expresión **afirmativa** ⇒ **INDICATIVO:**

- *Parece (ser) cierto que **dijo** exactamente eso.*

Ib Expresión **negativa** ⇒ **SUBJUNTIVO:**

- *No parece (ser) cierto que **dijera** eso.*

Ib1 Pregunta negativa ⇒ **INDICATIVO:**

- *¿No te parece que así **estoy** más guapa?*

2. Expresión de GRUPO II: *parece mejor, parece peor, parece fácil, parece difícil, parece conveniente, parece necesario, parece raro, parece extraño*, etc.

IIa «**Distinto**» **sujeto** ⇒ **SUBJUNTIVO:**

- *Parece milagroso que **haya habido** supervivientes.*

IIb «**Mismo**» **sujeto** ⇒ **INFINITIVO:**

- *Me parece mentira **estar** aquí, a tu lado.*
- *Me parece difícil **montar** ese decorado.*

---

(1) Lo mismo **repetir, añadir, agregar, empeñarse en, quedar en, acordar, recordar.**

d) **parecer** = «comportarse» → **como si** ⇒ **SUBJUNTIVO (cantara/hubiera cantado):**

- *Parece como si **estuviera** en su casa.*

d1) **parecer** → **que** = «como si» ⇒ **SUBJUNTIVO (cantara/hubiera cantado):**

- *Parece que **estuviera** en su casa.*

4 Sustitutos de que en V-1 + que + V-2

4.1 El hecho de que

Sustituto de **que** con un verbo de GRUPO II (de sentimiento: regla **IIa1**) ⇒ **SUBJUNTIVO/indicativo:**

- *Me preocupa que no **estudie.***
- *Me preocupa porque no **estudia**.*
- *Me preocupa el hecho de que no **estudie/estudia**.*

Uso «dislocado» **SUBJUNTIVO/indicativo:**

- *El hecho de que no **estudie/estudia** me preocupa.*
- *Lo que me preocupa es el hecho de que no **estudie/estudia.***

4.2 Eso de que, esto de que, aquello de que

Equivalentes a **el hecho de que:**

- *Me preocupa eso de que no **estudie/estudia**.*
- *Eso de que no **estudie/estudia** me preocupa.*

Sustitutos de **que** con un verbo de GRUPO I (explícito o implícito):

Ia afirmativo ⇒ INDICATIVO
Ib negativo ⇒ SUBJUNTIVO

- *Dicen que **va** a venir el rey, pero yo no lo creo.*
- *Eso que dicen de que **va** a venir el rey yo no lo creo.*
- *No creo eso (que dicen) de que **va** a venir el rey.*
- *No creo eso de que **vaya** a venir el rey.*

4.3 Es que (no)/No es que (no)

No es que (no) ⇒ SUBJUNTIVO:

- *No es que no **quiera** ir, créeme.*

Es que (no)

a) En frases libres ⇒ **INDICATIVO:**

- *Lo siento, pero es que no **puedo** ir.*

b) Sustituto de **que** en V-1 + que + V-2 ⇒ reglas de GRUPO I y de GRUPO II:

- *Creo que **sabe** poco.*
- *Lo que yo creo es que **sabe** poco.*
- *No creo que **sepa** mucho.*
- *Lo que yo no creo es que **sepa** mucho.*
- *Quiero que **venga**.*
- *Lo que yo quiero es que **venga**.*

4.4 **Menos que, salvo que, excepto que:**

Con verbo de GRUPO I ⇒ **INDICATIVO/SUBJUNTIVO:**

- *Me lo contó todo, excepto que **habíais/hubierais bajado** a la playa.*

Con verbo de GRUPO II ⇒ **SUBJUNTIVO/INFINITIVO:**

- *Me lo tenían prohibido todo, menos que **bajara** a la playa.*
- *Me lo tenían prohibido todo, menos **bajar** a la playa.*

EXPLICACIÓN Y AMPLIACIÓN GRAMATICAL

Usted, antes de llegar a este nivel, habrá oído hablar muchas veces del subjuntivo –del «temido subjuntivo»– y muy posiblemente, en ese caso, de la «duda y la no duda», de lo «cierto y lo no cierto» como base para su uso frente al indicativo. Si es así, nos atreveríamos a pedirle un favor: que intente, por un momento, dejar su mente en blanco, como si no hubiera oído hablar antes del tema, para que no haya interferencias entre sus conocimientos anteriores y lo que va a encontrar a continuación.

1 Tipo

Las frases con estructura de: **verbo-1 + que + verbo-2:**

- *Creería que ibas a ir hoy.*
- *Le gustaría que fueras hoy.*

pertenecen al tipo que representamos así: |——————|——————|

Es decir,

son frases que constituyen un solo bloque sintáctico, en las que el segundo miembro –el verbo-2– depende totalmente del primero, del verbo-1. Y bien, el verbo-1 sólo puede ser dos cosas: o lo que llamamos **Grupo I** o lo que denominamos **Grupo II**, y según que pertenezca a uno u otro grupo así se construirá el verbo-2.

2 Construcción

A. Verbo-1 de GRUPO I

1. **Regla básica:**

Si el verbo-1 es un verbo de los que se llaman de **entendimiento, sentido** o **lengua** –pero, como siempre, las etiquetas no nos interesan–, es decir, si el verbo-1 es un verbo como:

creer, pensar, opinar,... y equivalentes
ver, oír, notar,... y equivalentes
decir-I, contar, afirmar,... y equivalentes,

entonces el verbo-2 se construirá de acuerdo con las dos simples reglas siguientes:

Ia) verbo-1 **afirmativo** ⇒ verbo-2 **INDICATIVO**
Ib) verbo-1 **negativo** ⇒ verbo-2 **SUBJUNTIVO**

De manera que, a la pregunta:

—¿Ha vuelto ya tu padre?

alguien podría responder diciendo:

— No sé, no estoy seguro. Pero creo que ***ha llegado*** *esta mañana.*

O bien:

— No sé, no estoy seguro. Pero no creo que ***haya llegado*** *todavía.*

Nótese que la misma seguridad o inseguridad y el mismo grado de certeza o no certeza hay en una y otra frase, y sin embargo la primera se construye con indicativo y la segunda con subjuntivo. Y es así, sencillamente –hay que ir grabando esto en la mente–, porque con un verbo de **Grupo I**:

afirmativo ⇒ **INDICATIVO**
negativo ⇒ **SUBJUNTIVO**

EJERCICIO III.1

Complete.

1. Recuerdo que en aquel momento *(haber)* .... allí mucha gente, pero nada más.
2. Supongo que *(venir)* ...., no sé.
3. Creo que eso *(ser)* .... lo mejor, pero...
4. Averigüé que la noche anterior *(estar)* .... tomando unos vinos en un bar de la Gran Vía.
5. Oí que *(llamar)* .... alguien.
6. Nos ha contado que se lo *(estar pasando)* .... de maravilla en España.
7. En aquel momento descubrí que no me *(querer)* ....
8. Comprobé que no *(saber)* .... nada de nada.

EJERCICIO III.2

Complete.

1. No creo que eso *(ser)* .... bueno para ti.
2. No he oído nunca que *(haber)* .... problemas entre ellos.
3. Yo no digo que las cosas *(suceder)* .... exactamente así, pero...
4. No puedo imaginarme que *(enfadarse)* .... por semejante tontería.
5. No podía creer que *(comportarse)* .... así con ella.
6. En ningún momento confesó que *(estar)* .... implicado en el tema.
7. Nadie creía que *(poder)* .... suceder lo que sucedió.
8. Nunca pensé que aquello *(poder)* .... estar prohibido.

2. **Ampliaciones de I:**

La regla básica –afirmativo → indicativo/negativo → subjuntivo– ofrece algunas pequeñas particularidades que hay que conocer y practicar.

Ia) (afirmativo → indicativo) no tiene más excepciones que **las universales**. Ejemplos en el ESQUEMA.

Ib) (negativo → subjuntivo) presenta estas dos particularidades:

Ib1 Verbo-1 → **orden negativa** ⇒ verbo-2 **INDICATIVO**
Ib2 Verbo-1 → **pregunta negativa** ⇒ verbo-2 **INDICATIVO**

De manera que, a alguien que me advierte que, en mi viaje por Inglaterra, circule por la izquierda, le podría contestar:

• *Hombre, no creas que* ***soy*** *tan tonto.*

Y una mujer, después de darse el último toque al peinado delante del espejo, podría volverse hacia el marido, que espera impaciente, y decirle:

• *¿No crees que así* ***estoy*** *muchísimo más guapa?*

EJERCICIO III.3

Complete.

1. No creas que ya *(estar)* .... solucionado todo.
2. No pienses que eso *(ir)* .... a quedar así.
3. No digas que *(ir)* .... a verlo, porque no es verdad.
4. No comentes con nadie que *(venir)* .... a verme, porque no quiero que se sepa nada del tema.
5. No olvidéis que la gente *(terminar)* .... enterándose de todo.
6. No le cuenten a nadie que *(temer)* .... por su suerte.
7. No vayas por ahí diciendo que todo *(estar)* .... solucionado, no sea que luego tengas que recoger velas.
8. No pienses que me *(ir, tú)* .... a convencer.

EJERCICIO III.4

Complete.

1. Date prisa. ¿No ves que *(ir,* nosotros*)* .... a llegar tarde?
2. ¿No decías que *(venir)* .... tu padre?
3. ¿No te das cuenta de que *(hacer)* .... mal?
4. ¿No notas que *(adelgazar)* .... mucho desde que empecé el plan?
5. ¿No crees que *(ser)* .... mejor callarse y esperar a ver qué sucede?
6. ¿No le has dicho que *(estar,* nosotros*)* .... ayer esperándole en la plaza?
7. ¿Pero es que no has descubierto ya que *(estar,* yo*)* .... locamente enamorada de ti?
8. ¿Y tú no has visto que yo no *(poder)* .... vivir sin ti?

Ib3 Verbo-1 negativo ⇒ indicativo

Los puntos **Ib1** y **Ib2** constituyen reglas operativas que usted debe poner en práctica para expresarse correctamente en español. Este tercer punto, en cambio, es una simple aclaración.

Como quedó reflejado en el ESQUEMA, aún siendo negativo el verbo-1, a veces, el verbo-2 puede aparecer en indicativo. Pero –y esto es lo importante para el hablante extranjero–, por lo general, **siempre es posible el subjuntivo**, tal como se verá con la explicación y contextualización del siguiente ejemplo.

Supongamos que un amigo se va a examinar y que alguien nos pregunta:

— *¿Qué te parece a ti? ¿Aprobará?*

A lo que podremos contestar, si tenemos una opinión favorable:

— *Sí, creo que **aprobará**. Está muy bien preparado.*

(Frase que significa: «A mí me parece que va a aprobar».)

O bien, si opinamos lo contario:

— *No creo que **apruebe**.*

(Frase que significa: «A mí me parece que no va a aprobar».)

Han pasado los días; se ha celebrado el examen y nos preguntan:

— *¿Qué, aprobó tu amigo?*

A lo que, si éramos de la primera opinión, podremos responder:

— *No sé; pero, vamos, yo creo que **habrá aprobado**.*

(Frase que significa: «A mí me parece que ha aprobado».)

Y si pensábamos que no:

— *No sé; pero no creo que **haya aprobado**.*

(Frase que significa: «A mí me parece que no ha aprobado».)

Imaginemos ahora, por un momento, que éramos de la opinión de que no iba a aprobar, que se lo hemos dicho a todos los que nos han preguntado e incluso a algunos que no nos han preguntado, e imaginemos también que nuestro amigo se ha enterado de que hemos andado diciendo que no iba a aprobar. Pero, en contra de nuestra opinión, aprueba y, entonces, nuestro amigo nos muestra la papeleta al tiempo que dice:

— *¡Qué! Mira: sobresaliente.*

Ante lo cual, si logramos recuperarnos de la vergüenza, podríamos decir:

— *¡Qué! ¡Imposible! No puedo creer que* ***has aprobado***.

(¡Ojo! Frase que significa: «¿Que has aprobado? Eso no lo puedo creer».)

O bien:

— *¡Imposible! No puedo creer que* ***hayas aprobado***.

(¡Ojo! Frase que significa: «¿Que has aprobado? No lo puedo creer».)

Por suerte, pues, para el hablante extranjero, la frase con subjuntivo se puede usar para los dos significados:

- *No creo que* ***hayas aprobado***.

puede significar, según los casos: 1º) «A mí me parece que no has aprobado»; 2º) «¿Que has aprobado? No lo creo».

En conclusión, fuera de las excepciones señaladas en **Ib1** y **Ib2** se aplicará generalmente la regla básica:

verbo-1 negativo ⇒ verbo 2 SUBJUNTIVO

Con todo, hay que señalar que hay casos, de significado «esto es un hecho y alguien lo desconoce, no lo cree», etc., en los que el uso del indicativo es recomendable. Esto es especialmente frecuente con *no saber, ignorar, no olvidar, no darse cuenta, no notar, no ver, no oír*:

- *Algunos extranjeros no saben que en las corridas se* ***mata*** *al toro.*
- *No he olvidado que* ***fuiste*** *tú.*
- *No oí que me* ***llamabas***.

B. Verbo-1 de GRUPO II

1. **Regla básica:**

El verbo-1 sólo puede ser «o blanco o negro», «o rojo o amarillo», es decir, sólo puede ser o **Grupo I** o **Grupo II.** Los verbos del Grupo II son numerosísimos, tal como se puede apreciar en el ESQUEMA; pero puesto que el Grupo I es muy fácil de asimilar: son verbos como:

creer, pensar... (entendimiento)
ver, oír... (sentido)
decir, contar... (lengua)

si a esto lo llamamos «blanco», por ejemplo, todo lo que no sea «blanco» –no hay colores intermedios– será «negro», es decir, **Grupo II**. Así, **gustar**, no es *creer*, ni *ver*, ni *decir*, luego es Grupo II, y lo mismo **querer, ordenar, aconsejar, temer, pedir, permitir,** etc. Pues bien, si el verbo-1 es del Grupo II, el verbo-2 se construirá:

IIa Distintos sujetos ⇒ SUBJUNTIVO

Tanto si el verbo-1 es negativo como si es afirmativo.

De manera que una madre podría decirle a su hija:

- *No me gustaría que* ***salieras*** *con ese chico.*

O bien:

- *Me gustaría que* ***salieras*** *con ese chico.*

IIb Mismo sujeto ⇒ INFINITIVO

Así, la joven del ejemplo anterior podría contestar:

- *Tampoco a mí me gustaría **salir** con él.*

O bien:

- *También a mi me gustaría **salir** con él.*

EJERCICIO III.5

Complete.

1. No me gusta que *(perder,* vosotros*)* .... el tiempo.
2. Me gusta *(madrugar,* yo*)* .... en verano.
3. Preferiría que lo *(hacer)* .... tú solo.
4. Me dijo que te *(llamar,* yo*)* .... rápidamente.
5. Estaba deseando con toda mi alma que se lo *(decir,* tú*)* .... abiertamente.
6. No me agradaría nada, en absoluto, *(salir,* yo*)* .... solo esta noche.
7. Yo te rogaría que no *(salir)* .... esta noche.
8. Sólo deseo que *(tener,* tú*)* .... más suerte con el otro.
9. Prefiero que *(ir)* .... tú sola.
10. Unos amigos me aconsejaron que *(venir)* .... a Salamanca.
11. Me molesta enormemente que *(andar,* él*)* .... por ahí diciendo esas cosas de ti.
12. Estoy cansado de que me *(tomar,* ellos*)* .... el pelo.
13. Me dolió mucho que me *(decir)* .... aquello.
14. Siento que las cosas no *(salir)* .... mejor.
15. Al fin ha conseguido que *(terminar,* yo*)* .... odiando esa asignatura.
16. Tu verás qué haces, pero te expones a que te *(tomar,* ellos*)* .... por bobo.
17. Es que me interesa que *(quedar)* .... muy claro.
18. No tolera que nadie le *(levantar)* .... la voz.
19. Intenté por todos los medios que *(comprender)* ...., pero no lo conseguí.
20. Créeme, me alegro de que todo te *(ir)* .... tan bien.

2. **Ampliaciones de II:**

IIa1 Construcción causal

La preposición **de**, entre otros usos y valores, puede tener en español valor causal:

- *Murieron **de** hambre.*
- ***De** lo tonto que eres me da rabia.*

Por esta razón, los verbos de sentimiento –véase el ESQUEMA– que se construyen con **de que** pueden optar entre tres construcciones:

V1 + **de que** + V2 ⇒ **SUBJUNTIVO**

- *Se queja de que le **hayan relegado**.*

de que, con valor causal ⇒ **INDICATIVO**

- *Se queja de que le **han relegado**.*

porque ⇒ INDICATIVO

- *Se queja porque le **han relegado**.*

IIb1 Construcción inglesa

Hay algunos verbos (véase el ESQUEMA) que, además de la construcción «normal» con subjuntivo cuando los sujetos son distintos, admiten también el infinitivo. Esta última modalidad la hemos denominado «inglesa» porque es paralela a la construcción habitual en ese idioma:

- *(Yo) quiero que (él) vaya a Madrid.*
- *I want him to go to Madrid.*

Si quisiéramos traducir palabra a palabra la frase inglesa, obtendríamos en español una secuencia totalmente agramatical e ininteligible:

* *(yo) quiero a él ir a Madrid*
* *(yo) le/lo quiero ir a Madrid*

Sin embargo, la construcción española es –o puede ser– paralela a la inglesa si usamos, por ejemplo, el verbo *prohibir:*

- *(yo) Le prohíbo ir a Madrid.*

Aunque el español puede hacer uso también de la construcción general:

- *Le prohíbo que vaya a Madrid.*

3 Variantes de GRUPO I y de GRUPO II

En lo que antecede hemos estudiado ya los problemas básicos de las estructuras de **V-1 + que + V-2**, que por lo general plantean serias dificultades al hablante extranjero de español. Estos problemas, por lo demás, confiamos en que a partir de este momento serán menores, pues recordemos que, en realidad, el funcionamiento de estas estructuras se concreta en:

Verbo-1 de Grupo I

– si verbo -1 afirmativo, verbo-2 ⇒ INDICATIVO
– si verbo -1 negativo, verbo-2 ⇒ SUBJUNTIVO

Ampliaciones:

– si pregunta negativa, verbo-2 ⇒ INDICATIVO
– si orden negativa, verbo-2 ⇒ INDICATIVO

Verbo-2 de Grupo II

– si distintos sujetos, verbo-2 ⇒ SUBJUNTIVO
– si mismo sujeto, verbo-2 ⇒ INFINITIVO

Podríamos decir que el estudiante ya no tiene que aprender nada nuevo, puesto que lo que veremos a continuación –tal como señala el título de este apartado– no son sino simples **variantes de Grupo I y de Grupo II.** Es decir, puede suceder que, en lugar de un verbo –*veo* o *necesito*, por ejemplo–, tengamos como «verbo-1» una expresión: *es evidente*, *es necesario*, pero esta expresión será ineludiblemente o una expresión de Grupo I o una de Grupo II y se construirá exactamente igual que los verbos de Grupo I y de Grupo II. O puede suceder, en fin, que el «verbo-1» sea un sustantivo de Grupo I o de Grupo II.

3.1 Verbo-1 = locución o expresión de GRUPO I o de GRUPO II

Si la locución es de Grupo I –véase el ESQUEMA–, el verbo-2 se construirá conforme a las reglas ya conocidas:

- *Está claro que* **ha sido** *él.*
- *No está claro que* **haya sido** *él.*
- *¿No está claro que* **ha sido** *él?*

Si la locución es de Grupo II, el verbo-2 se construirá, lógicamente, conforme a sus reglas:

- *(No) es bueno que* **salgas** *todos los días.*
- *(No) es bueno* **salir** *todos los días.*

EJERCICIO III.6

Complete las frases y manifieste sus opiniones, sus sentimientos,...

1. Conviene que *(hablar,* vosotros*)* .... español.
2. Es muy posible que este verano *(poder)* .... veranear en Marbella.
3. Es importante *(conocer)* .... varios idiomas.
4. Está claro que la situación no se *(poder)* .... mantener así durante más tiempo.
5. Me dio a entender que *(estar)* .... todo solucionado.
6. Se ve que *(ser,* tú*)* .... un ingenuo.
7. Es difícil, pero no es imposible *(hacerlo)* ....
8. ¿No es cierto que te *(llamar,* él*)* .... ayer y te dijo que no *(esperar)* .... ni un día más?
9. Es necesario que *(trabajar,* vosotros*)* .... en serio.
10. Es conveniente que, de vez en cuando, *(oír,* nosotros*)* .... lo que dicen los demás.
11. Estoy encantada de que *(volver,* tú*)* .... a salir con él.
12. Pero es muy extraño que, cuando llegaste, *(estar,* ellos*)* .... todavía dormidos.
13. Pero es muy extraño que, cuando llegaste, no *(levantarse)* .... ya.
14. La verdad es que era difícil que lo *(hacer)* .... bien.
15. Me dio la impresión de que no *(querer)* .... saber nada del tema.
16. No sé, pero no estaría mal que *(comer,* tú*)* .... un poco menos.
17. No creo que *(ser)* .... bueno para vuestra integridad física y psíquica que *(dormir)* .... tan poco.
18. Que conste que personalmente no *(tener,* yo*)* .... nada contra él, pero ya va siendo hora de que alguien le *(decir)* .... algo.
19. Sería una lástima que no *(aprovechar)* .... bien el tiempo.
20. Para mí que no *(deber,* nosotros*)* .... intervenir.
21. A mí que me *(dejar)* .... en paz. No quiero *(saber,* yo*)* .... nada del asunto.
22. Por mí que *(hacer,* él*)* .... lo que le dé la gana.
23. Resultó que *(venir)* .... su prima y se *(ir,* ellos*)* .... al cine.
24. Sucede sencillamente que no me *(interesar)* ....

25. Realmente ha sido milagroso que no *(haber)* .... muertos.
26. Más vale que *(cambiar,* nosotros*)* .... de tema y *(hablar)* .... de cosas más bonitas.
27. ¿No es verdad que me *(querer,* tú*)* ....?
28. Me da rabia que *(ser,* tú*)* .... tan tonto.
29. Es ridículo que te *(poner,* tú*)* .... así.
30. Está visto que con gente así no *(poderse)* .... hacer nada.

3.2 **Verbo-1 = sustantivo de GRUPO I o de GRUPO II**

Véase el apartado correspondiente del ESQUEMA.

EJERCICIO III.7

Complete.

1. No hay que descartar de antemano la posibilidad de que *(poderse)* .... producir un acercamiento entre las distintas posturas.
2. La conveniencia o no de *(llevar)* .... adelante el proyecto depende de muchas cosas.
3. La orden de que *(suspenderse)* .... la sesión viene de arriba.
4. Porque hay que tener en cuenta que *(caber)* .... el peligro de que nos *(rechazar)* .... el escrito.
5. Es que nosotros no recibimos la noticia de que *(alcanzarse)* .... un acuerdo hasta el día siguiente.
6. La culpa de que las negociaciones no *(avanzar)* .... más rápidamente es del ministro.
7. No sé por qué, pero creo que nos *(estar)* .... tomando el pelo.
8. No hay que desechar, creo yo, la oportunidad de *(iniciar)* .... un diálogo constructivo con las autoridades.

3.3 **Verbo 1 = adjetivo de GRUPO I o de GRUPO II**

Véase el correspondiente apartado del ESQUEMA.

EJERCICIO III.8

Complete.

1. Aquel niño engreído, seguro de que *(ganar)* ...., levantaba la cabeza como un pavo real.
2. En cambio, yo, pobrecito de mí, convencido de que *(ser)* .... el último, estaba allí como un pollito asustado.
3. La joven, decidida a *(terminar)* .... con aquella situación insoportable, se sentó ante el escritorio...
4. Ana, ilusionada con que *(llegar)* .... al fin el día señalado, no piensa en otra cosa.
5. Es un tipo fenomenal, dispuesto siempre a *(echarte)* .... una mano si hace falta.
6. ¿Antonio? Antonio, como siempre. Acostumbrado a que todo se lo *(dar,* ellos*)* .... resuelto, ahora anda preocupado porque no sabe qué hacer.

3.4 Estudio particular de algunos verbos

De doble significado:

Algunos verbos –generalmente de uso muy frecuente– presentan dos significados distintos, que hacen que el mismo verbo pueda ser tanto de **Grupo I** como de **Grupo II**. Así, un verbo tan común como **decir** puede ser:

de Grupo I, cuando significa «informar, dar a conocer» [en inglés *to say*]. Y se comporta, lógicamente, como verbo de Grupo I:

- *Me dijo que se **quedaba** allí.*
- *No me dijo en ningún momento que **tuviera** intención de quedarse allí.*
- *¿No te ha dicho que se lo **di** ayer a él?*
- *No me digas que te **has dejado** engañar.*

de Grupo II, cuando significa «pedir, ordenar, aconsejar» [en inglés *to tell*], por lo que se construye con subjuntivo:

- *Me dijo que me **quedara** allí.*
- *¿No te dijo que **fueras** a verlo?*
- *No me digas que **vaya**, porque no voy a ir.*

Como regla práctica, operativa, puede aplicarse:

1. Se informa de algo → indicativo:
   - *Me ha dicho que **viene** mañana.*
2. Se le dice a alguien que actúe, que haga algo → subjuntivo:
   - *Me ha dicho que **vayas** mañana.*

   Si es una forma de obligación → indicativo:
   - *Me ha dicho que **tienes que ir** mañana.*

Para los demás verbos y sus distintos significados, véase el apartado correspondiente del ESQUEMA.

EJERCICIO III.9

Complete.

1. Dijo que *(venir,* él mismo*)* .... hoy, así que supongo que *(llegar)* .... ya.
2. Ha dicho el jefe que *(subir,* tú*)* ....
3. El guardia me indicó que me *(acercar)* ....
4. Recuérdame que hoy *(tener,* yo*)* .... una cita a las diez con el subdirector del banco.
5. Recuérdame que *(echar,* yo*)* .... luego esta carta en el buzón de correos.
6. Le respondí que yo no *(saber)* .... nada.

7. Le contesté que se *(ir)* .... a hacer gárgaras y me *(dejar)* .... en paz.
8. Reconozco que me *(portar)* .... mal.
9. Entiendo que no *(querer, tú)* .... hablarme.
10. Créeme, siento mucho que *(pasar)* .... lo que pasó.
11. Comunícale que *(ser)* .... necesario que se *(presentar)* .... mañana mismo.
12. Comunícale que se *(presentar)* .... mañana mismo.
13. El caballo sintió que se *(acercar)* .... alguien y empezó a relinchar.
14. Impuse mi autoridad ¡y fuera! Decidí que *(ir, nosotros)* .... al fútbol y al fútbol fue todo el mundo.
15. Me recuerdas que le *(decir, yo)* .... luego que *(apagar, él)* .... las luces al salir.

Verbos «vacíos»:

El funcionamiento de los verbos que recogemos bajo este epígrafe –a los que podríamos haber llamado también «repetidores»– es semejante a los del apartado verbos «De doble significado». La diferencia radica en que, en este caso, el verbo no tiene dos significados, sino que –se podría decir– se trata de verbos sin contenido semántico específico –por eso «vacíos»–, que remiten a un verbo utilizado antes. Pues bien:

– Si remiten a un verbo de **Grupo I,** son de **Grupo I.**
– Si remiten a un verbo de **Grupo II,** son de **Grupo II.**

Imaginemos la siguiente situación. Varias personas están reunidas y discuten sobre un tema importante para ellas; una de esas personas, en un momento determinado, interviene y dice:

• *Creo que no **ha hecho** nada condenable.*

La discusión continúa e intervienen otros. Pasados diez minutos por ejemplo, interviene de nuevo nuestro personaje:

• *Insisto en que no **ha hecho** nada condenable.*

Insistir, en este caso, se construye con indicativo: **ha hecho**, porque remite a *creo*. Pero imaginemos que en su primera intervención ha dicho:

• *Pido que **venga** en persona a darnos una explicación.*

Cuando más tarde vuelva a intervenir, podrá decir:

• *Insisto en que **venga** a darnos una explicación.*

Insistir se nos ha convertido ahora, lógicamente, en un verbo de Grupo II.

EJERCICIO III.10

Aquí tiene usted el acta de la Junta General de Accionistas de una sociedad. Complétela.

Sra. Presidenta: Buenos días, señores, Creo que *(estar,* nosotros*)* .... todos y que, por lo tanto *(poder)* .... empezar la reunión. El Sr. Martínez tiene la palabra.

Sr. Martínez: Me gustaría *(empezar)* .... haciendo un poco de historia sobre el asunto que nos tiene aquí reunidos, porque tengo la impresión de que, fuera de aquí, se *(decir)* .... muchas, perdón por la palabra, mentiras.

Sr. Ardana: Considero que eso *(ser)* .... una pérdida lamentable de tiempo. Todos los reunidos conocemos los hechos y no ignoramos que se *(decir)* .... algunas inexactitudes.

Sr. Martínez: Sra. Presidenta...

Sra. Presidenta: Sí, Sr. Martínez. Sr. Ardana, le ruego a Vd. que *(permanecer)* .... en silencio y *(aguardar)* .... a su turno. El Sr. Martínez continúa en el uso de la palabra.

Sr. Martínez: Decía, Srs. consejeros, y Vds. lo saben igual que yo, que *(aparecer)* .... en la prensa local informaciones injuriosas para nuestro compañero, hoy ausente, Sr. Silva. Y añadiré ahora que *(ser)* .... informaciones –por llamarlas de alguna manera– que, sobre todo, dañan la imagen pública de nuestra Sociedad. Personalmente, estoy convencido de que, detrás de todo este asunto, no *(haber)* .... más que una campaña de desprestigio contra la Sociedad, a la que no son ajenas personas muy próximas a la misma.

Sr. Ardana: No le tolero a Vd. que *(insinuar)* ....

Sra. Presidenta: Orden, Sr. Ardana. Espero que no me *(obligar)* .... Vd. a tomar alguna medida disciplinaria. Y a Vd., Sr. Martínez, me atrevería a aconsejarle que *(moderar)* .... un poco sus palabras y, sobre todo, que no *(hacer)* .... afirmaciones imposibles de probar.

Sr. Martínez: Le ruego a Vd. que me *(disculpar)* ...., Sra. Presidenta, pero tengo que insistir en que, detrás de todo esto, *(haber)* .... personas importantes que se sientan en este Consejo. Y creo que *(tener,* yo*)* .... pruebas sufi...

Sra. Presidenta: Aún comprendiendo su irritación, Sr. Martínez, le repito a Vd. que *(moderar)* .... sus impulsos y que *(poner)* .... mucho cuidado en sus afirmaciones. Se empeña Vd. en que *(haber)* .... toda una campaña orquestada, desde dentro, contra la propia Sociedad y yo le aseguro a Vd. que *(estar)* .... equivocado. Recuerde Vd., por lo demás, que en la reunión que hemos tenido en mi despacho *(acordar,* nosotros*)* .... todos y *(quedar)* .... en evitar en lo posible los ataques personales. Si continúa Vd. por ese camino me veré obligada a *(retirarle)* .... el uso de la palabra.

Sr. Martínez: Repito que *(tener)* .... prueb...

Sra. Presidenta: Sr. Martínez, le retiro a Vd. el uso de la palabra. Sres. Consejeros, se suspende durante unos minutos la sesión.

El verbo «parecer»:

Parecer es, sin duda alguna, un verbo muy complejo, pero interesantísimo. Tiene prácticamente todos los usos que hemos ido viendo en las páginas anteriores, por lo que su estudio, además del valor que tiene por sí mismo, nos servirá a modo de repaso general de todo el tema.

a) **parecer =** «dar la impresión, creer»

Con este significado **parecer** es un verbo de **Grupo I**, luego se construirá:

- afirmativo ⇒ **indicativo**
- negativo ⇒ **subjuntivo**
- pregunta negativa ⇒ **indicativo**

De manera que, si vamos a visitar a unos amigos y, al acercarnos a su casa, vemos que hay luz en las ventanas, podremos comentar:

- *¡Qué bien! Parece que* ***están*** *en casa.*

En cambio, si vemos que no hay luz o que las persianas están bajadas, podríamos decir:

- *¡Vaya! No parece que* ***haya*** *nadie.*

Y la señora de un ejemplo anterior, al volverse del espejo hacia el marido, en lugar de decir:

- *¿No crees que así* ***estoy...***?

podría preguntarle:

- *¿No te parece que así* ***estoy*** *mucho más guapa?*

b) **parecer**, en preguntas **=** «querer, apetecer»

Siempre en preguntas, **parecer** puede significar «querer», «apetecer», etc. Cuando esto sucede, **parecer** es un verbo de **Grupo II** y, lógicamente, exige **subjuntivo:**

- *¿Te parece que* ***salgamos*** *esta noche a cenar?*

También en preguntas, **parecer** puede significar, por supuesto, «creer, pensar, opinar», es decir, significar lo mismo que en el punto a), y en ese caso:

- *¿Te parece, entonces, que así* ***estoy*** *más guapa?*

c) **parecer** ≈ *ser/estar*

El verbo **parecer** puede ser también equivalente a *ser* o *estar*, y por lo tanto aparecer en expresiones semejantes a las de esos verbos, tanto de **Grupo I** (*es cierto ≈ parece cierto*) como de **Grupo II**: *es estupendo ≈ me parece estupendo.*

Para las distintas construcciones y los ejemplos, véase el ESQUEMA.

d) **parecer =** «comportarse» → **como si** ⇒ **subjuntivo**

Con este valor **parecer** se construye por lo general con la partícula **como si,** y entonces la frase es de tipo:

├────────┤ ↱ ├────────┤

Es decir, lo importante es la partícula. Y **como si** –lo mismo que **ah si**, estudiada en el Tema II– exige las formas **cantara** («presente» o «futuro») o **hubiera cantado**, para cualquier tipo de «pasado».

Así, ante el comportamiento excesivamente familiar de un invitado, la señora de la casa, aprovechando que el invitado ha ido al servicio, puede comentarle al marido:

- *¡Qué educación! Parece como si **estuviera** en su casa.*

Y la misma señora, al abrirle la puerta a su hijo de ocho años que viene de jugar en la calle, podría exclamar:

- *¡Dios mío! Pero si parece como si **hubieras estado** en la guerra.*

d1) **parecer** → **que** = «como si» ⇒ **subjuntivo**

Las estructuras del apartado anterior pueden construirse también con una partícula **que** de significado «como si», que en consecuencia exige las formas **cantara/hubiera cantado:**

- *Parece que **estuviera** en su casa.*
- *Parece que **hubieras estado** en la guerra.*

Ahora bien, las frases con **que** –aunque depende en cierto modo de gustos y hábitos personales– son, por lo general, más cultas y menos frecuentes que las correspondientes con **como si**. Por ello, y para evitar complicaciones y posibles errores, nos permitimos aconsejar que se utilice siempre, y sólo, **que** para:

- *Parece que **hay** gente en casa.*

Y **como si** para:

- *Parece como si **estuviera** en su propia casa.*

EJERCICIO III.11

Diga su parecer y pregunte el de otros. Complete.

1. Realmente me parece muy raro que no *(llamar)* .... ya.
2. Parece ser que *(hablar)* .... ayer con ella y que las cosas *(ir)* .... un poco mejor.
3. A mí me parece muy claro que *(deber,* nosotros*)* .... tomar una decisión, y además ya.
4. ¿Te parece que *(consultar,* nosotros*)* .... antes a Carlos, para ver qué piensa él?
5. Me parece muy bien que *(consultar,* vosotros*)* .... a Carlos o a quien queráis, pero también me parece que *(urgir)* .... tomar una decisión.

6. ¿Qué os pasa? Parece como si no os *(importar)* .... el tema.
7. Parece mentira que *(pensar,* tú*)* .... esas bobadas.
8. Entonces, ¿qué? ¿Te parece bien que *(llamar,* yo*)* .... a Petra y *(salir,* nosotros*)* .... a dar una vuelta por ahí?
9. ¿No te parece que *(deber,* tú*)* .... llamarla y darle una explicación?
10. Me parece imposible que *(poder)* .... decir eso.

4 Sustitutos de que en V-1 + que + V-2

4.1 El hecho de que

Aunque a veces pueden alternar el subjuntivo y el indicativo (véase el ESQUEMA), para evitar problemas aplique siempre esta regla:

el hecho de que ⇒ SUBJUNTIVO

4.2 Eso de que, ...

Véase el ESQUEMA.

EJERCICIO III.12

Complete.

1. El hecho de que nos *(poder)* .... reunir todos es ya importante.
2. Eso de que *(estar,* tú*)* .... todo el día para acá y para allá, sin hacer nada, no creo que *(ser)* .... bueno.
3. Tú no sabes cómo se puso y la de cosas que diría por el simple hecho de que *(estar,* nosotros*)* .... sentados en el césped.
4. Debe constituir para todos nosotros un motivo de gran alegría, satisfacción y orgullo el hecho de que vuestro querido y respetado Señor Presidente *(dignarse)* .... aceptar nuestra invitación.
5. Creo que manifiesto el sentir general al expresar mi satisfacción por el hecho cierto de que, por fin, se *(llegar)* .... a un acuerdo.

4.3 Es que (no) / No es que (no)

Véase el ESQUEMA.

EJERCICIO III.13

Complete: justifíquese o justifique a otros. Exprese también sus opiniones y sus sentimientos.

1. **Carlos:** ¿Por qué no ha venido Juan a la reunión?
   Ana: Es que no *(encontrarse)* .... muy bien.
   Luis: Bueno, sí; no se encuentra bien. No es que yo *(querer)* .... decir nada, pero ¿no es verdad que *(venir)* .... esta tarde Maribel de Madrid?
2. Lo que más desearía yo en este momento es que me *(dejar)* .... terminar.
3. Créeme, no es que no *(querer,* yo*)* ...., o que no *(poder)* ....; es que, sencillamente, me *(parecer)* .... que no *(deber)* .... intervenir.
4. Creo que lo mejor es que os *(quedar)* .... aquí a pasar la noche.
5. Lo que veo es que, por este camino, no *(ir,* nosotros*)* .... a ninguna parte.

4.4 Menos que, salvo que, excepto que

Cuando estas partículas sustituyen a **que** en las estructuras de **V-1** + **que** + **V-2,** la frase se construye como indicábamos en el ESQUEMA (véase).

Pero hay que tener en cuenta que estas partículas tienen también uso condicional y, en este caso, se construyen siempre con **subjuntivo:**

- *Me lo contaba todo, salvo que* ***tuviera*** *prisa.*
- *Me lo contaba todo, si no* ***tenía*** *prisa.*

EJERCICIO III.14

Complete.

1. Me informó puntualmente de las distintas cuestiones tratadas, excepto de que se *(entrar)* .... en la discusión de ese tema.
2. Me dejaban hacer cualquier cosa, menos *(mirar)* .... por la ventana.
3. Todo le ha parecido bien, excepto que *(eliminar, nosotros)* .... a Pedro de la lista.
4. Menos *(cederle)* .... mi propia cama, creo que lo demás me lo *(pedir)* .... todo. Me pidió que le *(dejar)* .... mi maquinilla de afeitar, que le *(prestar)* .... dos mil pesetas, que le *(ayudar)* .... a ponerse los zapatos, que...
5. Se lo permitían todo, excepto que *(dejar)* .... ni tanto así de comida en el plato.

RECAPITULACIÓN

EJERCICIO III.15

Complete.

1. Quiero que *(salir, tú)* .... un momento a la pizarra y se lo *(explicar, tú)* .... a tus compañeros.
2. Me gustaría *(hablar, yo)* .... un español perfecto y que no se me *(notar)* .... ningún acento extranjero.
3. No creo que eso *(ser)* .... bueno para ti.
4. Yo entonces pensaba que todo el mundo *(ser)* .... bueno.
5. ¿No crees que madrugar *(ser)* .... muy bueno para la salud?
6. No digas que eso *(ser)* .... bueno, porque yo, cuando madrugo, lo que tengo es mucho sueño.
7. Los domingos me encanta *(quedarme, yo)* .... en la cama y que mi madre *(llevarme)* .... el desayuno.
8. Es bueno que la gente *(tener)* .... buen humor.
9. No me gusta que *(regresar, tú)* .... tan tarde a casa.
10. No olvidéis que el tabaco *(producir)* .... cáncer.
11. Me di cuenta de que aquel hombre me *(mirar)* .... de una forma extraña.
12. No me importa que *(mirar, tú)* .... un poquito a otra chica.
13. No es posible que Ana se *(haber portado)* .... tan mal con él.

14. Sería conveniente que *(trabajar,* vosotros*)* .... en grupo.
15. Es agradable *(pasar)* .... un rato con los amigos.
16. A veces es necesario que el profesor *(ponerse)* .... un poco serio.
17. Es bonito que nuestro profesor *(ser)* .... en realidad nuestro amigo.
18. Es verdad que *(venir,* él*)* .... esta mañana.
19. Veo que *(ir,* vosotros*)* .... comprendiendo este aspecto del español y eso me alegra.
20. Es indudable que, con nuestra sonrisa, *(conseguir,* nosotros*)* .... que el mundo *(ser)* .... más feliz.
21. Es cierto que nosotros, los jóvenes, *(ser)* .... la esperanza del futuro.
22. Sería una pena que las drogas *(impedir)* .... la realización de esa esperanza.
23. Cuando era niña, me agradaba que mi padre me *(dar)* .... un beso antes de irme a dormir.
24. Yo os recomendaría que, por encima de todo y en cualquier circunstancia *(sonreir,* vosotros*)* .... siempre.
25. Espero que *(venir)* .... mañana contigo.
26. Para mí que eso no *(ser)* .... toda la verdad.
27. Supongo que Susana no se *(enfadar)* .... por lo del beso.
28. ¿Pero tú crees que Susana nos *(contar)* .... realmente lo que sucedió?
29. Parece mentira que, siendo joven, no te *(preocupar)* .... ese problema.
30. ¿Queréis *(dejarme)* .... en paz? Está visto que en esta casa no *(poderse)* .... dormir.
31. ¿Cree usted que *(estar)* .... bien que los jóvenes actuales *(provocar)* .... de esa manera con su imagen?
32. Lástima que el descapotable de Ana sólo *(alcanzar)* .... los 220 kilómetros por hora.
33. Recuerda que te *(aconsejar)* .... que te *(callar)* ...., pero yo no tengo la culpa de que no me *(hacer)* .... caso.
34. Eso de que yo *(decir)* .... algo y como si tal cosa, es que me *(sacar)* .... de quicio.
35. ¿No te parece que le *(dar)* .... demasiada importancia a las cosas y que no *(ser)* .... para ponerse así?
36. Y el que te *(quedar)* .... ahí, como un lelo, sin decir ni pío, eso es que me *(poner)* .... negra.
37. Ya va siendo hora, me parece a mí, de que te *(tomar)* .... las cosas más en serio.
38. Me pareció rarísimo que ni siquiera *(mencionar)* .... el tema, pero...
39. ¿Te parece que los *(llamar)* .... y *(quedar)* .... con ellos para mañana?
40. Qué pena que no *(traer)* .... la cámara, porque mira qué puesta de sol.

TEMA IV

Temporales

ESQUEMA GRAMATICAL

Tipo: |———| ↱ |———|

1 Conjunciones

1.1 Acciones simultáneas:

cuando, **mientras, en el (mismo) momento (instante) en que, a medida que, conforme, según, al.**

mientras que, **mientras tanto, entre tanto, en tanto que, en cambio** ⇒ acciones simultáneas contrastivas.

1.2 Acción anterior: **antes de que, antes de.**

1.3 Acción posterior:

cuando, **después de, una vez que, después que, luego que.**

en cuanto, **tan pronto como, nada más, apenas, así que, y no bien** ⇒ acción inmediatamente posterior.

1.4 Acciones repetidas: cuando, cada vez que, **siempre que, nunca que, cuando... nunca, nunca cuando.**

1.5 Comienzo u origen de la acción: **desde que.**

1.6 Límite o final de la acción: **hasta que, hasta.**

2 Uso de los modos

2.1 **al, antes de, después de, nada más, hasta ⇒ INFINITIVO:**

- *Al* ***entrar*** *nos dimos cuenta de que pasaba algo raro.*
- *Antes de* ***consultarlo*** *ya teníamos algunas sospechas.*
- *Después de* ***hablar*** *con ella parecía otro.*
- *Nada más* ***salir*** *lo detuvieron otra vez.*
- *Hasta* ***llegar*** *tú aquí todo había ido estupendamente.*

2.2 **antes de que ⇒ SUBJUNTIVO:**

- *Procura acabarlo <u>antes de que</u> **venga** tu madre.*
- *Lo terminé <u>antes de que</u> **llegara** mi hermano.*

2.3 Todas las demás partículas: **cuando, mientras, en el momento en que, a medida que, una vez que, en cuanto, cada vez que, hasta que,...**

«Pasado», «presente», «atemporal» ⇒ **INDICATIVO:**

- *<u>Cuando</u> **llegué** ya habían terminado.*
- *No podía levantarme <u>hasta que</u> **acababan** todos de comer.*
- *<u>Desde que</u> **han llegado** los niños está más animada.*
- *Llegó sudando <u>cuando</u> ya **se habían marchado** todos.*
- *<u>Cuando</u> más entretenidos **estamos** tenemos que irnos.*
- *<u>Mientras</u> **estudio** me encanta escuchar música.*

«Futuro» ⇒ **SUBJUNTIVO:**

cuando *cantaré → **cante**
cuando *habré cantado → **haya cantado**
cuando *cantaría → **cantara**
cuando *habría cantado → **hubiera cantado**

- *{**Volveré** el año que viene, y hablaremos.*
  *{<u>Cuando</u> **vuelva** el año que viene, hablaremos.*
- *{A las doce **habrán terminado**, y entonces hablaremos.*
  *{A las doce, <u>cuando</u> **hayan terminado**, hablaremos.*
- *{Dijo que **iría** a casa y pasaría por el bar.*
  *{Dijo que, <u>cuando</u> **fuera** a casa, pasaría por el bar.*
- *{No lo tendría que haber enviado, y así lo **habrían visto** todos.*
  *{No lo tendría que haber enviado <u>hasta que</u> lo **hubieran visto** todos.*

2.4 **mientras que, mientras tanto, entre tanto, en tanto que, en cambio ⇒** («pasado», «presente» y «futuro») **INDICATIVO:**

- *Carlos hizo las camas, <u>mientras que</u> yo **preparé** la comida.*
- *Carlos pela las patatas, <u>mientras que</u> yo **bajo** al supermercado.*
- *Carlos se quedará aquí, <u>mientras que</u> tú **vendrás** conmigo.*

EXPLICACIÓN Y AMPLIACIÓN GRAMATICAL

Un hablante puede, en un momento determinado, decir algo como:

- *La vi ayer.*

y esa frase ser suficiente para lo que quiere comunicar. Pero también puede suceder que quiera o tenga que precisar más y entonces diga:

- *La vi ayer* ***cuando salía de clase.***

El hecho **cuando salía de clase** sitúa al otro (**la vi**) en el tiempo. Esos dos hechos fueron simultáneos, es decir, se produjeron al mismo tiempo; pero también podrían haber sido anterior o posterior el uno al otro:

- *La vi ayer* ***antes de salir de clase.***
- *La vi ayer* ***después de salir de clase.***

Para expresar cada uno de esos aspectos, o para indicar el comienzo o el final de una acción o que un hecho se repite, tendremos que usar partículas como las que siguen.

1 Partículas

1.1 Acciones simultáneas

En el ESQUEMA hemos separado las partículas en dos grupos.

Dentro del primero:

cuando es la de uso más frecuente, pero también la más neutra: indica cualquier tipo de simultaneidad:

- ***Cuando*** *estudio me gusta escuchar música.*
- ***Cuando*** *yo haga este gesto con la mano, sales.*
- ***Cuando*** *lleguen, que se vayan sentando.*
- ***Cuando*** *salía me crucé con ella.*

Por ello, si necesitamos precisar, recurriremos a:

mientras, para destacar la duración:

- ***Mientras*** *estudio me gusta escuchar música.*

en el (mismo, preciso) momento (instante) en que, para precisar la simultaneidad instantánea:

- ***En el preciso instante en que*** *yo haga así, sales.*

a medida que, conforme, según, para decir que dos acciones progresan al mismo tiempo:

- ***A medida que*** *vayan llegando que se vayan sentando.*

al, para la simultaneidad instantánea, en expresiones de movimiento: *al salir, al entrar, al subir, al bajar, al agacharse, al acostarse, al abrir, al cerrar, al sentarse, al hablar, al tragar...:*

- ***Al*** *salir me crucé con ella.*

Las partículas de este primer grupo las usaremos para las acciones simultáneas «compatibles», es decir, para las acciones que pueden ser realizadas por una sola persona al mismo tiempo:

- *Cuando estudio me gusta escuchar música.*

Las del segundo grupo, en cambio, más que la simultaneidad, ponen de relieve el contraste:

- *Yo tengo que estudiar un rato; mientras tanto, tú puedes escuchar música en la habitación de al lado.*

De manera que una mujer de una familia tradicional, es decir, una mujer que trabaja sólo y sola en casa podría decir:

- ***Mientras** se van cociendo las patatas voy a aprovechar para ir arreglando el salón.*

En cambio, una mujer que trabaja también fuera de casa y que comparte las tareas del hogar con su marido podría decir:

- *Antes de salir lo dejamos todo arreglado. Yo me encargo de la comida **mientras que** él hace las camas, limpia un poco y tal.*

mientras que y **mientras tanto** son las de uso más frecuente para expresar el contraste.

El grado de incompatibilidad puede ser mayor o menor, hasta el punto de que, más que contraste, en ocasiones puede producirse un enfrentamiento entre las acciones:

En este caso, la mujer de la familia tradicional, cansada ya de aguantar, podría un día decirle a su marido:

- *¡Ya está bien, eh! Que yo me paso el día de acá para allá, sin tener un momento de respiro, **mientras que** a ti no hay quien te mueva.*

mientras que y **en cambio** son las partículas más frecuentes para expresar enfrentamiento.

1.2 Acción anterior

Las dos partículas son igualmente frecuentes. **Antes de que** se usa para sujetos distintos:

- *Arréglalo un poco **antes de que** lo vea tu padre.*

Y **antes de**, por lo general, para mismo sujeto:

- *Déjalo todo en orden **antes de** salir de casa.*

Pero en la lengua hablada, **antes de** se usa también cuando los sujetos son distintos. En este caso, el sujeto suele ir expreso y siempre detrás del infinitivo:

- *Todas las noches me voy a la cama **antes de terminar la televisión**.*
- *Se marchó mucho **antes de volver tú**.*

1.3 Acción posterior

De nuevo las partículas aparecen separadas en dos grupos. Las primeras indican la posterioridad sin más; las segundas, la posterioridad inmediata.

- ***Cuando** llegues a Madrid me llamas, para que esté tranquila.*

Es lo que, a modo de despedida, le diría a su marido una mujer después de veinte años de matrimonio. En cambio, una jovencita recién casada, que se separa por primera vez de su marido, colgada de su cuello, podría decirle:

- ***En cuanto** llegues, **en cuanto** te bajes del tren, desde la misma estación, entras en una cabina y me llamas.*

Dentro de las partículas del primer grupo:

cuando, como siempre, es la más utilizada y la más neutra.

luego que es de uso muy escaso. En el español hablado de España podríamos decir que no se utiliza nunca.

después que es de uso también escaso. Por lo general, la posterioridad simple se expresa con **cuando**. Así, una frase como:

- *Hago gimnasia **después que** me levanto.*

difícilmente se podría oír en boca de un hablante nativo de español, que diría:

- *Hago gimnasia **cuando** me levanto.*

Si se quiere marcar la posterioridad de forma más específica que con **cuando**, se recurre a **después de** –la de uso más frecuente tanto en el español hablado como en el escrito– o a **una vez que.**

Entre las que indican la posterioridad inmediata:

en cuanto y **tan pronto como**[(1)], quizás, por este orden, son las de uso más habitual y las más neutras desde una consideración sociolingüística: no son ni cultas ni coloquiales; son de uso general.

apenas es de uso mucho menos frecuente y más formal.

y no bien y **así que**[(2)] son de uso exclusivamente literario.

nada más, en cambio, es de uso preferentemente hablado y de un alto índice de frecuencia.

1.4 Acciones repetidas

cuando es, una vez más, la partícula de uso más frecuente:

- ***Cuando** hablo con ella no sé qué me pasa que me pongo nervioso.*

Pero **cuando** es la conjunción de uso universal, que lo mismo expresa la simultaneidad, que la posterioridad o que la acción repetida. Por eso, si por alguna razón, el hablante quiere destacar que se trata de un hecho repetido, entonces usará las partículas específicas para ello:

cada vez que y **siempre que** son esas partículas.

---

(1) No debe confundirse con **tan pronto... como** = «unas veces... otras»:

- ***Tan pronto** llora **como** ríe.*

(2) No debe confundirse con **así que** consecutivo, es decir, con el **así que** de frases como:

- *Yo no puedo perder tiempo, **así que** me voy.*

Donde es la partícula de uso más común.

Así, al estudiante que ha ido a pasar el fin de semana a su pueblo de 500 habitantes, la madre de otro estudiante puede preguntarle:

— *¿No has visto a Felipe en Salamanca?*

A lo que el estudiante podría responder:

— *Sí, esta mañana ha sido la última. Nos cruzamos casi todos los días* ***cuando*** *vamos a clase.*

Pero claro que ese estudiante podría también contestar, a la misma pregunta, de esta otra manera:

— *¡Bueno que si lo veo!* ***Cada vez que*** *paso por la Plaza Mayor está allí sentado en una terraza, con una muchacha...*

cuando ... nunca, nunca cuando, nunca que son las formas negativas que corresponden a las positivas **cada vez que** y **siempre que:**

- ***Cuando*** *voy a su casa* ***nunca*** *me hace caso.*
- ***Nunca cuando*** *voy a su casa puedo verlo.*
- ***Nunca que*** *voy a su casa está.*

Tome usted buena nota de ellas porque el hablante extranjero suele tener dificultades con su uso.

1.5 Comienzo de la acción

Utilizamos para este valor la partícula **desde que**. El estudiante debe prestar atención y evitar dos errores muy comunes en los hablantes extranjeros de español:

La partícula es **desde que** y no **desde cuando*. De manera que se dice:

- ***Desde que*** *nací no he hecho otra cosa.*

Y no:

- **Desde cuando nací no he hecho otra cosa*[1].

El origen se marca con **desde que** y no con **después que**. Se dice:

- ***Desde que*** *llegué a Salamanca no me he acostado ninguna noche antes de las tres de la mañana.*

Y no:

- **Después que llegué a Salamanca no me he...*

1.6 Límite de la acción

Para señalar el término usamos la(s) partícula(s) indicada(s) en el ESQUEMA: **hasta que** y **hasta**. Esta última no implica necesariamente un mismo sujeto.

(1) No debe confundirse con la interrogativa **desde cuándo:**

- *¿**Desde cuándo** estás aquí?*

EJERCICIO IV.1

Complete. Use las partículas temporales apropiadas.

1. No he llamado a mi novio todavía .... llegué a Salamanca.
2. No te volverá a escribir .... tú no lo hagas.
3. Te llamé .... lo supe.
4. Nos vimos .... salir para el aeropuerto.
5. Yo no puedo hacerlo todo. Voy a consultar este libro y, ..., tú ve pasando eso a máquina.
6. Los ladrones huyeron rápidamente .... oyeron la sirena del coche de la policía.
7. Por las mañanas, ... se levanta, lo primero que hace es ducharse.
8. Lo comprenderás mejor .... discutirlo con él.
9. .... consiguió ese trabajo no hay quien lo aguante.
10. Nos vemos .... tú quieras.
11. Estaba tan intranquilo e impaciente que yo creo que se lanzó sobre el teléfono .... sonara.
12. Estaba tan intranquilo e impaciente que se lanzó sobre el teléfono .... sonó el primer timbrazo.
13. Lávate los dientes .... irte a la cama.
14. Por favor, cuide un momento del niño .... cierro el cochecito.
15. No me gusta que me molesten .... estoy trabajando.
16. Me paso el día como una loca, de un lado para otro, ... tú no te apartas del televisor ni para ir al servicio.
17. Llámame .... llegues a la estación.
18. Hacía tanto tiempo que no se veían que .... descendió por las escalerillas del avión se fundieron en un largo abrazo.
19. No me gusta la ciudad .... llueve.
20. La espera era tensa y una especie de nerviosismo recorría todo el grupo .... se abría la puerta del quirófano.
21. Nos cruzamos .... entrar en clase. Ella salía y yo entraba.
22. Muchas cosas han cambiado entre nosotros .... tomamos aquella decisión.
23. Tenéis que estar muy atentos porque .... yo os dé la señal, tenéis que salir al escenario.
24. No, no hay ninguna novedad. Pero, mira, no vuelvas a llamarme .... yo te llame a ti, porque .... oigo el teléfono me pongo nerviosita.
25. Sería conveniente comunicárselo .... se entere por otro medio.
26. Tenme al corriente .... se vayan conociendo más detalles del accidente.
27. Yo no sé qué pasa, pero .... lo llamo por teléfono me dicen que ha salido.
28. Yo no sé qué pasa, pero .... lo llamo se puede poner al teléfono, porque dicen que ha salido.
29. Sonó el timbre. Marili, como ausente, se dirigió a la puerta; siempre tenía la precaución de observar por la mirilla, pero en esta ocasión empuñó el pomo con decisión .... lo había girado, cuando ya una mano le tapaba la boca y un brazo la aprisionaba fuertemente por el cuello.

30. .... don Basilio se acercó a la mesa donde don Braulio, don Nicomedes y don Eusebio, inclinados hacia adelante y con las cabezas juntas cuchicheaban, ajenos a lo que acontecía a su alrededor, el pianista cesó de tocar y en el salón se hizo de pronto un silencio espeso que...
31. Esta mañana .... salir de casa, me di de narices con él y el corazón me dio un vuelco.
32. Yo que tú lo haría .... me obligaran.
33. Claro que, ... salían y no salían las notas, las pasé negras; aunque, ... saber nada, por si las moscas, había dicho en casa que ese profe era un hueso y que era el que más calabazas daba.
34. .... tú quieras te pasas un rato por casa y charlamos .... tomamos café.
35. Es curioso, pero tiene una capacidad especial para escurrir el bulto: .... lo necesitas está en su despacho.

2 Uso de los modos

El aspecto, quizás, más difícil para el hablante extranjero, en el caso de las frases temporales, es el que acabamos de practicar: el empleo apropiado y preciso de las partículas o conjunciones. El uso de las formas verbales, en cambio, no debe ofrecer muchas dificultades, puesto que son estructuras del tipo ├──┤├──┤ y, en consecuencia, casi nos tendremos que limitar a repetir aquello de «si decimos tal partícula, detrás vendrá necesariamente tal forma». Vea:

2.1 Si decimos **al, antes de, después de, nada más** y **hasta**, si detrás viene una forma verbal, ésta necesariamente será un **INFINITIVO,** o nuestra frase jamás será correcta en español.

2.2 **antes de que ⇒ SUBJUNTIVO**

EJERCICIO IV.2

Complete.

1. Antes de que él me lo *(decir)* .... ya había visto yo dónde estaba el problema.
2. Antes de *(decírmelo)* .... él ya había visto yo dónde estaba el problema.
3. Rompió el cordón policial y le dio un sonoro beso a la reina antes de que los agentes de seguridad *(poder)* .... reaccionar.
4. Nada más *(verlo)* .... me dije: éste es.
5. Luego lo calientas al baño *(de)* María y lo retiras antes de que *(empezar)* .... a hervir el agua.
6. No diremos nada hasta *(estar)* .... seguros.

2.3 **cuando, ... hasta que,** es decir, todas las demás partículas temporales se construyen con:

INDICATIVO → «pasado, presente, atemporal»
SUBJUNTIVO → «futuro»

Con el valor general de las distintas formas verbales, tal como se puede apreciar en los ejemplos del ESQUEMA. El uso de las formas verbales de «futuro» es, sin duda, el aspecto que ofrece alguna mayor dificultad. Por ello, insistiremos en su práctica.

EJERCICIO IV.3

Complete.

1. Todos los días cuando *(volver)* .... del trabajo me da un abrazo, así que hoy, cuando *(llegar)* .... supongo que hará lo mismo.
2. **Ana:** Bueno, mis hijos, encantadores. ¡Qué hijos me ha dado Dios! Todos los días estudian... Bueno, hasta que se *(dormir)* ....
   Julia: Pues me alegro. Los míos son más normalitos; esta noche, cuando su padre *(ver)* .... las notas de este mes, a lo mejor tienen que estudiar también hasta que... se les *(cerrar)* .... los ojos.
3. ¡Estudia cuando te lo *(decir)* ....!
4. ¡Qué rollo de televisión, madre! Todas las noches, en cuanto me *(sentar)* .... delante de la caja boba, me quedo Roque.
5. No sé, pero últimamente venía durmiendo mal, así que ayer fui al médico. ¿Y sabes qué me dijo?: «Mire usted, los somníferos no son muy recomendables, así que yo le aconsejo algo mejor: siéntese usted delante de la televisión, yo le garantizo que, apenas se *(sentar)* .... usted delante de ella se dormirá».
6. Sí, lo tienes que conocer. Es un profesor que fuma en clase y cada vez que *(encender)* .... un cigarrillo se pone a toser.
7. [En clase del profesor del ejercicio anterior; se dispone a encender un cigarrillo; Carmen se da cuenta y le da con el codo a su compañero Emilio.] Fíjate, ya verás, en cuanto se lo *(acercar)* .... a los labios empezará a toser.
8. Siempre lo mismo, hasta que no *(enfadarme)* .... aquí nadie me hace caso. Y ahora pasará otro tanto, que hasta que no *(dar,* yo*)* .... cuatro voces no se mueve nadie.

EJERCICIO IV.4

Complete.

1. Me quedé allí y esperé hasta que *(llegar,* ellos*)* ....
2. Me pidió que me quedara allí y esperara hasta que *(llegar,* ellos*)* ...., pero no aparecieron.
3. Me gustaría que, en cuanto lo *(ver,* tú*)* ...., se lo dijeras.
4. Me encantó que se lo dijeras en cuanto lo *(ver,* tú*)* ....
5. Me aseguró que, tan pronto como *(tener,* ellos*)* .... noticias, se pondrían en contacto con nosotros.
6. No me moví de mi sitio hasta que *(llegar)* .... el profesor.
7. Los iré colocando a medida que *(ir)* .... llegando.
8. Sería bueno que los colocaras en su sitio conforme *(ir)* .... llegando.

2.4 **mientras que, mientras tanto, entre tanto, en tanto que, en cambio** ⇒ («pasado», «presente» y «futuro») **INDICATIVO:**

Nótese que las contrastivas se construyen con **indicativo** para expresar cualquier tiempo real: «pasado», «presente» y «futuro».

EJERCICIO IV.5

Complete.

1. Para él es una herramienta de trabajo, mientras que para ti no *(ser)* .... más que un juego.
2. Pero vosotros os quedasteis tranquilamente en la cama, mientras que ellos, pobrecitos, *(tener)* .... que ir al colegio con el frío que hacía.
3. Antonio se quedará aquí, mientras que tú, Andrés *(ocupar)* .... a partir de hoy el puesto que ha dejado vacante Carmen.
4. De ahora en adelante y mientras *(durar)* .... esta situación tendremos que arrimar todos un poco el hombro.
5. Nos lo comunicaron mientras *(estar,* nosotros*)* .... reunidos.
6. Y en ese momento, mientras el guarda *(estar)* .... comprobando los sistemas de seguridad, tú te cuelas y te escondes en el cuartito éste. Tú, Carlos, vendrás conmigo por la puerta esta del callejón y te colocarás aquí, justo a la entrada; mientras que «el Cojo», como siempre, *(quedarse)* .... al volante y *(esperar)* .... en esta esquina.

RECAPITULACIÓN

EJERCICIO IV.6

Complete.

1. No he vuelto a saber nada de ella desde que *(marcharse)* ....
2. Mañana, en cuanto *(llegar)* .... usted a la oficina, se pone con el asunto de este señor y no lo deja hasta que *(estar)* .... todo solucionado.
3. Quiero que *(estar)* .... todo en orden antes de que nos los *(pedir)* .... de arriba.
4. El trabajo es sagrado. Por eso, cuando *(haber)* .... que trabajar, no hay disculpas que valgan.
5. Era un hombre muy serio. Siempre estaba diciendo que el trabajo *(ser)* .... una cosa sagrada; por eso, aunque era amable, mientras *(trabajar,* nosotros*)* .... no se oía ni una mosca.
6. **Juan:** ¿Cuándo salimos juntos una noche a cenar?
   Isabel: Cuando tú *(querer)* .... Pero antes de que *(regresar)* .... Antonio, porque, en cuanto *(terminar)* .... ese trabajo y *(volver)* .... a Salamanca, se acabó la libertad.

7. Aunque no es una lumbrera, cuando *(trabajar)* ...., saca buenas notas.
8. No se *(preocupar)* .... usted. Tan pronto como *(tener, nosotros)* .... noticias se las comunicaremos.
9. ¡Anda, échame una mano! Mira, mientras yo *(ir)* .... haciendo las maletas, a ver si tú puedes colocar esos libros.
10. Era muy temprano; todavía estábamos en la cama. Joaquín quería *(levantarse, él)* .... ya, pero yo, antes de que *(hacerlo)* ...., me abracé a él mientras le *(decir)* .... unas cosas al oído. Fue en aquel momento cuando *(yo, ver)* .... aquella cara desencajada detrás de los cristales: grité como una histérica hasta que Joaquín *(volverse)* .... y también él vio aquel rostro horrible en la ventana, pero antes, incluso, de que *(hacer)* .... ademán de saltar sobre él, desapareció después de *(soltar)* .... una risotada que todavía ahora, en este momento, parece que *(estallar)* .... en mis oídos.
11. Era un hombre insoportable; cada vez que *(abrir)* .... la boca era para decir una impertinencia.
12. Cuando *(llegar)* ...., procura que no te vea nadie. Sobre todo, que no te vean antes de *(depositar)* .... el paquete en el buzón de correos. Después, en cuanto lo *(hacer)* ...., te diriges rápidamente hacia la salida antes de que *(empezar)* .... a sonar la sirena. Yo esperaré en el coche, con las llaves puestas, hasta que Juan me *(hacer)* .... la señal de partida.
13. Joaquín y Ana, cuando *(aburrirse)* ...., suelen inventarse historias policíacas y de detectives. Pero antes de *(terminarlas)* .... se cansan, y por eso nunca tienen final. Desde que *(conocerlos)* ...., cada vez que *(ir, yo)* .... a su casa los encuentro ocupados en el mismo tema y hasta que *(enfadarme)* .... no consigo que me *(hacer)* .... caso.
14. Yo creo que *(deber, tú)* .... leer la carta de nuevo y pensártelo dos veces antes de *(echarla)* .... al correo.
15. Ya sabes que no me *(gustar)* ....; pero me pongo corbata siempre que *(tener)* .... que ir a una reunión importante.
16. En cuanto *(llegar, él)* .... a casa se pone unas zapatillas para estar más cómodo.
17. Te ha estado más que bien; así, cuando *(salir, tú)* .... otra vez de viaje te llevas en la maleta tres o cuatro camisas planchadas.
18. Cuando lo *(ver, tú)* ...., dile que se *(pasar)* .... por aquí a recoger sus papeles. Antes de que me *(cansar)* .... y *(ir, ellos)* .... a la papelera.
19. ¡Qué pena! Conforme *(ir, nosotros)* .... creciendo vamos perdiendo ingenuidad y fe en las cosas y en las personas, y cada vez que nos *(plantear)* .... un nuevo proyecto lo vemos con más escepticismo.

20. El conferenciante se ajustó las gafas, carraspeó, miró, una vez más al público desde su altura y comenzó su disertación. Pero no bien *(empezar)* .... a hablar cuando, en la primera fila, un joven *(ponerse)* .... en pie y, antes de que nadie *(poder)* .... impedirlo, insultó con fuertes palabras al conferenciante. Cuando organizadores y público quisieron *(reaccionar)* ...., el joven había desaparecido después de *(proferir)* .... un insulto aún más soez en el instante en que *(alcanzar)* .... la salida. Una vez que se *(acallar)* .... los murmullos, el presidente tomó la palabra y, después de *(pedir)* .... disculpas al insigne conferenciante, le rogó que *(tener)* .... a bien reiniciar su lección. Pero así que éste *(volver)* .... a ajustarse las gafas, resonó en la sala de nuevo el epíteto denigratorio: «¡fascista!», mientras un anciano, de aspecto venerable *(encaminarse)* ...., con pasos cortos hacia la salida.

21. ¿Qué estarán haciendo Joaquín y Ana? Ya sabes que cuando *(aburrirse, ellos)* ...., se *(inventar)* .... historias de detectives y policías. Ayer, mientras *(cunear)* .... a la niña –¡pobre niña!– Andrés se imaginó una terrorífica. Veía que la niña se *(levantar)* .... de la cuna y, antes de que él *(poder)* .... escapar, le oprimía con fuerza en el cuello hasta *(desorbitarle)* .... los ojos. Cuando *(lograr, Andrés)* .... apartarse aquellas garras y *(empezar)* .... a respirar de nuevo, sintió algo punzante en el pecho al tiempo que a la niña le *(crecer)* .... los colmillos... Mientras, el pobre angelito se *(quedar)* .... plácidamente dormido.

22. Tan pronto como *(tener)* .... ocasión acompañaré a Joaquín al psiquiatra.

23. Nada más *(entrar)* .... comprendí que *(estorbar, yo)* ....

24. Antes de *(decidirte)* ...., tómate un tiempo para pensarlo y, cuando tú mismo te *(aclarar)* ...., me llamas y hablamos de nuevo.

25. Anda, vete antes de que *(cambiar, yo)* .... de opinión.

TEMA V

Finales

ESQUEMA GRAMATICAL

Tipo: ├────┤ ↱ ├────┤

1 Conjunciones

1.1 **para (que)** ⇒ partícula final de uso universal:

- *He venido a Salamanca **para** estudiar español.*
- *Me compré el abrigo **para** ponérmelo, claro.*

a fin de (que), con el fin de (que), con el (firme) propósito de (que), con la (sana) intención de (que), con la idea de (que), con el objeto de (que), con vistas a (que), a efectos de (que)... son locuciones sustitutivas de **para (que)**, de carácter culto, conversacional o administrativo:

- *He venido a Salamanca **con la intención de** estudiar español.*
- *Me compré el abrigo **con el propósito de** ponérmelo, claro.*

1.2 **a (que)** ⇒ verbo de movimiento en la primera parte:

- *He venido a Salamanca **a** estudiar español.*
- **Me compré el abrigo **a** ponérmelo. → Me compré el abrigo **para** ponérmelo.*

1.3 **que** final:

- *Habla más alto, **que** te oiga mejor.*

1.4 **por (que)** con valor final:

- *Salí **por** ver qué pasaba. ≈ Salí **para** ver qué pasaba.*
- *Lo hice **por que** tuvieras más tranquilidad. ≈ Lo hice **para que** tuvieras más tranquilidad.*

1.5 **de modo que, de forma que, de manera que, de suerte que.** Para el valor final de estas partículas véase el Tema VIII.

2. Uso de los modos

2.1 Mismo sujeto para los dos verbos:

para ⇒ INFINITIVO

- *Arréglate un poco para* ***salir*** *a la calle.*
- *Volvió a tiempo para* ***cenar*** *con sus hijos.*
- *Salió a* ***dar*** *un paseo.*
- *Vente con nosotros a* ***pasar*** *el fin de semana.*
- *Lo hice con la intención de* ***ayudarte****.*
- *Salimos con la intención de* ***ir*** *al cine y acabamos en un bar.*
- *Lo que pongo en su conocimiento a efectos de* ***acelerar*** *la tramitación.*
- *Lo que le comunico a efectos de* ***proceder*** *a su realización.*

2.2 Distintos sujetos:

para que ⇒ SUBJUNTIVO

- *Se dio la vuelta para que* ***viéramos*** *lo guapa que estaba.*
- *Lo traerá para que le* ***ayudemos*** *a traducirlo.*
- *Vino a que le* ***explicara*** *otra vez el tema.*
- *Sube a que lo* ***vea*** *tu padre.*
- *Les leeré el reglamento a fin de que* ***sepan*** *ustedes a qué atenerse.*
- *Los llamó uno por uno a fin de que* ***comprobaran*** *sus exámenes.*
- *Ponte un poco más acá, que te* ***vea*** *bien.*
- *Llama al niño, que se* ***despida*** *de su abuela.*

Construcción «inglesa»:

Verbos como *elegir, reelegir, seleccionar, nombrar, designar, proponer, llamar, escoger, llevar, traer*, además de la construcción con **subjuntivo**, admiten también otra con **infinitivo:**

- *El director la eligió entre muchas candidatas para que representara el papel principal de la película.*
- *El director* ***la*** *eligió entre muchas candidatas para* ***representar*** *el papel principal de la película.*

Recuerde usted lo que vio en el Tema III y compárelo:

- *Le prohibió usted que saliera.*
- ***Le*** *prohibió usted* ***salir.***

EXPLICACIÓN Y AMPLIACIÓN GRAMATICAL

Como en la expresión del tiempo, en la finalidad el mayor problema –si es que, en un nivel de perfeccionamiento, hay alguno en este caso– lo constituye el uso de las partículas. El modo (infinitivo/subjuntivo) responde, una vez más, a eso tan fácil de «si decimos tal cosa, detrás vendrá necesariamente...».

1 Conjunciones

1.1 para (que)

Tal como hemos indicado en el ESQUEMA, es la partícula de uso universal para expresar la finalidad o el propósito de algo.

a fin de (que), con el fin de (que), etc.

Las distintas locuciones recogidas en el ESQUEMA pueden sustituir a **para (que)**, tanto en la lengua escrita como en la lengua hablada; pero su uso no es muy frecuente.

con el firme propósito de (que) y, sobre todo, **con la sana intención de (que), con la idea de que** y **con vistas a (que)**, dentro de su no muy frecuente uso, pueden aparecer en el español conversacional:

- *Salí de casa **con el firme propósito de** no decirle nada.*
- *Hombre, yo lo hice **con la sana intención de que** todos quedaran contentos.*
- *Venía **con la idea de que** esta reunión fuera la última.*
- *Lo he planificado **con vistas a que** intervenga el mayor número posible de gente.*

a fin de (que), con el fin de (que), con el propósito de (que), con la intención de (que) y **con el objeto de (que)** quizás sean ligeramente más cultas que las anteriores y por ello –siempre dentro de su poco uso– más propias del español escrito y de la dicción más o menos cuidada:

- *El gobierno dará a conocer una serie de medidas **con el fin de que** la población pueda tomar las precauciones necesarias.*

a efectos de (que) es una locución muy propia del lenguaje «administrativo»:

- *Por lo que ruego a V.I. que tenga a bien tramitar la demanda **a efectos de que** pueda seguir su curso legal.*

1.2 a (que)

Como hemos señalado en el ESQUEMA, exige un verbo de movimiento en la primera parte. Por eso, puede alternar con **para (que)** en:

- *He venido **para** estudiar español.* ≈ *He venido **a** estudiar español.*

Pero no en:

- *Lo compré **para** ponérmelo.* ↛ **Lo compré **a** ponérmelo.*

La partícula **a** presenta, además, otras muchas particularidades y dificultades:

Hay una serie de verbos, de movimiento y de no movimiento, tales como *enviar, mandar, llevar, traer, obligar, autorizar, ayudar*, que:

rigen un complemento con **a:**

- *Envió a su hijo* ***a la universidad.***
- *Envió a su hijo* ***a estudiar.***

Distinto de:

la construcción final → **para (que):**

- *Mandó a su hijo al jardín* ***para*** *tener un poco de tranquilidad.*
- *Mandó a su hijo a estudiar* ***para que*** *algún día fuera alguien en la vida*[1].

Muchos verbos, aun siendo de movimiento: *caminar, andar, pasear, correr*[2], *saltar, viajar* → **para (que).** Así, lo mismo que en:

- **Lo compré* ***a*** *ponérmelo.*→ *Lo compré* ***para*** *ponérmelo.*

Hay que decir:

- **Saltó* ***a*** *evitar el obstáculo.*→ *Saltó* ***para*** *evitar el obstáculo.*

Hay que distinguir también, por ejemplo, entre **volver a** = «suceder de nuevo», y **volver =** «regresar» + **para:**

- ***Volvió a*** *verla.* ≠ *Volvió* ***para*** *verla.*

El uso de **a** para la expresión de la finalidad ofrece, pues, muchas dificultades. Aplíquese, por lo tanto, la siguiente regla práctica:

> Para la expresión de la finalidad, tanto con verbos de no-movimiento como con verbos de movimiento, se utilizará con carácter general la partícula de uso universal **para (que).** De manera que se dirá:
>
> - *Lo compré* ***para*** *ponérmelo.*
> - *He venido* ***para*** *estudiar español.*
> - *Lo mandó a la calle* ***para*** *descansar.*
> - *Saltó* ***para*** *evitar el obstáculo.*
> - *Volvió* ***para*** *verla.*
>
> Y como si de modismos se tratara, se tendrá en cuenta que se puede usar tanto **a (que)** como **para (que)**, y que **a (que)** puede ser, incluso, más adecuada, con los verbos:
>
> *venir* a (que) / para (que)
> *ir* a (que) / para (que)
> *entrar* a (que) / para (que)
> *salir* a (que) / para (que)
> *bajar* a (que) / para (que)
> *subir* a (que) / para (que)

(1) Nótese que en inglés parece suceder lo mismo:

Peter sent his son into the garden to play.
Peter sent his into the garden so as to have some peace.

(2) **Correr a** puede tener un uso semiperifrástico –en el que **correr** viene a significar «darse prisa, apresurarse»– en expresiones como: **corrió a ver, corrió a decirle, corrió a preguntarle...** ≠ *Corre cuatro kilómetros al día* ***para*** *adelgazar.*

1.3 **que** final

Como se sabe, el español –lo mismo que otras lenguas como el portugués, el francés, el italiano, el rumano, el catalán,...– procede del latín, pero no del latín culto, sino del latín hablado por colonos, soldados y administradores. En ese latín, y posteriormente en las lenguas romances, no se usaban muchas de las partículas del latín de los escritores, por lo que se tuvieron que habilitar otras nuevas. Para ello, por lo general, se siguió este camino: unir a un adverbio o a una preposición la marca universal de conjunción, es decir, la partícula **que**. Así surgieron: **después** → **después que, desde** → **desde que, hasta** → **hasta que, para** → **para que, por** → **porque, aún** → **aunque,** etc.

Por otro lado, el propio universalizador **que** tomó muchos sentidos, alguno de los cuales sigue siendo de uso muy frecuente, sobre todo en el español hablado. Así, como iremos viendo en los próximos temas, **que** puede tener, entre otros, valor:

– Causal:

- *Quítate, **que** no veo. ≈ Quítate, **porque** no veo.*

– Condicional:

- ***Que** viene, salimos; **que** decide quedarse, nos quedamos también nosotros en casa. ≈ **Si** viene, salimos; **si** decide quedarse, nosotros nos quedamos también...*

Este **que** final –lo mismo que el causal o el condicional– es de uso frecuentísimo en el español hablado. En cambio, los hablantes extranjeros –cuyo español, recordemos, resulta a veces «demasiado académico»– suelen ignorarlo.

Si el hablante extranjero quiere que su español se parezca cada vez más al español «real» que habla un nativo, entre otras cosas, deberá incorporar este **que** a su uso activo del idioma.

El **que** final se construye siempre con **subjuntivo**. Y aparece de manera natural cuando en la primera parte se hace un ruego, se da una orden o un consejo. Difícilmente en esos casos el hablante nativo usaría **para que:**

- *Ven, que te **limpie** un poco y no te **vea** así tu madre.* [= «Ven, para que te limpie...»]

Podría ser la frase que le dijera una abuela a su nieto al verlo volver a casa empapado y lleno de barro.

Conviene no confundir estas expresiones con las correspondientes causales, que se construyen siempre con **indicativo:**

- *Sal, que te **dé** el aire.* [= «para que»]
- *Sal, que te **da** el aire.* [= «porque»]

EJERCICIO V.1

Demuestre que es capaz de expresarse como un hablante nativo. Complete.

1. Paco, ven, que *(venir)* .... un señor y *(querer)* .... hablar contigo.
2. Acércate, que *(ver)* .... este señor lo guapo que estás.
3. Deja la habitación bien recogida, que no *(reñir)* .... tu madre luego cuando *(llegar)* ....
4. Hazlo, que no *(tener)* .... que decir nadie que *(ser, tú)* .... un vago.
5. Anda, estudia, que lo *(necesitar, tú)* .... más que el comer.
6. Come, que *(tener, tú)* .... menos chicha que la radiografía de Don Quijote.
7. Duerme, que mañana *(estar, tú)* .... fresco como una rosa.
8. Sal, que *(querer, yo)* .... hablar un rato contigo.
9. No te muevas, que *(venir)* .... alguien.
10. Trabaja, que no *(decir)* .... la gente que *(ser, tú)* .... un gorrón.

1.4 **por (que)**

En el español actual esta partícula tiene un escasísimo uso como final, ya que la partícula de uso general es **para (que).** Si aludimos, entonces, aquí a ella es sólo para que el hablante extranjero tenga noticia de su existencia y, si alguna vez descubre algún caso, no le sorprenda. Pero dicho eso, creemos que lo mejor que puede hacer el estudiante es olvidarse de la existencia de **por (que)** y, desde luego, no intentar incorporarla a su dominio activo del español. ¡Demasiados problemas crean las preposiciones **por/para** para añadirles uno nuevo!

2 Uso de los modos

Las estructuras finales son, sin duda, de las más fáciles del español. Recordemos, entonces, tan sólo que:

2.1 Si decimos **para, a fin de, con el fin de...** (⇒ mismo sujeto) ⇒ **INFINITIVO:**

- *Salí para* ***ver*** *qué pasaba.*

2.2 Si decimos **para que, a fin de que, con el fin de que...** (⇒ distinto sujeto) ⇒ **SUBJUNTIVO:**

- *Salí para que* ***vieras*** *que no pasaba nada.*

EJERCICIO V.2

Complete.

1. Sube a verme todos los días para que le *(dar)* .... una propina.
2. Sí, claro, tú me dices eso para que *(estar, yo)* .... tranquila.
3. Dio las instrucciones oportunas para que todo el mundo *(saber)* .... exactamente lo que tenía que hacer.
4. Le daba un caramelo a cada niño para que *(estar)* .... calladitos un rato.
5. Vendrá hoy mismo a *(hablar)* .... contigo.

RECAPITULACIÓN

EJERCICIO V.3

Complete con una partícula final y la forma adecuada del verbo.

1. Iré este verano a algún país hispano .... *(perfeccionar)* .... mi español.
2. Tienes que tomar precauciones .... eso no *(volver)* .... a suceder jamás.
3. Me llamó Adela .... *(ir,* nosotros*)* .... a pasar el fin de semana con ella.
4. Esperaremos hasta las ocho .... *(poder,* tú*)* .... ver a Isabel.
5. Llegaron sobre las siete y media .... *(hacer,* ellos mismos*)* .... una prueba de atletismo.
6. Hace un régimen muy estricto de comidas .... no *(engordar,* ella misma*)* ....
7. Te ayudaremos .... *(terminar,* tú*)* .... antes.
8. Te ayudaríamos .... *(terminar,* tú*)* .... antes, pero tenemos mucha prisa.
9. Tú haz el payaso, ... *(reírse)* .... todos de ti, bobo.
10. Dale dinero, ... *(comprar)* .... el periódico al pasar por el quiosco.
11. Cómpraselo, hombre, ... *(aprender,* ellos*)* .... un poco sobre ordenadores, que ahí está el futuro.
12. ¿Hay algún sistema .... el estudiante *(sentirse)* .... motivado?
13. Es una buena pregunta .... el profesor *(meditar)* .... detenidamente sobre ella.
14. Lo hizo así .... todos *(quedar)* .... contentos.
15. Lo que pongo en su conocimiento .... *(abrirse)* .... una nueva investigación sobre el caso.
16. Me enviaron a Londres .... *(estudiar)* ....
17. Lo he mandado a la calle .... *(poder,* nosotros*)* .... hablar más tranquilamente.
18. Nos llamaron .... *(ir,* nosotros*)* .... a recoger el premio.
19. Salí .... *(dar)* .... un paseo.
20. Lo han traído .... *(animar)* .... la fiesta.
21. Volvió .... *(hablar,* él mismo*)* .... con Adela.
22. .... *(aprender)* .... las formas irregulares de los verbos no hay más remedio que clavar los codos.
23. Es demasiado listo .... *(tomarle)* .... el pelo.
24. Me las vi y me las deseé .... *(metérselo)* .... en el coco, porque el tío es duro de mollera.
25. Tienes que andar con pies de plomo .... nadie *(abusar)* .... de ti, porque hay a quien le das la mano y se toma el pie.

EJERCICIO V.4

Aquí tiene usted fragmentos de español hablado y escrito: léalos y complételos.

1. Cuando *(llamar,* él*)* ...., para que no *(repetirse)* .... lo de la última vez, le dices que no *(estar,* yo*)* .... en casa, que *(salir,* yo*)* ....
2. Para que luego *(volver)* .... a suceder lo de siempre, creo que *(ser)* .... mejor que no *(empezar,* nosotros*)* .... otra vez.
3. A ver, niños, una cosa. Cuando *(jugar,* vosotros*)* ...., para que la niña no *(despertarse)* ...., tened mucho cuidado y no os olvidéis de *(cerrar)* .... bien vuestra puerta. A ver si es posible que *(dormir,* la niña*)* .... un rato y nos *(dejar)* .... a los mayores *(descansar)* .... un poco.
4. Cada vez que *(salir,* nosotros*)* ...., para que me *(hacer,* ellos*)* .... un poco de caso y no se *(poner,* ellos*)* .... a hacerse arrumacos, como dos tortolitos, tenía que ponerme en medio de los dos y recordarles que, si bien ahora ellos eran marido y mujer, ella antes *(estar)* .... casada conmigo.
5. Yo creo que *(ser)* .... mejor que *(tirar,* nosotros*)* .... a la basura los trozos rotos, para que no *(enfadarse,* él*)* .... tanto cuando *(ver,* él*)* .... que *(faltar)* .... ese jarrón.
6. Pongo esto en el conocimiento de ustedes con el objeto de que *(ir)* .... pensando en el tema y, si es posible, *(tomar)* .... una decisión, o al menos *(tener)* .... una idea más o menos clara de lo que se puede hacer antes de que nos *(reunir,* nosotros*)* .... de nuevo y de arriba nos *(pedir)* .... que les *(dar,* nosotros*)* .... una respuesta definitiva.
7. Salió de casa con el firme propósito de no *(volver)* ...., pero, en cuanto *(doblar)* .... la esquina, empezó a acordarse de las comiditas de su mujer y a los cinco minutos estaba otra vez en casa como un corderito.
8. Cuando *(llegar,* yo*)* .... a casa, para que *(dejar)* .... de ver la televisión y me *(hacer)* .... un poco de caso, tengo casi que recordarle que *(ser,* yo*)* .... su mujer y que, por lo tanto, *(tener,* él*)* .... algunas obligaciones para conmigo.
9. Para que en adelante todo *(ir)* .... mejor, tú, en cuanto *(ver)* .... que yo *(empezar)* .... a andar baja de moral, como el que no dice nada, me dices, por ejemplo, que *(poner,* ellos*)* .... una película estupenda y que si quiero que *(ir,* nosotros*)* .... a verla, o que *(ver,* tú*)* .... un vestido precioso en un escaparate y que *(creer)* .... que *(estar,* yo*)* .... muy bien con él, o que te apetecería, a ti, que *(salir,* nosotros*)* .... una noche a cenar, solos, sin los niños, y que luego *(ir,* nosotros*)* .... a una discoteca como hacíamos antes. ...Para *(tener)* .... contenta a una mujer ya ves que no *(necesitarse)* .... mucho; casi es suficiente un poquito de tacto ¡y mucho cariño, claro!
10. Antes de *(empezar)* .... me gustaría *(hacer)* .... algunas aclaraciones, con el fin de que todos *(disponer)* .... de los elementos de juicio necesarios para *(decidir)* .... lo que, en conciencia, le parezca a cada uno más justo.

TEMA VI

Causales

ESQUEMA GRAMATICAL

Tipo: |———| ↱ |———|

1 Conjunciones

1.1 **porque** → causa «activa»:

- *Entré a ver la película* ***porque*** *estaba muy aburrido.*

Locuciones sustitutivas de **porque: a causa de que, gracias a que, es que** (→ conversacional), **merced a que** (→ uso culto),...

1.2 **puesto que, ya que, dado que, pues, como** → causa «pasiva»:

- *Y* ***ya que*** *estaba allí, entré a ver la película.*

Locuciones sustitutivas de **puesto que,...: en vista de que, a la vista de que,...**

1.3 **por + infinitivo** (→ causa activa):

- *Eso te pasa* ***por dormir*** *poco [≈* ***porque duermes*** *poco.]*
- *Te está bien empleado* ***por no haber confiado*** *en mí [≈* ***porque no confiaste*** *en mí.]*
- *Eso te pasa,* ***no por salir*** *tanto, sino* ***por no haber salido*** *anoche [≈* ***no porque salgas*** *mucho, sino* ***porque no saliste*** *anoche.]*
- *Nos llamaron la atención* ***por hacer tú*** *el tonto [≈* ***porque tú hiciste*** *el tonto.]*

1.4 **que** causal (→ causa activa). Se usa:

Para justificar un aviso, una petición, una orden, un consejo,...:

- *No salgas,* ***que*** *esta noche ponen una buena película en la televisión.*
- *Ven,* ***que*** *estamos aquí reunidos todos.*
- *No te dejaré ir,* ***que*** *luego los vecinos se enteran y lo critican todo.*
- ***Que*** *viene la policía, date prisa.*

Para justificar la respuesta negativa a un ruego, a una orden,...:

— *Quédate un poco más.*
— *Hoy no,* ***que*** *tengo prisa.*

Para justificar una exclamación, la expresión de un sentimiento, una decisión, etc.:

- *¡Ya está bien, eh!* ***Que*** *yo me paso todo el día de acá para allá, y tú no das golpe.*
- *Pobrecitos ellos,* ***que*** *tienen que marcharse.*
- *Me voy,* ***que*** *tengo prisa.*

Cuando hay dos frases causales unidas por las partículas **y/o**. Generalmente contestan dos hablantes: el primero usa **porque**, y el segundo con mucha frecuencia **que:**

— *¿No ha venido Andrés?*
— *No; no ha venido* ***porque*** *no se encuentra bien.*
— *Y* ***que*** *esta noche hay un partido de baloncesto en la televisión, ¿no?*

que causal-completivo en el estilo indirecto:

- *No salgo* ***porque*** *es tarde y* ***porque*** *no me encuentro bien → le dije que no salía* ***porque*** *era tarde y* ***porque*** *no me encontraba bien → le dije que no salía,* ***que*** *era tarde y* ***que*** *no me encontraba bien.*

2 Uso de los modos

2.1 **por (no)** y **no por (no)** ⇒ **INFINITIVO:**

- *Te han suspendido por no* ***estudiar****.*
- *No por mucho* ***madrugar*** *amanece más temprano.*

2.2 **porque (no), puesto que (no), ya que (no), dado que (no), pues (no), como (no), a causa de que (no), gracias a que (no), merced a que (no), en vista de que (no), a la vista de que (no)** ⇒ **INDICATIVO:**

- *No ha venido a clase porque* ***ha ido*** *a ver un partido de fútbol.*
- *No ha venido a clase porque no se* ***encuentra*** *bien.*
- *Ya que* ***hemos venido*** *vamos a hacer algo.*
- *Será una reunión informal puesto que no* ***hay*** *quórum.*
- *Como todavía nos* ***quedan*** *unos escudos, cómpralo.*
- *Como no* ***tenemos*** *prisa vamos a esperar.*
- *Acabé gracias a que Juan me* ***echó*** *una mano.*
- *Nos fuimos en vista de que no* ***venía*** *nadie.*

Ampliaciones de 2.2:

La aparición del **subjuntivo** es posible en una estructura disyuntiva del tipo: **o porque (no)... o porque (no), bien porque (no)... bien porque (no)...:**

- *Antonio, o porque se le olvidara, o porque no lo avisaran, no acudió a la reunión.*
- *Antonio, o porque se le* ***olvidó****, o porque no lo avisaran, no acudió a la reunión.*
- *Antonio, o porque se le olvidara, o porque no lo* ***avisaron****, no acudió a la reunión.*
- *Antonio, o porque se le* ***olvidó****, o porque no lo* ***avisaron****, no acudió a la reunión.*

Pero el indicativo no sólo es posible sino recomendable. Luego se aplicará siempre la regla 2.2 ⇒ **INDICATIVO.**

Salvo, lógicamente, en el caso de las «excepciones universales».

Excepciones universales:

partícula → subjuntivo ⇒ **SUBJUNTIVO:**

- *No ha venido porque no **ha podido.***
- *No ha venido porque posiblemente no le **hayan dejado**.*

hipótesis en el pasado ⇒ **hubiera/habría cantado:**

- *Fue una pena, porque os lo* { ***hubierais pasado** muy bien.* / ***habríais pasado** muy bien.* }

2.3 **no porque (no), y no es que (no) ⇒ SUBJUNTIVO:**

- *No voy, no porque no **quiera**, sino porque no **puedo**.*
- *No voy, y no es que no **quiera**, es que no **puedo**.*

Ampliaciones de 2.3:

Detrás de **no porque (no),** sobre todo en la lengua coloquial, no es extraño oír el **indicativo:**

- *No voy, no porque no quiero, sino porque no **puedo.***

Pero recomendamos que se aplique siempre 2.3 ⇒ **SUBJUNTIVO.**

Distintos esquemas de **no porque (no):**

- *Pedro no triunfa, **no porque** cante mal, sino porque no le ayudan.*
  *Pedro **no** triunfa **porque** cante mal, sino porque no le ayudan.*
- *Pedro triunfa, **no porque** cante bien, sino porque tiene detrás una multinacional del disco.*
  *Pedro **no** triunfa **porque** cante bien, sino porque tiene detrás...*
- *— Pedro se molestó porque nos estábamos riendo.*
  *— Hombre, **porque** os rierais **no** creo que se molestara → se molestaría, **no porque** os rierais.*

- ***Nadie** se hace viejo **porque** pase el tiempo, sino porque pierde la ilusión. → Uno se hace viejo, **no porque** pase el tiempo, sino...*

- *Lo hizo **más** por descansar **que porque** estuviera enfadado. → Lo hizo, **no porque** estuviera enfadado, sino por descansar.*

EXPLICACIÓN Y AMPLIACIÓN GRAMATICAL

Las partículas causales se dividen en dos grandes bloques, a los que hemos llamado causa «activa» y causa «pasiva». En el primer caso el hablante da a conocer la razón, el motivo de algo. Por eso, en un momento determinado, alguien podría decir:

- *No vi ni qué película ponían; sencillamente, entré en el cine* ***porque*** *estaba muy aburrido.*

Pero imaginemos esta situación: Joaquín está una tarde en su casa, sin saber qué hacer, con una angustia casi existencial; casi sin darse cuenta también, sale a la calle y empieza a pasear... Y más tarde cuenta:

- *Cuando iba así por la calle, no sé por qué me llamó la atención la cartelera del cine y me dije: «Bah,* ***ya que*** *estoy aquí, voy a entrar a ver esa película».*

¿Entró Joaquín a ver la película **porque** estaba allí? Evidentemente, no. Entró o **porque** estaba aburrido, o **porque** le llamó la atención la cartelera, o por lo que fuera, pero **no porque** estuviera allí. Tome nota, entonces:

Porque expresa la razón, la causa de algo; **ya que, puesto que,** etc., en cambio, no indican el motivo, sino una «circunstancia que favorece la realización de algo».

EJERCICIO VI.1

¿Causa o circunstancia? Complete con las partículas adecuadas.

1. Salí muy temprano .... quería estar en Madrid antes de las diez.
2. .... quería estar en Madrid antes de la diez, salí muy temprano ...., como sabes, esa carretera tiene mucha circulación.
3. .... estaba allí, aproveché para comprar unas cuantas cosas que necesitaba.
4. Me acerqué al corro que se había formado alrededor de aquel hombre, ... no tenía prisa ni otra cosa mejor que hacer, ... me encanta analizar la reacción de la gente en estos casos.
5. Lo habrás hecho, entonces .... eres malo, ... dices que me quieres.
6. Tenía una voz hombruna que, más que infundir respeto, producía terror. Pues bien, con aquella voz decía: «.............. no has estudiado, no tengo más remedio que castigarte .... ninguna falta puede quedar impune».
7. .... no me dijiste nada, yo creí que no te interesaba.
8. Yo creí que no te interesaba, ... no me dijiste nada.

1 Particularidades de algunas conjunciones

porque

Su uso es generalmente pospuesto, es decir, **porque** encabeza el segundo miembro:

- *Hay mucha gente en los balcones* ***porque*** *hoy sale una procesión muy famosa.*
- *Ya debe de venir la procesión,* ***porque*** *hay mucha gente en los balcones...*

Cuando encabeza la frase, por lo general responde a una réplica. Compárense la frase –informativa– y el diálogo:

- *Ése vive estupendamente* ***porque*** *su padre es un burgués.*

— *Eres un burgués.*

— *Sí, pero* ***porque*** *yo soy un cochino burgués vives tú como vives.*

puesto que, ya que, dado que

Pueden usarse indistintamente antepuestas o pospuestas:

- *Vamos a empezar* ***puesto que no*** *han venido.*
- ***Puesto que no*** *han venido vamos a empezar.*

como

Se usa preferentemente antepuesta:

- ***Como*** *no llamaste creí que ya no te interesaba.*

Si se inicia la frase por el miembro no causal, lo más frecuente es la sustitución de **como** por **puesto que, ya que:**

- *Creí que ya no te interesaba* ***puesto que*** *no me llamaste.*

No es posible, por lo tanto (y debe usted tomar buena nota, porque es un error que se produce con relativa frecuencia), una frase como:

- **Creí que ya no te interesaba como no llamaste.*

Con todo, la posposición es posible y frecuente en los hablantes nativos; pero exige una entonación especial que no siempre resulta fácil para el hablante extranjero:

- *Creí que ya no te interesaba.* ***Como*** *no me llamaste...*

Antepuesta o pospuesta, con **subjuntivo** tiene valor condicional, y es de uso frecuentísimo. Véase el Tema VII.

por (no) + *infinitivo*

Por lo general implica un mismo sujeto:

- *Claro, te pasó* ***por beber*** *agua tan fría.*

Pero no necesariamente tiene que ser el mismo sujeto. Cuando los sujetos son distintos, por lo general el del infinitivo va expreso y, en este caso, necesariamente detrás del infinitivo:

- *Nos van las cosas como nos van* ***por ser tú*** *como eres.*

Junto con **y es que** y **porque, por** puede expresar la «causa rechazada», es decir, puede ser **no por (no):**

- ***No por*** *mucho madrugar amanece más temprano.*

que

Recordemos, en primer lugar, que con **subjuntivo** tiene valor final:

- *Ven, que* ***empecemos*** *a hacer... [«Ven* ***para que*** *empecemos...»]*

Frente al valor causal con **indicativo:**

- *Ven, que* ***empiezan*** *los dibujos animados. [«Ven,* ***porque*** *empiezan...»]*

Recordemos también que tanto el causal como el final son de uso muy frecuente en los hablantes nativos, y que por lo tanto el hablante extranjero debe incorporarlo a su uso activo del idioma.

El uso más habitual de **que** causal es pospuesto, es decir, como segundo miembro. Pero también puede aparecer como primero:

- *Date prisa,* ***que*** *vienen ya.*
- ***Que*** *vienen ya, date prisa.*

Para los distintos contextos en los que se suele usar, véase el ESQUEMA.

Y al hilo de lo que venimos viendo me va a permitir usted una aclaración. Fíjese: una frase como:

- *Pobrecitos ellos, que tienen que marcharse.*

Es posible y correcta en español con el significado de: «Pobrecitos todos ellos, [me dan pena], **porque** tienen que marcharse».

Pero no se debe confundir esa frase causal con esta otra de relativo, que es incorrecta y casi incomprensible, y desgraciadamente, un error bastante frecuente:

- **Pobrecitos ellos que tienen que marcharse.*

La frase correcta sería:

- *Pobrecitos los que tienen que marcharse.*

2 Uso de los modos

Una vez más, ofrece más dificultades –que no deben ser tampoco muchas– el uso de las partículas que el de los modos, ya que, teniendo en cuenta el tipo: ├──┤ ↱├──┤ , nos tendremos que limitar de nuevo a aquello de que «si decimos tal partícula, detrás vendrá...»

Por lo demás, las pequeñas complejidades que presentan las frases causales han quedado ya reflejadas en el ESQUEMA. Aquí nos vamos a limitar a fijar y automatizar las reglas operativas que permitirán un uso correcto de estas frases en español.

Y la cosa no puede ser más sencilla. Fuera de nuestras conocidas «excepciones universales», todo se puede reducir a:

porque (no) ⇒ INDICATIVO
no porque (no) ⇒ SUBJUNTIVO

Ah, y otra pequeña aclaración; pero también para simplificar. Como habrá visto en el ESQUEMA, **no porque (no)** puede realizarse de distintas formas y en algunas de ellas la negación aparece «dislocada» o bien «disfrazada», pudiendo afectar al mismo tiempo al verbo y a la partícula causal o solamente a esta última. Pues bien, la experiencia nos ha demostrado que esto crea problemas al hablante extranjero de español, que puede llegar a decir, sin quererlo, una frase cómica como la siguiente:

- *En Holanda no hace frío porque hay muchas vacas.*

Error que se debe a que ha interpretado la frase así:

- *En Holanda* *no* ***hace*** *frío* *porque* ***hay*** *muchas vacas.*

Cuando lo que quería decir era:

- *En Holanda no hace frío porque haya muchas vacas...*

Es decir, la negación (**no**) alcanza al verbo (**hace**) y a la partícula (**porque**):

- *En Holanda no hace frío porque* ***haya*** *muchas vacas...*

Frase que equivale a decir:

- *En Holanda no hace frío, pero no porque* ***haya*** *muchas vacas, claro, sino...*

Usted debe conocer toda esta complejidad por si oye o lee una frase de este tipo, pero para su uso activo del idioma nos atrevemos a recomendarle que:

> Use sólo la forma no dislocada **no porque (no)**, de acuerdo con estos dos ejemplos:
>
> - *Ana no va a salir esta noche, no porque no* ***quiera****, sino porque no la* ***dejan****.*
> - *Ana va a salir esta noche, no porque le* ***apetezca****, sino porque* ***tiene*** *que hacerlo.*

EJERCICIO VI.2

¿Indicativo o subjuntivo? Complete.

1. Se quedó en la cama porque *(estar)* .... enfermo.
2. Llegó tarde a clase porque no *(sonar)* .... el despertador y *(quedarse)* .... dormido.
3. No pudimos comprar nada ya que no *(tener)* .... dinero.
4. Como mañana *(venir)* .... Juan, él nos contará lo que ha sucedido.
5. Como no *(estar, tú)* .... allí a la hora que habíamos acordado, me marché.
6. Ve donde quieras, pero que estés localizable, porque puede que *(necesitarte)* .... de nuevo más tarde.
7. Tiene que estar pasando algo raro, porque, de lo contrario, él *(llamar)* .... ya.
8. No he salido en toda la semana, pero, por supuesto, no porque *(dejarme)* .... tocado lo de Ana, sino porque *(descubrir, yo)* .... que en casa no se está mal.
9. Creo que *(deber, nosotros)* .... darle una lección, y no sólo porque *(ser)* .... bueno que *(escarmentar)* ...., sino porque no *(poder, nosotros)* .... permitir que, encima, *(reírse)* .... de nosotros.
10. Me cae fatal, y no es que *(ser)* .... mala persona, pero es que *(caerme)* .... gordo.
11. ¡Qué tío, no hay quien lo aguante! Y no es que lo *(decir)* .... yo, es que no lo *(soportar)* .... ni su padre.
12. Estoy convencido de que el gobierno *(tomar)* .... alguna medida en los próximos días, y no porque la magnitud de la protesta *(haber llegado)* .... hasta los extremos que todos conocemos, sino porque, en mi opinión, el gobierno *(estar)* .... decidido ya antes a realizar esas reformas, y la protesta estudiantil no ha hecho más que adelantarlas.

RECAPITULACIÓN

EJERCICIO VI.3

Complete.

1. Como *(llegar,* él*)* .... tarde, no pudo ir con sus compañeros.
2. Aquella mañana estabas muy guapa porque *(llevar)* .... puesto un vestido rosa muy bonito, ¿recuerdas?
3. Como *(ser,* tú*)* .... tan galante, no sé si estás diciendo la verdad o si tratas sólo de agradarme.
4. Tienes que creerme porque yo nunca *(mentir)* ....
5. Y yo no puedo fiarme totalmente de ti porque todos los hombres *(ser)* .... un poco mentirosos con las mujeres.
6. El tabaco es una droga porque *(crear)* .... dependencia como cualquier otra droga.
7. No puedo aceptar la invitación porque este fin de semana *(salir)* .... con toda mi familia al campo.
8. Como el médico no *(llegar)* .... yo misma le até una cinta por encima de la herida.
9. Está algo enfadada porque no le *(decir,* nosotros*)* .... ayer que íbamos a hacer una fiesta.
10. Sólo pude comprar uno de los dos libros porque no *(tener)* .... dinero suficiente para los dos.
11. Como me *(encontrar)* .... tan solo llamé a Carmen.
12. No me hace ninguna gracia que *(llegar,* tú*)* .... tan tarde, que luego las vecinas lo *(criticar)* .... todo.
13. Te has caído por *(bajar)* .... las escaleras tan corriendo.
14. Estoy hoy... ¡que cómo estoy! Y no es que los niños *(ser)* .... malos, es que *(ser)* .... niños.
15. En vista de que los demás *(parecer)* .... ser que *(retrasarse)* ...., creo que *(deber)* .... ir empezando nosotros.
16. No molestes a tu madre, que te *(dar,* yo*)* .... una torta.
17. Debemos aceptar esas condiciones, evidentemente no porque *(ser)* .... ventajosas en sí mismas –que no lo *(ser)* ....–, sino porque, señores, ustedes *(saber)* ...., como yo, que la empresa *(estar)* .... atravesando momentos muy difíciles.
18. No los soporto más, Juan. Y no es que *(portarse)* .... hoy peor que otros días, es que yo no me *(encontrar)* .... bien.
19. Merced a que el gobierno *(tomar)* .... algunas medidas correctoras, en los últimos días se ha frenado la tendencia al alza.
20. Una veces porque *(televisar)* .... no sé qué partido, otras porque *(tener)* .... el señor que leer el periódico para *(estar)* .... informado, otras porque no *(saber,* yo*)* .... qué, total que para mí nunca tienes un minuto.
21. Date prisa, que *(llegar,* nosotros*)* .... tarde.
22. Vamos arriba, niños, que *(ser)* .... muy tarde y hoy no *(llegar)* .... al colegio.

23. Por tonta y por *(quererte)* .... como te quiero me pasa a mí lo que me pasa.
24. He llamado para *(ver)* .... si pasaba algo. Como no *(llamar,* tú*)* ....
25. Como no *(tener,* yo*)* .... ganas de seguir discutiendo con él, le dije: «Mira, guapo, para ti la perra gorda».
26. No me extraña nada que *(hacer,* él*)* .... lo que hace porque su padre *(ser)* .... lo mismo. Porque ya se *(saber)* .... de tal palo tal astilla y de raza le viene al galgo.
27. Me daría con un canto en los dientes por *(estar)* ...., aunque sólo fuera media hora, con ella.
28. No duerme, no come, no estudia, no para un momento quieto, y todo porque le *(tener)* .... comidito el coco esa muchacha.
29. Porque el niño *(enamorarse)* .... tengo yo que andar de cabeza. Que quiero que me *(comprar,* tú*)* .... esto, que qué me pongo... ¡Vaya fuerte que le ha dado!
30. No hables tan alto, que te *(oír)* .... los niños y ya sabes que las *(cazar)* .... al vuelo.

EJERCICIO VI.4

Lea –y de paso, complete también– el fragmento de diálogo de un joven español, Felipe, que habla con su padre.

Cuando los «mayores» *(empezar,* vosotros*)* .... a hablar de «vuestros tiempos», la verdad, es para echarse a temblar. Y no es que los jóvenes no os *(comprender,* nosotros*)* .... –que eso *(ser)* .... lo que os sucede a vosotros con nosotros–, es que ya *(estar)* .... bien de cada día *(tener,* nosotros*)* .... que oír que vosotros, los «jóvenes del 68», sí que *(ser)* .... verdaderos revolucionarios, que nosotros ahora *(ser)* .... unos conformistas, que no *(parecer)* .... jóvenes, que... Lo que yo creo es que os *(empezar)* .... a acercar a pasos agigantados al abuelo.

EJERCICIO VI.5

Complete ahora esta página del diario de Ana.

Ayer hubo en mi casa una gran fiesta porque *(ser)* .... el cumpleaños de mi hermana Susana. Susana estaba muy contenta porque *(cumplir)* .... diecisiete años y ella piensa que eso *(ser)* .... muy importante. Para que se *(ver)* .... lo importante que es para ella, diré que a mí –yo tengo ya doce años– casi no me *(hablar)* .... durante toda la fiesta –bueno, al final sí que me habló–, porque, según ella *(ser,* yo*)* .... una cría y no *(poder)* .... oír las conversaciones de las personas mayores ¡porque ella *(considerar)* .... que ya *(ser,* ella*)* .... una persona mayor! Cuando *(llegar)* .... los invitados, ella sola se encargó de que cada uno *(ocupar)* .... su sitio y de que Luis *(sentarse)* .... junto a la silla reservada para ella. Tengo que decir que Luis *(ser)* .... «muy amigo» de Susana, o para que se *(comprender)* .... mejor, yo estoy segura de que *(ser,* ellos*)* .... novios, porque *(ver, yo)* .... que *(besarse,* ellos*)*

.... Y diré también que a mí no me *(gustar,* Luis*)* .... porque *(parecer,* Luis*)* .... un pavo real y creo que *(ser)* .... un poco tonto. ¡Claro que me *(parecer)* .... que yo a él tampoco le *(gustar)* ....! En cambio, a mamá no le importa que Susana *(salir)* .... con él, o mejor dicho, está encantada de que *(salir)* .... juntos, porque *(decir)* .... mamá que *(formar,* ellos*)* .... una pareja estupenda, es decir, que él *(ser)* ....un poquito más alto que ella y, sobre todo, asegura mamá que Luis *(pertenecer)* .... a una buena familia de la ciudad. Pero volvamos a la fiesta. Cuando *(acabar)* .... de llegar todos los invitados, después de *(ocupar)* .... cada uno su sitio, empezó la cena. Una cena elegida por Susana, y no porque yo lo *(decir)* .... sino porque *(creer, yo)* .... que *(ser)* .... la verdad, una cena poco original. Mientras *(cenar,* nosotros*)* .... todo transcurría normalmente –quiero decir que Susana y Luis no *(dejar)* .... de mirarse tiernamente, que mamá *(charlar)* .... animadamente con su posible futura consuegra, que papá y el padre de Luis *(parecer)* .... que *(estar)* .... en las nubes, que yo me *(aburrir)* .... sentada en un extremo de la mesa, porque *(tener,* yo*)* .... que decir que Susana me *(colocar)* .... en un lugar alejado, entre dos casi desconocidos, para que, según ella, no *(molestar,* yo*)* .... ; todo, repito, transcurría normalmente hasta que *(ocurrir)* .... el desgraciado accidente, porque yo *(jurar)* .... que *(ser)* .... un accidente–. ¿O no fue un accidente el que yo le *(tirar)* .... un trocito –bueno, un trocito un poco grande– de pan a Luis, sólo para *(darle)* .... una broma, y que el trocito de pan *(caer)* .... en su sopa y que la sopa *(saltar)* .... y le *(manchar)* .... su nuevo traje de pavo real? ...¿Que qué sucedió después? Ya se puede imaginar. Yo sólo diré que en aquel momento *(desear,* yo*)* .... que me *(tragar)* .... la tierra, y, en fin, que *(terminar,* yo*)* .... tirada encima de mi cama, llorando de rabia, mientras abajo *(continuar)* .... la fiesta como si no hubiera pasado nada.

TEMA VII

Condicionales

ESQUEMA GRAMATICAL

1 La partícula SI

1.1 Esquemas formales y valores temporales

SI + subjuntivo. Tipo:

Si + cantara/cantase → «presente» o «futuro», hipotéticos o poco probables.

El otro miembro: **cantaría**
cantaba
tal vez, acaso,... **cantaría/cantara**
ojalá, puede que,... **cantara**

• *Si* ***tuviera*** *dinero*
- ***haría*** *un viaje por Europa.*
- *me* ***compraba*** *ahora mismo ese coche.*
- *tal vez* ***haría/hiciera*** *un viaje...*
- *puede que* ***hiciera*** *un viaje...*

Si + hubiera/hubiese cantado → cualquier «pasado», hipotético o poco probable.

El otro miembro: **cantaría**, **cantaba** → «presente» o «futuro»

hubiera/hubiese cantado, **habría cantado**, **había cantado** → «pasado»

• *Si me* ***hubiera avisado*** *antes*
- ***iría*** *a la fiesta.*
- *pues* ***iba*** *a la fiesta.*
- ***hubiera ido*** *a la fiesta.*
- ***habría ido*** *a la fiesta.*
- *claro que* ***había ido*** *a la fiesta.*

Si + **cantara/cantase** → «pancrónico», «atemporal»

El otro miembro:

- **cantaría** / **cantaba** → «presente» o «futuro»
- **hubiera/hubiese cantado** / **habría cantado** / **había cantado** → «pasado»

- *Si me* ***quisieras*** ***vendrías*** *conmigo.* / *no* ***habrías hecho*** *aquello.*
- *Si* ***hubieras estado*** *allí, no lo* ***habría hecho****.*
- **Si estuvieras allí, no lo habría hecho.*

Ampliación del esquema «pasado» ↔ «pasado»

Este esquema se realiza con mucha frecuencia, en la lengua conversacional, como:

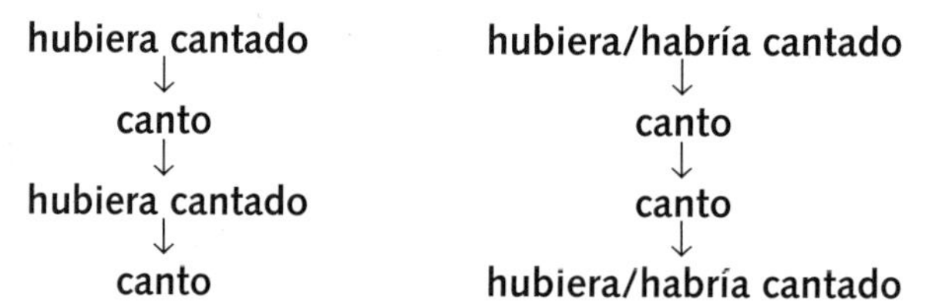

- *Si me* ***hubieras avisado****,* ***habría ido****.*
  ¡Vaya, hombre! Si tú me ***avisas****, yo* ***voy****.*
  Si me ***hubieras avisado****, claro que* ***voy****.*
  ¡Hombre! Si tú me ***avisas****,* ***habría ido****.*

SI + **indicativo. Tipo:** |———| ↑ |———|

Si +:

cualquiera de las formas de indicativo con sus correspondientes valores temporales:

«presente actual» → **canto** → si **está:**

- *Si* ***está*** *en casa se lo diré.*

«presente atemporal» → **canto** → si **tengo:**

- *Yo, si* ***tengo*** *dinero, me lo gasto.*

«pasado próximo» → **he cantado** → si **ha venido:**

- *Si* ***ha venido*** *dile que pase a verme.*

«pasado lejano» → **canté** → si **llegó:**

- *Si* ***llegó*** *ayer, ya se lo habrá dicho Ana.*

«pasado repetido» → **cantaba** → si **tenía:**

- *Pues mira. Yo, si* ***tenía*** *dinero me lo gastaba, y si no, me aguantaba.*

«copresente en el pasado» → **cantaba** → si **tenía:**

- *Le dije que, si no* ***tenía*** *dinero, yo se lo daba.*

«futuro en el pasado» → **cantaba** → si **volvía:**

- *Joaquín le dijo que, si* ***volvía*** *al día siguiente, podrían seguir hablando del tema.*

«pasado anterior» → **había cantado** → si **había estado:**

- *Lo que yo le dije es que no se preocupara si realmente **había estado** en clase.*

cualquiera de las formas de indicativo, **menos las de futuro:**

* si **cantaré** → si **canto.** De manera que:
  - *Si **está** en casa se lo digo.* [«presente»]
  - *Si **viene** mañana se lo digo.* [«futuro»]

* si **habré cantado** → si **he cantado.** Luego:
  - *Si **ha venido** ya dile que pase a verme.* [«pasado próximo»]
  - *Si antes de las doce no **ha venido** avísame.* [«futuro anterior»]

* si **cantaría** → si **cantara** [esquema de subjuntivo]

* si **habría cantado** → si **hubiera cantado** [esquema de subjuntivo]

El otro miembro es una **frase independiente.** Luego:

– Si afirma, niega o pregunta ⇒ **INDICATIVO:**

- *Si llama Ana* {
  - ***salimos** después de compras.*
  - ***saldremos** después de compras.*
  - *no **podemos** después salir...*
  - *no **podremos** después salir...*
  - *¿qué le **digo**?*
  - ***podríamos** ir de compras.*
  - *(...)*

– Si partícula → subjuntivo ⇒ **SUBJUNTIVO:**

- *Si llama Ana* {
  - *quizá **vayamos** al cine.*
  - *puede que **salgamos** un rato.*
  - *que te **diga** cuándo va a venir.*

– Si ordena, aconseja o ruega ⇒ **IMPERATIVO/SUBJUNTIVO**/forma **CANTO** con valor de ruego:

- *Si llama Ana* {
  - ***dile** que venga a vernos.*
  - ***no le digas** que estoy mal.*
  - ***le dices** que venga a vernos.*

Ampliación del esquema: si **canto** → «orden, consejo, ruego»

Se puede realizar: si **cantara** → «orden, consejo, ruego».

- *Si **llamara** Ana* {
  - ***dile** que venga a vernos.*
  - ***no le digas** que estoy mal.*
  - ***le dices** que venga a vernos.*

1.2 Uso de los esquemas de indicativo/subjuntivo

⇒ **INDICATIVO:**

- *Espera un momento que mire en el bolso a ver si tengo dinero, porque no sé si tendré suficiente. **Si tengo**, claro que te lo compro.*

Es decir: cuando el hablante **no sabe si sí o si no**; de suerte que: **si sí, sí; si no, no** ⇒ **INDICATIVO:**

- *Si **vienes**, voy.*
- *Si no **vienes**, no voy.*

⇒ **SUBJUNTIVO:**

- *¡Cuánto lo siento! Pero he salido de casa sin dinero.* ***Si tuviera****, claro que te lo compraba ahora mismo.*

Es decir: cuando el hablante **sabe que sí o que no, o cree que sí o que no** ⇒ **SUBJUNTIVO:**

- *Si* ***estuviera*** *aquí [pero no está], iríamos...*
- *Si* ***viniera*** *mañana [pero no creo que venga], iríamos...*
- *Si no* ***hubieras estado*** *allí [pero estuviste], no te habría pasado nada.*

2 Locuciones con SI

como si

Con valor condicional ⇒ **SUBJUNTIVO:**

- *Si yo estuviera contigo lo harías, ¿verdad? Pues hazlo como si estuviera ahí, contigo.*

Lógicamente, como en el caso de **si**, sólo las formas:

cantara → «presente», «futuro»

hubiera cantado → «pasado»

- *Hazlo como si* ***estuviera*** *contigo.*
- *Hazlo como si* ***fuera*** *a ir mañana a verte.*
- *Hazlo como si no* ***hubiera pasado*** *nada.*

En lugar de **como si** condicional, se pueden usar también:

igual que si, lo mismo que si, de igual (mismo) modo (forma, manera) que si:

- *Hazlo igual que si él* ***estuviera*** *contigo.*
- *Hazlo lo mismo que si no* ***hubiera pasado*** *nada.*

ni que ≈ «parece como si»:

- *¡Cómo habla! ¡Ni que* ***fuera*** *un político!*
- *— No me apetece salir.*
— ¡Ni que fueras monja, hija!

Además del condicional, **como si** tiene otros tres valores:

como si concesivo = «no importa, da igual, es lo mismo» ⇒ **INDICATIVO** ≈ **aunque** + *subjuntivo/forma de probabilidad* + **pero:**

- *— Mira que ése ha leído mucho.*
— Como si ***ha leído*** *una biblioteca entera. Es un bruto.*
- *— Aunque haya leído una biblioteca entera. Es un bruto.*
— Pues habrá leído mucho, pero es un bruto.

como si comparativo–condicional, en la correlación **tanto si ... como si,** ⇒ **INDICATIVO/SUBJUNTIVO** en las mismas condiciones que **si:**

- *Tanto si **vienes** mañana como si te **quedas**, esta tarde tienes que estudiar.*
- *Tanto si **viniera** como si se **quedara** tendría que estudiar.*

En lugar de esta correlación, se puede usar **lo mismo si ... que si/como si:**

- *Lo mismo si **vienes** que si te **quedas**, esta tarde tienes que estudiar.*

como si explicativo, aclarativo o ejemplificativo = «cosas tales como, cosas como las siguientes» ⇒ **INDICATIVO** (incluidas las formas de futuro, como corresponde a un **si** interrogativo indirecto):

- *Incluye cuestiones como si **has realizado** algún curso en el extranjero, si **has asistido** a algún congreso...*
- *Formúlale preguntas como si **estará** o no disponible las veinticuatro horas del día, si **podrá** hacerse cargo de la dirección...*

por si ⇒ **INDICATIVO/SUBJUNTIVO** en las mismas condiciones que **si:**

- *Llámalo por si **está** en casa ≈ por si **estuviera**.*
- *Llámalo por si **viene** mañana ≈ por si **viniera**.*
- *Tenlo preparado por si **ha llegado** ya ≈ por si **hubiera llegado** ya.*
- *Llévatelo por si **llegó** ayer ≈ por si **hubiera llegado...***

Para los valores de las formas **había cantado** y **cantaba** ⇒ **INDICATIVO:**

- *Me llevé los esquíes por si **había nevado**.*
- *Llevaba siempre la cámara por si se **presentaba** una buena ocasión.*
- *Se lo dije por si **sabía** algo.*
- *Se lo dije por si más tarde **quería** asistir.*

En lugar de **por si**, cuando la expectativa es negativa se puede usar: **no sea que** ⇒ **SUBJUNTIVO** (formas **cante** y **haya cantado**). Y **no fuera a** ⇒ **INFINITIVO/no fuera (a ser) que** ⇒ **SUBJUNTIVO** (formas **cantara** y **hubiera cantado**):

- *Llévate las cadenas por si **ha nevado**.*
- *Llévate las cadenas no sea que **haya nevado**.*
- *Me llevé las cadenas no fuera a **haber nevado**.*
- *Me las llevé no fuera que **hubiera nevado**.*

salvo si, excepto si, menos si, sólo si, no... más que si ⇒ **INDICATIVO/SUBJUNTIVO** en condiciones semejantes a las de **por si:**

- *No estoy, salvo si **llama** mi mujer ≈ **llamara.***
- *Salía todos los días, menos si **llovía**.*
- *Se lo compraba sólo si se **había portado** bien.*

y eso si = «no todo es posible conseguirlo, y lo poco y posible sólo si se cumple la condición» ⇒ **INDICATIVO/SUBJUNTIVO** en las condiciones de **por si:**

- *... y eso si tú **quieres** ≈ **quisieras***
- *... y eso si tu **querías**.*

3 Otras partículas y construcciones condicionales

Tipo: |———| ↱|———|

3.1 Con algún valor especial añadido

como ⇒ SUBJUNTIVO

Se usa, antepuesta o pospuesta, para «amenazar o advertir»:

- *Como **vaya**, te rompo la cara ≈ si **voy**, te...*
- *Como **haya sido** él, me va a oír ≈ si **ha sido**...*
- *Como te **estuvieras** quietecito no te pasaba eso ≈ si te **estuvieras** quietecito...*
- *Como no lo **hubieras hecho**, no estarías así ahora ≈ si no lo **hubieras hecho**...*

O bien para expresar deseo:

- *Como me **inviten** a la fiesta, voy ≈ si me **invitan**...*
- *Como me **hayan invitado**... ≈ si me **han invitado**...*
- *Como me **invitaran**... ≈ si me **invitaran**...*
- *Como me **hubieran invitado**... ≈ si me **hubieran invitado**...*

Para el valor de «amenaza o advertencia», más con la idea temporal de «inmediatez» y, por lo general, en contextos negativos, es decir, para «aconsejar no» es frecuente el uso de **en cuanto** y **en el (preciso) instante (momento) en que ⇒ SUBJUNTIVO:**

- *En cuanto **abras** la puerta va a entrar todo el mundo = como **abras** la puerta va a entrar todo el mundo ≈ si **abres** la puerta...*
- *En el preciso instante en que **cediéramos** a sus pretensiones estaríamos perdiendo autoridad.*

También para amenazar, es de uso muy frecuente en la lengua hablada una construcción con una «petición», una «orden»,... seguidas de **y:**

- ***Díselo y*** *te mato =* ***como se lo digas*** *te mato ≈* ***si se lo dices*** *te mato*[1].
- ***No vayas y*** *verás la que te doy.*
- ***Le dices algo y*** *te parto la cara.*
- ***Que se lo diga y*** *le doy una torta...*
- ***Que no venga y*** *se acuerda del día de hoy.*

Pero no sólo para amenazar:

- ***Ven y*** *te doy un beso ≈* ***si vienes*** *te doy un beso.*
- ***No salgas*** *esta noche y te prometo que... ≈* ***si no sales*** *esta noche...*
- ***Que me dé un beso y*** *lo perdono ≈* ***si me da*** *un beso...*

con tal (de) que, sólo con que, con que ⇒ SUBJUNTIVO

con, sólo con, con sólo ⇒ INFINITIVO

Todas estas partículas tienen de específico, frente a la neutra **si**, el hecho de expresar la «condición única»:

- *Yo te garantizo que, sólo con que* ***estudies*** *un poco más, aprobarás.*
- *Sólo con* ***leer*** *la lección ya se la sabe.*

a poco (más) que, a nada que ⇒ SUBJUNTIVO

Equivalen a **si** + *indicativo* + «un poco»:

- *A poco (más) que* ***estudies*** *aprobarás ≈ si estudias un poco (más)...*

a cambio de que ⇒ SUBJUNTIVO

Equivale a **si** + *indicativo* + «en cambio, por tu parte»:

- *Voy, a cambio de que tú* ***vengas*** *en Semana Santa a mi casa ≈ voy si tú, por tu parte, vienes...*

según que ⇒ SUBJUNTIVO

Recoge resumidas dos o más condiciones, o presenta alternativas que, por lo general, se amplían luego con la particula **si:**

- *Caben distintas soluciones, según que* ***quieras*** *manga larga o manga corta. Si te decides por la manga larga, entonces...*

3.2 Partículas temporales con valor condicional

cuando ⇒ INDICATIVO

Alterna con **si** para expresar «aceptación, sumisión»:

- *Cuando usted lo* ***dice****, será cierto ≈ si usted lo* ***dice****, será cierto.*

---

(1) Compárese con la frase inglesa:

- *Tell him that and you'll be asking for trouble. ≈ Díselo y te las buscas.*

O bien «confianza ante lo inusual» o «preocupación»:

- *<u>Cuando</u> no **ha llamado** es que no habrá podido ≈ si no ha llamado será porque no ha podido.*
- *<u>Cuando</u> no **ha llamado** ya es que algo le ha pasado ≈ si no ha llamado ya es que algo le ha pasado.*

siempre que ⇒ SUBJUNTIVO

Sustituye con frecuencia a **si** cuando se introduce una «condición olvidada». En este caso, lógicamente, **siempre que** encabeza el segundo miembro:

- *...pero, oye, un momento. Yo te dije que te la compraba, sí; pero <u>siempre que</u> **aprobaras** ≈ si **aprobabas.***

Antepuesta o pospuesta, es de uso frecuente para expresar la «condición que parece obvia»:

- *Todo el mundo puede decir lo que quiera, <u>siempre que</u> no **ofenda** a los demás, claro ≈ si no **ofende**...*
- *Siempre que no ofenda a los demás, todo el...*

Para los dos usos se puede emplear también **siempre y cuando:**

- *...<u>siempre y cuando</u> **aprobaras***
- *...<u>siempre y cuando</u> no **ofenda** a los demás*

mientras ⇒ SUBJUNTIVO

Expresa una «condición que dura», es decir, viene a equivaler a «**si** + durante ese tiempo»:

- *<u>Mientras</u> yo **tenga** dinero no te preocupes.*
- *Me dijo que, <u>mientras</u> **viviera** en su casa, tenía que ser así.*

cuanto antes ⇒ INDICATIVO/SUBJUNTIVO

Equivale a «**si** + pronto, enseguida, rápidamente». Es, en realidad, una partícula temporal con contenido condicional; por lo que se construye como una frase temporal:

«presente» y «pasado» ⇒ **INDICATIVO:**

- *¿Ves? <u>Cuanto antes</u> lo **haces**, antes puedes bajar a la calle ≈ si lo haces pronto...*
- *<u>Cuanto antes</u> lo **hacías**, antes bajabas a la calle ≈ si lo hacías rápidamente...*

«futuro» ⇒ **SUBJUNTIVO:**

- *Cuanto antes lo **hagas**, antes podrás bajar a la calle ≈ si lo haces enseguida...*

Igual comportamiento tienen **cuanto más, cuanto menos, cuanto mejor, cuanto peor:**

- *Cuanto más tarde os **acostéis**, será peor.*
- *Cuanto menos **hacen**, menos quieren hacer.*
- *Cuanto más **discutían**, menos se aclaraban.*

3.3 Otras formas conversacionales de expresar una condición

que condicional

Se usa en frases disyuntivas y se construye como **si:**

- *Que **viene**, vamos a ver la película; que no, nos quedamos en casa tan tranquilos.*
- *Que **ha venido**, bien; que no **ha llegado** todavía, no importa.*
- *Vete a ver. Que lo **dejó** allí, entonces te lo traes; que te **dicen** que no saben nada, pues en ese caso ya veremos.*

de + *infinitivo*

- *De **venir*** { *avísame = **si viene**, avísame.* / *me avisaría = **si viniera**, me avisaría.* }
- *De **haber venido*** { *estaría ya aquí.* / *hubiera llamado.* } = ***si hubiera venido**...*

yo que...

si yo fuera...
si yo hubiera sido... } = **yo que tú (ella, Antonio,...)**

- ***Yo que tú** no iría. ≈ Si yo fuera tú, no iría.*
- ***Yo que Pepe** lo hubiera hecho. ≈ Si yo hubiera sido Pepe...*

si yo estuviera en tu lugar
si yo hubiera estado en tu lugar } = **yo en tu lugar**

- ***Yo en tu lugar** me lo pensaría. ≈ Si yo estuviera en tu lugar me lo pensaría.*
- ***Yo en tu lugar** hubiera hecho lo mismo. ≈ Si yo hubiera estado en tu lugar hubiera hecho lo mismo.*

Los pronombres pueden cambiar y **lugar** convertirse en **caso**, **situación**,...:

- ***Tú, en mi situación,** habrías pasado miedo también.*
- ***Antonio, en nuestro caso,** sí se quedaría.*

3.4 **Locuciones con «que», equivalentes de locuciones con «si»**

salvo que, excepto que, a no ser que, a menos que ⇒ SUBJUNTIVO

Tienen un uso próximo al de **siempre que**. Es decir, son como un añadido para expresar una «restricción a lo que se acaba de decir». Equivalen a **si no:**

- *Oye, a las ocho estoy ahí, salvo que **surja** algún problema a última hora ≈ **si no surge**...*

Salvo que, excepto que y **menos que** (distinta de **a menos que**) tienen otros usos, además del condicional:

a) Ya las conocemos como sustitutos de **que** en las estructuras de V-1 + que + V-2.

b) Las tres, más **sólo que** = **pero** ⇒ **INDICATIVO**. **Salvo que** y **excepto que** son de uso más culto; **menos que** y **sólo que,** más coloquiales:

- *Te ha quedado muy bien, sólo que le **has pintado** la nariz un poco larga. ≈ Te ha quedado muy bien, pero le has pintado...*

y eso que, y eso (en el) caso de que ⇒ SUBJUNTIVO

Lo mismo que **y eso si** vienen a significar «no todo y lo poco o posible sólo si se cumple la condición»:

- *No vamos a poder tratar más que el primer punto del orden día, y eso en el caso de que **haya** quórum.*

Y eso que es más coloquial, y menos frecuente que la equivalente **y eso si:**

— *Le voy a llevar el coche a ver si al menos me cambia el aceite.*

—*Y eso que **quiera**, que es sábado. ≈ Y eso si **quiere...***

tanto que ... como que, lo mismo que ... como que ⇒ SUBJUNTIVO

- *Tanto que **vengas** como que te **quedes** se lo dices.*
- *Lo mismo que **esté** como que no **esté** es igual.*

3.5 **Locuciones de uso preferentemente culto**

en (el) caso de que, en el supuesto de que, a condición de que, con la condición de que,... ⇒ SUBJUNTIVO

- *Entraremos en el fondo del asunto en el caso de que todos **estemos** de acuerdo en el procedimiento.*
- *Se lo di con la condición de que se **quedara**.*
- *En el supuesto de que no **venga** llamas a Pedro por teléfono y le pides su dirección.*
- *Se lo prestas a condición de que no lo **ensucie**.*

EXPLICACIÓN Y AMPLIACIÓN GRAMATICAL

Las estructuras condicionales son uno de los tipos de frases con «mala prensa» entre los hablantes extranjeros de español. Y efectivamente, se trata –tal como se puede apreciar por la propia extensión del ESQUEMA– de un tema complejo; pero complejo no quiere decir difícil, y sinceramente no creemos que lo sea. ¡Veamos!

1 La partícula SI

1.1 Esquemas formales y valores temporales

Si es la partícula condicional de uso universal; pero, por lo mismo, la más neutra también. Su uso ofrece dos tipos de problemas distintos. Por un lado, uno meramente «técnico»: conocer los esquemas formales que permiten formular frases condicionales gramaticalmente correctas. En este sentido, tendremos que analizar:

– ***Si*** *+ subjuntivo*
– ***Si*** *+ indicativo*

Pero una vez dominado el aspecto técnico o puramente mecánico, el hablante extranjero tendrá que saber cuándo, en la realidad del uso del idioma, debe emplear los esquemas de subjuntivo y cuándo los de indicativo.

Si + subjuntivo. Tipo: |——————|——————|

Los dos miembros de una frase condicional de **si + subjuntivo** forman un bloque único, con unos esquemas muy rígidos, a los que el hablante se tiene que atener si quiere expresarse correctamente. Pero, por esa misma rigidez, una vez conocidos, su uso no debe ofrecer ningún problema.

Como se deduce del ESQUEMA, detrás de **si** sólo pueden ir dos formas:

si **cantara**
si **hubiera cantado**

Luego son imposibles expresiones como:

*si **tenga,** *si **salga,** *si **quiera, ...**
*si **haya tenido,** *si **haya salido,** *si haya **querido,...**

Las dos únicas formas que pueden usarse cubren toda la línea del tiempo y sus valores son, pues, ligeramente distintos a los valores generales de las formas del subjuntivo:

cantara sirve, indistintamente, para el «presente» y para el «futuro». De manera que decimos:

- *Si estuviera ella aquí* ***ahora****...*
- *Si viniera* ***el próximo martes****...*

hubiera cantado cubre todos los pasados, desde el más próximo al más lejano, pasando por el anterior:

- *Si hubieras llegado hace* ***unos segundos****...*
- *Si hubieras hablado con ella* ***ayer****...*
- *Si* ***aquel día*** *lo hubieras tenido ya...*

El otro miembro de la frase condicional –el que no lleva **si**– sólo puede ser una de las formas señaladas en el ESQUEMA.

> Esquema **si -ra ... -ría:**
> - *Si* ***tuviera*** *tiempo luego* ***pasaría*** *a verte.*
>
> Es el más universal y también el más neutro.

EJERCICIO VII.1

Una persona hace, o no hace, algunas cosas. Hágale usted ver qué sucedería en caso contrario. Así:

estudiar (tú) más/aprobar (tú)

Si estudiaras más aprobarías.

1. hacer gimnasia todos los días/sentirte mejor
   ....
2. no dormir tanto/tener más tiempo para otras muchas cosas
   ....
3. ser más amable siempre/no pasarte esas cosas raras
   ....
4. no fumar tanto/no toser
   ....
5. no hablar tanto en clase/enterarte mejor de lo que dice el profesor
   ....

> Esquema **si -ra ... -aba (-ía):**
> - *Si* ***tuviera*** *dinero me lo* ***compraba****.*

Este esquema es considerado en algunas gramáticas como incorrecto; pero no es tal cosa: sencillamente es distinto del anterior. El esquema **si –ra ... –ría** es completamente neutro; de manera que si Peter, por ejemplo, no ve en los automóviles más que un instrumento de trabajo, podría decir una frase como ésta:

- *Si* ***tuviera*** *dinero* ***cambiaría*** *de coche.*

Pero si Peter es un apasionado del motor, ante la contemplación de un flamante Maserati, no diría nunca:

- *Si* ***tuviera*** *dinero me lo* ***compraría****.*

Esa frase sería totalmente inapropiada para la ocasión. Si Peter habla buen español, dirá algo así:

- *¡Jo, qué maravilla! Si* ***tuviera*** *dinero me lo* ***compraba*** *ahora mismo.*

Esta variante es poco o nada usada por el hablante extranjero, cuya expresión, insistimos, es a veces excesivamente fría y académica. Pero usted debe incorporarla a su uso activo del español, si quiere que se parezca cada vez más al hablado realmente por los nativos. **Si –ra ... –ría** simplemente expresa una condición; con **si –ra ... –aba** usted da a entender que está especialmente interesado en lo que dice; con frecuencia implica deseo, amenaza, queja, certeza...

EJERCICIO VII.2

Exprese su certeza, o sus deseos, amenazas u otros sentimientos. Hágalo así:

poder (yo)/claro que ir (yo)

Si pudiera claro que iba.

1. no tener tanto que hacer/salir esta noche
   ....
2. ser mío/dejártelo
   ....
3. no ser (ello) porque.../ahora mismo darte una torta
   ....
4. quererme (tú) de verdad/seguro que sacar tiempo de donde fuera
   ....
5. venir (tú), bobo/seguro que pasártelo en grande
   ....
6. es precioso. no ser (tú) tan desastroso/comprártelo
   ....
7. por mí ser/quedarte en casa ¡pero vamos!
   ....
8. estar aquí/irse a enterar
   ....
9. poder (él)/venir (él) a vernos más a menudo
   ....

Esquema **si –ra ...** tal vez, quizá(s), acaso, posiblemente, probablemente... **–ría, –ra:**

- *Si **llamara,** tal vez le **perdonaría/perdonara.***
- *Si me **dejaran** posiblemente **iría/fuera**.*

No admite la forma –**aba (–ía)** y sí la posibilidad de la forma en –**ra**, aunque es más usual –**ría.** No es, en todo caso, un esquema de uso muy frecuente, ya que el simple **si –ra ... ría** tiene igual o parecido valor.

Tal vez, *quizá(s)*, etc., serían meros intensificadores, pero ese efecto se puede conseguir igualmente con **si –ra... –ría** y la entonación y gestos expresivos adecuados.

La expresión *puede que* exige la forma en **-ra.**

EJERCICIO VII.3

Exprésese con inseguridad o duda. Así:

invitarme/posiblemente ir.

Si me invitaran, posiblemente iría.

O así:

Si me invitaran, puede que fuera.

1. estudiar más/seguramente no tener que lamentarte ahora

   ....

2. llamarlo/posiblemente cogerlo todavía en la oficina

   ....

3. ser más comprensivo/puede que no pasarle esas cosas

   ....

4. costarle más ganarlo/puede que no gastar tanto

   ....

Esquema **si HUBIERA CANTADO ... –ría:**

- *Si **hubieras estudiado** más **aprobarías**.*

Es el equivalente a **si –ra... –ría**, es decir, el de uso más universal y más neutro, para indicar «pasado»/«presente» o «futuro».

EJERCICIO VII.4

Si las cosas hubieran sido de otra manera, ahora... Laméntese usted así:

sacar buenas notas/ir este verano a Grecia

Si hubiera sacado buenas notas, iría este verano a Grecia.

1. hacer todos los días los ejercicios/ahora hablar perfectamente español

   ....

2. dejarte aquel día/ahora no estar sufriendo tanto

   ....

3. no fumar tanto/no encontrarte en el estado en el que te encuentras

   ....

4. traer los discos/poder escuchar un poco de música

   ....

5. comprarte las zapatillas/andar mejor por la playa

   ....

6. hacer más ejercicio de joven/no estar tan achacoso

   ....

Esquema **si HUBIERA CANTADO ... –aba (–ía):**

- *¡Qué pena! Si me **hubierais avisado** antes, claro que **iba**.*

Le es aplicable lo dicho para el esquema **si –ra... –aba.**

EJERCICIO VII.5

Laméntese ahora poniendo más corazón. Así:

llamarle la atención a tiempo/ahora no andar por ahí diciendo esas tonterías

Si le hubieras llamado la atención a tiempo, ahora no andaba por ahí diciendo esas tonterías.

1. pasar (tú) el día que he pasado yo/seguro que no tener (tú) ganas de fiesta

   ....

2. no pasar lo que pasó/claro que ir a verla

   ....

3. hacerme caso (tú)/no haber ningún problema

   ....

4. tú no irte de la lengua/yo quedarme en casa tan tranquila

   ....

5. tú no sacar la lengua a paseo/no pasar nada

   ....

6. dormir (tú) como yo/ahora estar como unas castañuelas

   ....

Esquema **si HUBIERA CANTADO... HUBIERA/HABRíA CANTADO:**

- *Si lo* ***hubiera sabido*** { ***hubiera ido.*** / ***habría ido.*** }

Es el equivalente a **si -ra ... -ría**, es decir, el de uso más general y neutro, para indicar «pasado»/«pasado». Entre las formas **hubiera cantado** y **habría cantado** del segundo miembro no hay diferencia alguna.

EJERCICIO VII.6

Las cosas pudieron ser de otra manera, pero fueron como fueron. Exprésese usted así:

sacar buenas notas/ir de vacaciones a Perú

Si hubiera sacado buenas notas, habría ido (o: hubiera ido) de vacaciones a Perú.

1. saber que estabas aquí/venir antes

   ....

2. avisar (tú)/ir (nosotros) a la estación a esperarte

   ....

3. hablar claramente con Pepita/no suceder lo que sucedió

   ....

4. decírselo (tú) a tiempo/no haber tantos problemas

   ....

5. pedírmelo (tú)/dártelo

   ....

6. no ser por ti/no sé qué ser de mí

   ....

Esquema **si HUBIERA CANTADO... HABíA CANTADO:**

- *Si lo **hubiera sabido**, claro que **había ido**.*

Le es aplicable lo dicho para el esquema **si –ra ... –aba.**

EJERCICIO VII.7

Las cosas pudieron ser de otra manera y usted está convencido de ello. Expréselo así:

atarlo más corto/seguro que no hacer tantas bobadas

Si lo hubieras atado más corto, seguro que no había hecho tantas bobadas.

1. saberlo (yo)/ir
   ....
2. darte a conocer/seguro que recordarte
   ....
3. me da rabia, porque ir (tú)/seguro que pasártelo bien
   ....
4. yo estar allí/no pasar eso
   ....
5. quedarte (tú) en casa como yo te dije/no quitártelos (ellos), tonto, que eres un tonto
   ....
6. yo estar en la reunión/a mí no hacerme eso, desde luego
   ....

Esquema **CANTARA** «pancrónico», «atemporal»

- *Si me **quisieras*** { ***vendrías** conmigo.* / *no **habrías hecho** aquello.* }

Fíjese: **cantara**, además de referirse al «presente actual» o al «futuro», nos sirve también para hablar de lo «pancrónico o atemporal», es decir, puede tener un valor temporal universal, equivalente al de la forma **canto** en:

- *Joaquín **escribe** muy bien.*

Frente a:

- *Joaquín **está** ahora con su jefe.*

Pues bien, cuando usamos **cantara** con este valor, el otro miembro de la frase condicional puede referirse al «presente» o al «futuro»; y si es así, el esquema coincide con **si –ra ... –ría** que ya conocemos. De manera que Ana podría quejarse a Joaquín de las dos formas que siguen, idénticas en su estructura gramatical, pero referida al presente actual la primera y pancrónica la segunda:

- *Si **estuvieras** aquí todo **sería** más fácil.*
- *Si me **quisieras** de verdad todo **sería** más fácil.*

Pero el segundo miembro puede situarse en un tiempo pasado (forma **hubiera/habría cantado**), lo que sólo es posible, lógicamente, con un **cantara** pancrónico ya que «la condición no puede ser posterior al hecho condicionado». Por eso, Ana puede quejarse a Joaquín de algo que le hizo, y decir:

- *Si me **quisieras**, todo **habría sido** más fácil.*

Pero sería imposible que Ana, como hablante nativa que es, dijera:

- **Si estuvieras allí, todo habría sido más fácil.*

porque, para quejarse de esa acción concreta pasada, diría necesariamente:

- *Si **hubieras estado** allí todo **habría sido** más fácil.*

EJERCICIO VII.8

Justifique lo que dice o hace basándose en un hecho pasado. Hágalo así:

no ser (tú) tan malo/comprártelo

Si no fueras tan malo te lo habría comprado.

1. no pasar nada, como tú dices/venir a verme
   ....
2. no ser (tú) tan tonto como eres/no pasarte lo que te pasó
   ....
3. hacerme (tú) caso/no sucederte muchas de las cosas que te han pasado
   ....
4. tener (él) más educación/callarse (él)
   ....
5. ser (ella) más decidida/hace tiempo que terminar todo
   ....
6. realmente estar (tú) loco por mí/ya comprarme el abrigo
   ....
7. querer (yo) hablar con ella/ya llamarla
   ....
8. no necesitar (tú) nada/no llamarme
   ....

Ampliación del esquema de «pasado» ↔ «pasado»

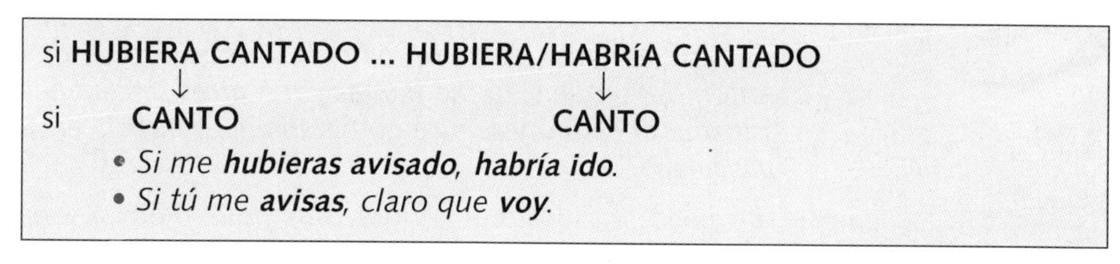

si **HUBIERA CANTADO ... HUBIERA/HABRíA CANTADO**

↓ ↓

si **CANTO** **CANTO**

- *Si me **hubieras avisado**, **habría ido**.*
- *Si tú me **avisas**, claro que **voy**.*

En la lengua conversacional el esquema de «pasado» ↔ «pasado» se convierte, con mucha frecuencia, en:

si CANTO ... CANTO

con las distintas posibilidades combinatorias que hemos señalado en el ESQUEMA.

Este uso de la forma **CANTO** en lugar de **HUBIERA CANTADO/HABRíA CANTADO** suele resultar muy extraño –por lo insólito– al hablante extranjero. Por ello –siempre con la intención de acercarnos al español que realmente se habla y se escribe–, hay que habituarse a él e incorporarlo al uso activo del idioma. Además, lógicamente, de saberlo interpretar, es decir, de tener un conocimiento pasivo del tema.

Esta sustitución es propia de la lengua hablada, sobre todo cuando hablamos con frases cortas y rápidas. Aunque hay que dejar claro que el uso del esquema básico –**si HUBIERA CANTADO ... HUBIERA/HABRíA CANTADO**– siempre es posible y es el adecuado para el español estándar, tanto hablado como escrito.

Nuestra amiga Ana, además de su diario, ha empezado también a escribir pequeños relatos. Aquí tenemos un fragmento de uno de ellos; léalo usted con atención, y note cómo en él el narrador, que representa un tipo de lengua culta –como corresponde a una escritora–, se expresa de una determinada manera, mientras que los personajes, al dialogar, representan lógicamente otro: el conversacional o hablado.

Fíjese, sobre todo en los elementos del siguiente relato que nos hemos permitido destacar con letras negritas.

TIPOS POPULARES

Pedro y Antonio, aunque amigos, están continuamente discutiendo; son dos grandes polemistas. Son conocidos por ello en la ciudad, de la que constituyen parte tan importante como sus calles, sus monumentos... ***Si se hubieran dedicado*** *a la política, sin duda su fama les* ***habría llevado*** *al Parlamento. Pero sus discusiones, por un acuerdo tomado hace tiempo, versan necesariamente sobre cuestiones sin importancia.* ***Si no hubieran llegado*** *a este pacto, posiblemente hace tiempo también que se* ***hubiera roto*** *tan entrañable amistad y,* ***si tal cosa hubiera sucedido****, nuestra ciudad* ***habría perdido*** *algo de su propia esencia.*

— ¿Que viniste ayer sin mí al casino?

— Claro, si te ***llegas*** *a enterar me* ***matas****.*

— Si yo me ***entero*** *ayer, no te* ***mato****, te* ***ahorco****. Eso desde luego no estuvo bien, Antonio. Porque si tú me* ***llamas*** *y me* ***dices*** *sinceramente: «Oye, Pedro, voy a ir solo al casino y seguro que mañana es noticia en el periódico», pues no* ***pasa*** *nada.*

— ¿Es que no has visto el periódico de hoy? ¡Pero si somos noticia de primera página!

Si un forastero ***hubiera presenciado*** *esta escena, tan habitual,* ***habría pensado*** *que se trataba de dos chiflados...*

Antonio y Pedro apuraron su café y salieron en dirección a la plaza. Es posible que convencidos de que realmente eran noticia de primera página en el periódico local del día.

EJERCICIO VII.9

Ya sabemos que las cosas pudieron ser de otra manera, pero fueron como fueron. Expréselo usted ahora así:

saberlo/no venir

Si lo sé, no vengo.

1. decirme (tú) que la película era mala/yo quedarme en casa y ahorrarme el dinero

   ....

2. yo estar allí/no pasar eso

   ....

3. estar (yo) dos metros más adelante/matarme

   ....

4. llegar a intervenir la policía/armarse(1)

   ....

5. llegar a abrir la boca/pegarle un tortazo...

   ....

SI + indicativo. Tipo: |———| ↑ |———|

Frente a los esquemas rígidos de **si + subjuntivo**, en el caso de **si + indicativo** no hay que aprender nada, o al menos nada nuevo, ya que los dos miembros de la frase son dos oraciones independientes y se comportan, pues, de acuerdo con lo señalado para las frases simples en el Tema II. Así:

El miembro de la estructura que lleva **si** puede construirse:

> con cualquiera de las formas de indicativo, con los valores propios y generales de cada forma.

De manera que, Elvira puede comunicarnos algo tan elemental como esto:

- *La niña **está durmiendo**.*

Pues bien, si Elvira necesita incluir esa frase tan sencilla en una estructura condicional –por ejemplo, para hacer una advertencia a su marido–, esa frase no sufrirá modificación alguna:

- ***Si la niña está durmiendo,** déjala; no la despiertes.*

La misma señora, Elvira, recordando su niñez, puede decir:

- *Muchos fines de semana **iba** a ver a los abuelos y siempre me **daban** algo.*

Ha dicho **iba** y **daban** porque se trata de «pasados repetidos», ¿verdad? Pues bien, si eso mismo lo expresa con una frase condicional, las formas verbales no cambiarán:

- *Los fines de semana, **si iba** a ver a los abuelos, siempre me **daban** algo.*

---

(1) La perífrasis **llegar a + infinitivo** es de uso frecuentísimo en este tipo de estructura:

- ***Si llego a estar** yo allí le **pego** una torta que... ≈ **Si hubiera estado** yo allí le **había pegado** una torta que...*

Otras formas verbales con sus ejemplos pueden verse en el ESQUEMA.

Cualquier forma de indicativo, **menos las formas de futuro,** que se sustituyen de acuerdo con lo señalado en el ESQUEMA.

El otro miembro de la estructura condicional, es decir, el que no lleva **si**, es una frase independiente, y por lo tanto, se construirá conforme a lo señalado en el Tema II. Véase, para los detalles, el ESQUEMA.

EJERCICIO VII.10

Advierta a otra persona que estas cosas pueden suceder. Así:

comer mucho/engordar

Si comes mucho, engordarás.

1. ver demasiado la televisión/no tener tiempo para leer
 ....
2. llegar temprano/poder hablar con ella
 ....
3. proponértelo/llegar a ser alguien importante
 ....

EJERCICIO VII.11

Someta a una condición sus mandatos, sus ruegos,... Así:

sonar el teléfono/(no) contestar tú

Si suena el teléfono, contesta tú.
Si suena el teléfono, no contestes.

1. salir (tú) esta noche/avisarme, por favor
 ....
2. verlo (tú)/darle un beso de mi parte
 ....
3. venir mañana/no salir con él
 ....
4. rebajarse a pedirte perdón/no ser dura con él
 ....

EJERCICIO VII.12

Cuando Joaquín era niño sucedían cosas, pero sucedían si...

tener mi padre vacaciones/ir todos a la playa

Si tenía mi padre vacaciones, íbamos todos a la playa.

1. venir los abuelos a casa/mis padres aprovechar para ir al cine
 ....
2. tardar un poco en regresar del colegio/mi madre ponerse nerviosa
 ....
3. venir mis primas a casa/pasarlo bomba jugando
 ....
4. venir mis primas/mi madre echarse a temblar
 ....

EJERCICIO VII.13

¿Qué le dijo Ana a Joaquín?

tener mucho cuidado con la carretera/venir

Que tuviera mucho cuidado con la carretera, si venía.

1. volver temprano/querer verla
 ....
2. sentarse en sus rodillas/estar cansado
 ....
3. pedirle a Juan más folios/no tener suficiente
 ....

EJERCICIO VII.14

¿Y qué le comunicó?

venir su madre/ir al cinc

Que, si venía su madre, irían al cine.

1. necesitar ayuda/ella misma echarle una mano
 ....
2. volver tarde/encontrarse la puerta cerrada
 ....

EJERCICIO VII.15

Aconseje usted a Ana. Hágalo así:

cansarte de él/decírselo

Si te has cansado de él, díselo.

1. pedirte perdón/olvidar ya lo que pasó
 ....
2. esta mañana llamarte él/llamarlo tú ahora
 ....
3. ya superar (vosotros) vuestros problemas/alegrarte
 ....

EJERCICIO VII.16

Y ahora consuele a Joaquín. Así:

no decirte nada/no saberlo

Si no te dijo nada es que no lo sabía.

1. salir (Ana) ayer a la calle/ya estar mejor, hombre
 ....
2. llamar ayer como dices/estar en Salamanca
 ....

Ampliación del esquema: si canto → «orden, consejo,...»

Este esquema puede convertirse en **si cantara** → «orden, consejo,...» Y puede que haya oído o leído usted que son distintos. Que haya oído que en una frase como:

*Si **viene**, díselo.*

el hablante no presupone nada, es decir, las posibilidades de que alguien venga o no venga se reparten, digamos, al cincuenta por ciento.

En cambio, en la frase:

- *Si **viniera**, díselo.*

el hablante pensaría o supondría que no va a venir, que hay pocas –o menos– posibilidades de que venga.

Pero esta diferencia «teórica» desaparece con mucha frecuencia en el uso real del idioma, donde tanto **si canto** como **si cantara** –acompañados o no de otros elementos– cubren los dos los dos valores:

- ***Si viene**, que no lo creo, vamos es casi imposible que venga, pero bueno, **si viene**, le dices que vuelvo enseguida.*
- ***Si acaso viene**, que es muy difícil, le dices que...*
- ***Si viniera** –oye, que a lo mejor al final se lo piensa mejor y viene–, así que **si viniera** le dices que...*

La diferencia, pues, es más bien simplemente formal, por lo que el hablante extranjero puede utilizar o no la variante **si cantara**. Pero, en caso de utilizarla, no deberá confundir este esquema «híbrido» con el esquema básico del subjuntivo **si –ra ... –ría:**

- *Si se quitara las gafas no vería nada.*

1.2 Uso de los esquemas de indicativo/subjuntivo

En el apartado 1.1 hemos estudiado los distintos esquemas para la expresión de la condición. Ahora debemos dar un paso más y ver cuándo, en la realidad del uso del idioma, debemos utilizar unos u otros. Para ello, aunque haremos también alguna indicación teórica, nos detendremos ante todo en la contextualización de los dos ejemplos incluidos en el ESQUEMA, porque la experiencia nos indica que es más efectivo que la propia teoría.

⇒ INDICATIVO

Supongamos que Susana está en España haciendo un curso de español; vive con una familia española y casi todos los días sale a dar un paseo con una niña, que es muy simpática y a Susana le viene muy bien para practicar. Pues bien, en uno de estos paseos la niña ve unos patines en un escaparate y le insinúa a Susana que se los compre. Susana quiere regalárselos, mira de reojo el precio y, mientras empieza a abrir el bolso, comenta:

- *A ver, un momento, que miro a ver si tengo suficiente. **Si tengo**, claro que te los compro.*

Si tengo... ¿Por qué ha dicho Susana **si tengo**? Porque **no sabe** si tiene o no tiene: si se cumple la condición, es decir, **si tiene**, se los comprará; si no se cumple la condición, **si no tiene**, no se los podrá comprar.

⇒ SUBJUNTIVO

Supongamos de nuevo toda la situación anterior, pero con una pequeña variación: durante el paseo Susana ha entrado en una librería; cuando ya le tenían envuelto un libro, ha abierto el bolso para pagarlo y se ha puesto roja como un tomate, porque ha dejado olvidado en casa el billetero. Susana se explica, el librero le dice que no se preocupe, que se lo lleve y otro día se lo pagará, y salen con el libro. Media hora más tarde, ante el escaparate de una juguetería tiene lugar lo de los patines, pero ahora Susana **sabe** que no tiene dinero y que, por lo tanto, no puede comprárselos. Ahora diría:

- *Lo siento, mi niña; no sabes cuánto lo siento. Pero es que no tengo dinero.* ***Si tuviera****, claro que te los compraba*[1].

¿Se ha dado cuenta? Esperamos que a estas alturas usted se haya olvidado ya «de la duda y la no duda, lo cierto y lo no cierto» y otras cosas parecidas para el uso del indicativo/subjuntivo. Pero, en cualquier caso, note que, en cierto modo, en la expresión de la condición sucede lo contrario de lo se suele afirmar en las gramáticas:

cuando el hablante **no sabe** si sí o si no; de manera que: **si sí, sí / si no, no:** ⇒ **INDICATIVO**

- ***Si viene****, vamos al cine.*
- ***Si no viene****, pues no vamos.*
- ***Si venía****, íbamos al cine.*
- ***Si no venía****, nos quedábamos en casa.*
- ***Si ha venido****, ya estará en casa.*
- ***Si no ha venido****, estará al llegar.*
- ***Si*** *lo* ***viste*** *ayer, se lo tenías que haber dicho.*
- ***Si no*** *lo* ***viste****, no podías decírselo, claro.*
- ***Si había estado*** *allí, te lo debería haber dicho.*
- ***Si no había estado****, no tenía por qué preocuparse.*

En cambio,

cuando el hablante **sabe** que sí o que no, o al menos **cree** que sí o que no ⇒ **SUBJUNTIVO**

- ***Si estuviera*** *aquí [pero sé que no está], sería el hombre más feliz del mundo.*
- ***Si viniera*** *mañana [pero yo sé que no vendrá], me haría la mujer más feliz del mundo.*
- ***Si lo tuviera*** *aquí [pero creo que no lo tengo], te lo llevabas ahora mismo.*
- ***Si viniera*** *mañana [pero me parece poco probable que venga], iríamos a verte.*
- ***Si hubieras venido*** *[pero no viniste], podríamos haber hecho mil cosas.*
- ***Si no hubieras estado*** *allí [pero estabas], no te habría pasado nada.*

(1) Nótese el uso de la forma **compraba** en el lugar de **compraría**. Esta última sería totalmente inapropiada para la ocasión.

EJERCICIO VII.17

Conteste con la frase adecuada, debidamente transformada.

(1) claro, si no ir (yo) te lo decir
(2) ya lo sé, pero si los tener (tú), ¿me los dar?
(3) es muy caro. Si ser más barato
(4) si me querer (tú) no te irías
(5) no sé, pero si venir (él) yo no lo vi

1. — No tengo ninguno.
   — ....
2. — ¿Vino ayer?
   — ....
3. — Te quiero.
   — ....
4. — ¿Seguro que has ido?
   — ....
5. — Cómpramelo.
   — ....

2 Locuciones con SI

como si

Véase el ESQUEMA, donde esta partícula y sus equivalentes quedaron suficientemente explicadas. Aquí sólo ampliaremos la información sobre **ni que**.

Generalmente en frases exclamativas, **ni que** es de uso muy frecuente tanto para rechazar como para ponderar, –puede, pues, tener sentido positivo o negativo– lo que acaba de decir otra persona, o bien lo dicho por el propio hablante. Frente al carácter meramente informativo de **como si**, **ni que** tiene valor intensificador:

- *Habla **como si fuera** un político.*
- *¡Cómo habla, **ni que fuera** un político!*
- *Parece **como si hubieran hecho** la falda para ti.*
- *Te queda de maravilla. ¡**Ni que** la **hubieran hecho** para ti!*

EJERCICIO VII.18

Complete con como si **o** ni que. **Cuando use** ni que**, escriba también los signos de admiración: ¡!.**

1. El perro corría .... tuviera una pata rota.
2. Lo llamé .... no hubiera oído nada por la radio.
3. No me quiso ni mirar .... fuera el rey. ¡Qué se habrá creído el tío!
4. Tiene una voz muy ronca y tose mucho. Parece .... fumara. ¡A ver si es que ya fuma!
5. Cada día estás más tonto, hijo. .... te hubieras echado novia.
6. Va por la calle .... se fuera a comer el mundo.
7. .... tuviera sarna. Acércate.
8. Pues a mí no me gusta; va a todas partes con su mamá .... fuera un perrito faldero.

por si

Se puede construir con *indicativo* o *subjuntivo* en las mismas condiciones que **si**. Pero para algunos valores sólo son posibles las formas del *indicativo*, por lo que, para evitar problemas, el hablante extranjero puede reducir su uso al *indicativo*.

Para otras partículas equivalentes a **por sí**, véase el ESQUEMA.

EJERCICIO VII.19

Complete.

1. No hagas ruido, no sea que *(estar,* ellos*)* .... ya dormidos.
2. No hagas ruido, por si *(estar* ellos*)* .... ya dormidos.
3. No quise decirles nada, no fueran a *(pensar)* .... que *(querer,* yo*)* .... que *(decirme,* ellos*)* .... algo de lo tratado en la reunión.
4. Me quedé un rato más allí, no fuera a ser que *(volver,* ellos*)* .... y *(armarla)* ....
5. Me quedé un rato más allí, por si *(volver,* ellos*)* .... con ganas de pelea.
6. No creo que *(quedar)* .... ya ninguno, pero por si acaso *(ir,* yo*)* .... a mirar otra vez.
7. Por si no *(saberlo,* tú*)* ...., te diré que *(quererme,* ella*)* .... a mí y sólo a mí.
8. Lo teníamos siempre todo preparado por si *(presentarse)* .... una inspección.

3 Otras partículas y construcciones condicionales

Conocemos ya la partícula **SI**, la conjunción condicional de uso universal, pero por eso mismo la de valor más neutro. Ahora bien, hay otras muchas partículas y otras formas de expresar la condición; por lo general con valores más específicos, y de uso muy frecuente. En un nivel de perfeccionamiento, el hablante extranjero no debe limitarse al uso de SI: si quiere que su español se aproxime cada vez más al de los hablantes nativos, tendrá que conocer, primero, e incorporar luego a su uso activo del idioma, estas otras formas de expresar la condición.

Estas partículas y construcciones han quedado recogidas, con bastante detalle, en el ESQUEMA; por lo que, de un modo general, remitimos al mismo. Aquí, antes de los ejercicios específicos, haremos algún comentario sólo cuando lo consideremos necesario.

Por otra parte, téngase en cuenta que, desde un punto de vista sintáctico, estas estructuras no deben suponer problema alguno, ya que pertenecen al tipo:

Es decir, el uso de indicativo o subjuntivo depende de la partícula, y por lo tanto estamos ante eso tan fácil de: «si decimos tal partícula detrás vendrá necesariamente...»

3.1 **Con algún valor especial añadido**

como ⇒ SUBJUNTIVO

Recordemos que antepuesta y construida con **indicativo** equivale a «puesto que».

Puede construirse con las cuatro formas de subjuntivo, con los valores propios de éstas tal como se aprecia en los ejemplos del ESQUEMA, donde hemos señalado también las equivalencias con **si**, así como otras construcciones equivalentes o próximas a **como**.

Tiene de especial, frente a **si**, el ser una partícula específica para significar:

«Amenaza o advertencia»

De manera que imaginemos esta situación: una señora está sentada en el salón de su casa viendo, muy interesada, un episodio de una famosa serie de televisión; en el extremo del salón, su hijo, de cuatro años, está jugando y hace bastante ruido. La madre podría decirle, en primera instancia, algo como:

- *No hagas ruido, hijo, que no me dejas oír.*

Si el niño no oye o parece no oír, su madre elevará el tono de voz:

- *Te he dicho que no hagas ruido.*

Si el niño continúa molestando, es muy posible que la madre pase a la amenaza:

- ***Como vaya**, te voy a...*

Como vaya..., esta frase, por su significado, es equivalente a **si voy**; pero esa madre española, en la situación que hemos creado, difícilmente usaría esta última, porque:

para amenazar usamos **COMO ⇒ SUBJUNTIVO**

«Deseo»

Supongamos ahora esta situación: Carolina está estudiando español en Madrid y hay una fiesta en la embajada de su país. Su compatriota Cristina le pregunta si va a ir; Carolina, que no tiene ningún interés especial en esa fiesta y ni siquiera sabía que se iba a celebrar, podría responder:

- *¡Ah! No sabía que hubiera una fiesta. Pero bueno, **si la hay y me invitan** a lo mejor voy.*

Si me invitan... frase neutra: «si sí, sí; si no, no». Pero supongamos, por un momento, que Carolina «conoce» al segundo secretario de la embajada, un joven de 26 años, alto, guapo y con una brillante carrera diplomática por delante. Salvo que quisiera engañarnos, Carolina no diría nunca la frase anterior, sino más bien esta otra:

- *¿Que hay una fiesta en la embajada? ¿Cuándo? ¿Que se necesita invitación? **Como me inviten**, voy.*

Como me inviten... No se trata, evidentemente de: «si sí, si; si no, no». Sino de: «si me invitan, y ojalá me inviten, voy».

condición con deseo → **COMO ⇒ SUBJUNTIVO**

EJERCICIO VII.20

Advierta a su compañero/a del peligro que corre. Así:

volver (tú) a hacer eso/te pego una torta
Como vuelvas a hacer eso te pego una torta.

1. no estudiar (tú)/te van a suspender
   ....
2. no volver (tú) inmediatamente/olvídate de mí
   ....
3. salir (tú) con otro chico en España/cuando regreses...
   ....
4. volverte (yo) a ver hablando con él/te vas a enterar
   ....
5. no darte (tú) prisa/cuando llegues ya habrá empezado la película
   ....
6. seguir (tú) así, sin querer hablar/me voy a tener que enfadar
   ....
   ....
7. no devolvérmelo antes de mañana/no volveré a prestarte nada
   ....
   ....

EJERCICIO VII.21

Manifieste ahora sus deseos. Hágalo así:

¡qué bien! aprobar (yo)/me compra mi padre la moto
¡Qué bien! Como apruebe, me compra mi padre la moto.

1. poder (yo)/le doy un beso. ¡Es tan guapo(–a)!
   ....
2. venir hoy Elvira/no me voy a separar de ella ni un minuto
   ....
3. ¡muchachos! Mañana, hacer buen tiempo,/vamos a dar la clase de español en el jardín, ¡tomando el sol!
   ....
4. volverme a preguntar/le diré que sí, que estoy locamente enamorado (–a)
   ....
5. tú pruébalo, que probarlo/ya verás cómo repites
   ....
6. terminar (yo) hoy el trabajo,/me voy al campo el fin de semana
   ....
7. llamarme (él-ella) por teléfono, le perdono su último plantón
   ....

EJERCICIO VII.22

Amenace o suplique. Pero ahora hágalo así:

— Me la llevo.
(atreverte y te rompo la cara)
— ***Atrévete y te rompo la cara.***

1. — Eres un estúpido.
   (volver [tú] a decir eso y no respondo)
   — ....
2. — Se lo voy a decir al profesor.
   (hacerlo [tú] y le digo yo lo que hiciste tú ayer)
   — ....
3. — No aguanto más; me voy, esto se acabó.
   (no irte, esperar hasta mañana y yo te aseguro que esta noche cambia todo)
   — ....
4. — Eres un fresco.
   (¿si? venir [tú] y te doy otro más largo)
   — ....
5. — Me voy a dar una vuelta por ahí.
   (dejarme sola esta noche otra vez y, cuando vuelvas, yo...)
   — ....
6. — ¡Qué bolígrafo más bonito!
   (darme un beso y te lo doy)
   — ....

según que ⇒ SUBJUNTIVO

Vea el ESQUEMA.

EJERCICIO VII.23

Complete estos fragmentos de español hablado.

1. Nos dio distintas soluciones, según que *(querer,* nosotros*)* .... gastarnos más o menos.
2. Se pueden instalar distintos tipos, según que la cocina *(ser)* .... más o menos grande. Si la cocina *(ser)* .... pequeña, bueno entonces yo les aconsejo unos muebles blancos. Ahora, si su cocina *(tener)* .... 20 metros cuadrados, entonces...
3. Yo haré conforme y según *(hacer)* .... tú. Si tú te *(quedar)* ...., yo también me quedo; ahora si te *(ir)* ...., en ese caso es posible que, cuando *(regresar,* tú*)* ...., te *(llevar)* .... una sorpresa.

3.2 **Partículas temporales con valor condicional**

cuando ⇒ INDICATIVO

Puede sustituir a **si** para expresar «aceptación o sumisión» o bien «confianza o preocupación».

De manera que, para el primer ejemplo del ESQUEMA, podríamos pensar en una situación como la que sigue: el profesor de lengua y un alumno discuten durante un rato un tema de gramática; ni el profesor convence al alumno, ni éste hace cambiar de opinión al profesor. Simplemente para zanjar la cuestión, o porque realmente lo piensa así, el estudiante podría decir:

- *Cuando usted lo dice, será así.*

Es decir, la frase vendría a significar esto: «Si usted, que es el profesor, dice que es así, pues así será, pero yo no lo veo muy claro».

Para el segundo, en una situación como ésta: una madre, por ejemplo, que tiene plena confianza en su hijo, ante un hecho inusual, puede reaccionar diciendo:

- *Cuando no ha llamado por algo será.*

Es decir: «Si no ha llamado, alguna razón habrá que lo explique».

O bien con preocupación:

- *Cuando no ha llamado es que algo le ha pasado.*

Frase que supondría un contenido como: «Sólo algo muy grave puede justificar que no haya llamado».

EJERCICIO VII.24

Acepte un consejo, una explicación,... O muéstrese confiado o preocupado. Hágalo así:

— Oye, yo me he comprado cuatro.
(bueno, bueno; tú, que entiendes, comprártelo, probaré a ver)
— *Bueno, bueno; cuando tú, que entiendes, te lo has comprado, probaré a ver.*

1. — Pero tampoco tienes que estar preocupada.
(no, si es lo que digo yo: él no decir nada por algo será)
— ....
2. — ¿Pongo este libro en la estantería?
(déjalo donde está; él ponerlo ahí, por algo habrá sido)
— ....
3. — Llámalo, a ver qué pasa.
(sí, porque no llamar ya, seguro que es que pasa algo raro)
— ....

siempre que ⇒ SUBJUNTIVO

El ejemplo de «condición olvidada», del ESQUEMA, podría responder a una situación como la que supone este diálogo:

— [En el mes de marzo] *Papá, cómprame una bicicleta, que mis amigos...*
— *En junio, si apruebas, te compro la mejor que haya. Te lo prometo.*
— [Mediados de mayo. Hace un tiempo espléndido] *Papá, me dijiste que me ibas a comprar una bicicleta, así que cómpramela, porque todos mis amigos...*
— *¿Sí? ¿Yo te he dicho eso?*
— *Sí me dijiste que me ibas a comprar la mejor.*
— *Bueno, pues... ¡Eh, un momento! En junio y* ***¡siempre que aprobaras!***

A lo mismo, o bien al valor de «condición obvia», podría deberse que, cuando alguien dice muy decidido:

- *Voy a cambiar de coche.*

tras una breve pausa, con mucha frecuencia, matice su afirmación con un:

- ***Siempre que me aumenten** el sueldo, claro.*

EJERCICIO VII.25

Complete.

1. Podéis jugar, siempre que no *(hacer)* .... mucho ruido y no *(despertar)* .... a la niña.
2. Siempre y cuando yo no *(tener)* .... que intervenir en nada, podéis hacer lo que os dé la gana.
3. No creo que *(haber)* .... ningún inconveniente en hablar con ella, siempre que *(estar)* .... en casa, claro.
4. Puedes hacerlo, siempre que los demás *(querer)* ....
5. Siempre que, al terminar, lo *(dejar,* vosotros*)* .... todo como está, me parece muy bien que lo *(utilizar)* .... para la fiesta.

cuanto antes ⇒ INDICATIVO/SUBJUNTIVO

Vea el ESQUEMA.

EJERCICIO VII.26

Complete.

1. ¡Qué hombre! Cuanto más *(hablar)* ...., peor.
2. No seas bobo. Cuanto antes lo *(hacer,* tú*)* .... antes podrás ver la televisión.
3. Cuanto mejor te *(portar,* tú*)* ...., mejor será para ti.
4. La cosa es muy fácil: cuantos más ejercicios *(hacer,* nosotros*)* .... más aprenderemos.
5. Y cuanto menos tiempo *(perder,* nosotros*)* ...., más ejercicios *(hacer* nosotros*)* ....

3.3 Otras formas conversacionales de expresar una condición

que condicional

Lo mismo que otros **que** (final, causal) que ya hemos estudiado es de uso muy frecuente, sobre todo en el español hablado. Por contra, el hablante extranjero apenas si hace uso de esta construcción; luego ya sabemos qué es lo que hay que hacer: incorporarla.

Como ya indicábamos en el ESQUEMA, este **que** se construye exactamente igual que el **si** condicional:

– **indicativo:** todas las formas, menos los futuros.
– **subjuntivo** (menos frecuente): sólo las dos formas admitidas por **si.**

Se usa en estructuras disyuntivas, pero:

– puede usarse **que** en los dos miembros:

- *Tú vás; **que** está, te lo traes, **que** no está, le preguntas que para cuándo va a estar.*

– o bien **que** puede alternar con **si:**

- *Tú vas; **que** está, te lo traes, **si** no está, le preguntas que para cuándo va a estar.*
- *Tú vas; si está, te lo traes, **que** no está, le preguntas que para cuándo va a estar.*

EJERCICIO VII.27

Ofrezca alternativas. Complete las frases con que **o** si.

1. — ¿Qué hago?
   — Muy fácil. .... viene, sales con él; .... no viene, pues te aguantas.
2. — Es que me gustaría hablar con ella.
   — Me parece muy bien. Entonces, ... llama, le digo que espere un momento, que has salido; .... se pasa la mañana y no llama... ¡Nada, seguro que llama!
3. — ¿Le ayudo o no?
   — Tranquilo, no seas impaciente: .... te lo pide otra vez, le ayudas; .... no, hazte el sueco.
4. — Pero es que me gustaría tanto estrenarlo hoy...
   — Bueno, pues entonces a ver... Ve a buscarlo: .... te lo ha terminado, te lo traes y le dices que ya se lo pagaré yo; .... no, mira a ver si le puedes meter prisa.

yo que...

Vea el ESQUEMA.

EJERCICIO VII.28

¿Qué haría usted en lugar de estas otras personas? Expréselo así:

— Voy a verlo
(no lo haría)
— ***Yo que tú no lo haría.***

1. — Le voy a levantar ya el castigo.
   (esperaría un poco más)
   — ....
2. — La verdad es que duerme muy poco.
   (iría al médico)
   — ....
3. — Adiós.
   (me lo pensaría dos veces antes de marcharme)
   — ....

EJERCICIO VII.29

Usted en aquella situación hubiera hecho... Dígalo así:

— Se levantó y se marchó.
(hubiera hecho lo mismo)

— ***Yo en su lugar hubiera hecho lo mismo.***

1. — Se enfadó muchísimo conmigo.
   (te hubiera matado)
   — ....
2. — Así que no quiso insistirle más.
   (no hubiera parado hasta conseguirlo)
   — ....
3. — Había tanto ruido que, según dice, no pudo pegar ojo en toda la noche.
   (me hubiera negado a pagar la habitación)
   — ....

3.4 **Locuciones con «que», equivalentes de locuciones con «si»**

Vea el ESQUEMA.

EJERCICIO VII.30

Complete.

1. Salvo que algún niño *(ponerse)* .... malo, creo que para el puente de San José podemos ir.
2. Bueno, pues creo que está todo arreglado, a menos que al jefe no le *(gustar)* .... y nos lo *(hacer)* .... repetir otra vez.
3. A no ser que se lo *(pedir,* nosotros*)* .... a los abuelos, si no, no sé cómo vamos a pagar este plazo.
4. Por mí sí, salvo que no *(poder)* ...., porque nunca se sabe, oye.
5. La situación financiera de la empresa es de quiebra, salvo que *(tomar,* nosotros*)* .... ahora mismo la decisión –arriesgada, sí– de acudir a nuestro patrimonio personal.
6. Sólo puedes quedarte hasta las doce, y eso si *(prometerme,* tú*)* .... que por la mañana, en cuanto te *(llamar,* yo*)* ...., *(ir,* tú*)* .... a saltar de la cama.
7. Yo no sé qué hacer con él, Juan. No estudia más que si *(estar,* yo*)* .... continuamente encima de él.
8. Eso es así, excepto si mi mujer *(opinar)* .... lo contrario.
9. Eso es así, salvo que mi marido *(decir)* .... que no.
10. Como mucho, los sábados me dejaban salir hasta las once, y eso si *(salir)* .... también mi prima.
11. Se lo di, sí, pero con la condición expresa de que se *(callar)* .... y no le *(decir)* .... absolutamente nada a nadie.
12. En el supuesto –poco probable, claro– pero en el supuesto de que no *(obtener,* nosotros*)* .... la mayoría en la primera vuelta, tendríamos que pactar con ellos, así que conviene atacarlos en nuestros mítines, pero menos.

RECAPITULACIÓN

EJERCICIO VII.31

Estas frases han perdido la partícula y la forma verbal. Reponga una y otra.

1. ¿Has visto cómo va? ¡..................... *(ir)* .... a un baile de disfraces!
2. Ayer fui a felicitarle por su ascenso, y una y no más Santo Tomás: me trató .... no *(compartir,* nosotros*)* .... el mismo despacho durante cinco años.
3. Nos lo pasábamos muy bien: .... *(hacer)* .... buen tiempo, bajábamos a la playa; .... *(ver,* nosotros*)* .... que el tiempo no acompañaba mucho, nos quedábamos en las instalaciones del hotel, que eran una auténtica maravilla.
4. Miraré .... *(dejarlo,* él*)* .... por aquí.
5. Yo creo que debemos hacerlo, ... *(opinar,* tú*)* .... lo contrario.
6. .... *(tener)* .... que intervenir la policía, aquí va a arder Troya.
7. ¿Ves? El mundo está loco: a unos se lo ofrecen y no lo quieren, en cambio otros estamos... .... a mí *(ofrecérmelo)* .... ya estaba en Londres.
8. Será cierto, ... usted *(decirlo)* ....
9. .... *(querer,* tú*)* .... esta misma tarde nos reunimos y miramos a ver qué se puede hacer.
10. Entonces quedamos en que nos vemos a la nueve de la mañana del sábado y vamos todos juntos. Pero .... no *(llover)* ...., claro.
11. Yo te aseguro que, ... *(poner,* tú*)* .... un poquito de tu parte, será suficiente.
12. El precio varía mucho, ... *(ser,* nosotros*)* .... más o menos los interesados en comprarlo.
13. .... Pedro, me quedaba en casa y que lo hiceran ellos, por bobos.
14. .... tú *(quererme)* .... de verdad no habría problemas.
15. No vayas .... *(ver,* tú*)* .... cómo se pone tu madre.
16. .... *(hacerlo,* tú*)*, ... antes te podrás ir a la cama.
17. Lo haré, ... *(venir,* ellos*)* .... mañana y lo *(encontrar,* ellos*)* .... todo como está. ¡Que da pena!
18. Acércate un poco más. ¡..................... *(tener,* yo*)* .... una enfermedad contagiosa!
19. .... *(gustarte,* ello*)* ...., te lo comes; .... no, lo dejas, que no pasa nada.
20. Desde luego que me lo compro. Bueno, ... *(llegarme)* .... pronto el giro que estoy esperando.
21. .... no *(llamar,* él*)* .... ya, es que las cosas no van bien.
22. Puedes estar seguro de que, ... *(decirle,* tú*)* .... una palabra amable de vez en cuando, sería suficiente.
23. Come .... papá *(darte)* .... un besito.
24. ...., volvía a la tienda y le pedía que me devolvieran el dinero, que no piensen que eres tonto.
25. Déjalo, porque, ... *(decir,* tú*)* .... más burro se pone.
26. Por mí, ... *(quererse,* él*)* .... marchar hoy mismo, me da igual.

EJERCICIO VII.32

Complete.

1. Si supiera quién lo ha hecho te lo *(decir)* .... , pero no lo sé.
2. Si *(venir, él)* .... luego más tarde, no le digas que he estado aquí preguntando por él.
3. Cuando era niña, me gustaba mucho ir a visitar a mis abuelos, por eso, si mis padres me *(llevar)* .... iba todos los fines de semana.
4. Recuerdo que mi abuelo era un poco gruñón y que siempre me decía: «Niña, no subas a ese árbol porque, como *(subir)* ...., te quedarás sin postre».
5. Si *(tener)* .... entonces los años y el conocimiento que tengo ahora, no hubiera hecho sufrir esas pequeñas rabietas al abuelo.
6. Como *(seguir, tú)* .... recordando tu vida, toda la clase va a empezar a llorar.
7. Si *(estudiar, tú)* .... más a lo largo de todo el curso, no estarías tan preocupado ahora con los exámenes.
8. Si hace un momento, cuando has hablado *(decir, tú)* .... la verdad, no tienes que preocuparte por nada.
9. Si ayer, cuando te preguntaron, *(decir, tú)* .... la verdad, no tienes que preocuparte por nada.
10. Si *(decir, tú)* .... la verdad ayer y hace un momento cuando te preguntaron, no estarías tan preocupado ahora.
11. Si no *(mentir, tú)* .... con tanta frecuencia, ahora todos te creeríamos.
12. Es una pena, porque sólo con que *(estudiar, tú)* .... un poquito más, sacarías unas notas estupendas.
13. Se enfadó mucho y me dijo que, como *(volver, yo)* .... a llegar tarde, no tendría más remedio que decírselo a mis padres.
14. Si *(ser, tú)* .... inteligente, habrías actuado de otra manera, pero ya está hecho y no vale lamentarse.
15. No creo que venga, pero si acaso *(venir)* ...., por favor le dices que he estado aquí a verlo.
16. Si *(volver, él)* .... a llamar, le dices que no estoy, porque, como me *(poner)* .... al teléfono, yo no sé qué va a pasar.
17. Si yo *(estar)* .... en tu lugar, iría a hablar con él y le pediría una explicación.
18. Si *(terminar, tú)* .... de escribir, déjame tu máquina, por favor.
19. — Pepe, ¿ha llamado Sara?
    — No, pero, si *(querer, tú)* ...., te pongo con ella.
    — No, déjalo. Pero si acaso *(llamar)* ...., avísame. Estoy abajo.
20. Me lo prepararé por si acaso mañana *(preguntarme)* .... el profesor en clase.
21. Cuanto más te *(enfadar)* ...., peor; así que cálmate.
22. Sal y no *(saber, yo)* .... lo que te hago.
23. Mientras en el mundo *(quedar)* .... un poco de buen humor, no hay que alarmarse.

EJERCICIO VII.33

Aquí tenemos nuevos fragmentos de los relatos cortos que escribe Ana. Complételos.

1. Era un rancho precioso. Íbamos casi todos los fines de semana; si *(llover)* .... lo pasábamos dentro de la casa, junto al fuego de la chimenea; si, por el contrario, *(hacer)* .... buen tiempo, solíamos dar largos paseos por la pradera y los bosques de abetos. Sólo una cosa me faltaba en aquel paraíso: un caballo. Si *(tener)* .... un caballo *(ser)* .... la niña más feliz del mundo. Pero recuerdo que mi padre siempre me decía: «Niña, si *(querer)* .... un caballo, tendrás que aprender a montar». Y yo le contestaba: «Si *(querer)* .... que aprenda, cómpramelo». ¡Pobre papá! ¡Cómo se enfadaba y, al mismo tiempo, se divertía con mi respuesta! Si papá *(estar)* .... ahora aquí –pero murió el año pasado–, *(reírse)* .... a carcajadas recordando aquellas «confrontaciones dialécticas». Pero no está. ¡Si los hombres *(poder, nosotros)* .... ir hacia atrás en el tiempo!

2. [Hablando por teléfono] Si me *(querer, tú)* .... de verdad, no te irías este verano a España, porque yo sería más importante que todos tus proyectos. Mira, si te *(quedar)* ...., te prometo que... (...) ¡Como *(volver, tú)* .... a decirme que mi romanticismo está anticuado, cuelgo! ¿Y sabes qué te digo? Que si *(querer, tú)* .... marcharte, márchate, porque yo... (...) Eso es muy fácil decirlo, pero si tú *(estar)* .... en mi lugar... (...). No vuelvas a decir eso; sabes que en mi casa no me dejan; si me *(dejar, ellos)* .... ir, no estaríamos discutiendo ahora por teléfono. Quédate (...) Ya sé que no hay problemas de dinero, pero te repito que mis padres no quieren, porque ellos no comprenden y, sobre todo, mi padre que es un poco machista. Pero, bueno, tú que eres tan valiente, si *(atreverte)* ...., ven a hablar con ellos (...) Pero si mi padre no te *(recibir)* .... o te *(hablar)* .... de mala forma o incluso te *(echar)* .... de casa a patadas, no digas que no estabas avisado. (...) Bueno, yo sólo te lo advierto. Adiós (...) Yo también mucho. Un beso.

3. — Ayer, en clase de Lingüística nos explicaron que entre la realidad y la lengua *(haber)* .... una mutua interrelación, que la realidad *(influir)* .... en la lengua y que ésta, además de ser un espejo de la realidad, con su configuración *(influir)* .... en aquélla. Si esto *(ser)* .... cierto, supongo que, en el caso del español, *(haber)* .... mucha influencia de la religión católica, ¿no?
   — Bueno, yo soy de ciencias, así que de estas cosas sabes tú mucho más que yo, aunque seas extranjera. Pero sí, ahora que lo dices, creo que la religión *(tener)* .... mucho que ver con la manera de hablar de los españoles: cuando *(saludar, nosotros)* ...., está presente la religión; para *(decir)* .... que *(haber)* .... que hacer bien las cosas decimos que *(haber)* .... que hacerlas «como Dios manda»; cuando *(encontrarnos)* .... bien o *(sentirnos)* .... agradecidos, damos «gracias a Dios»; si *(enfadarnos, nosotros)* .... en la mayor parte de nuestros «tacos» interviene la religión; si... En fin, en muchos aspectos de nuestra vida. Es verdad.

TEMA VIII

Consecutivas

ESQUEMA GRAMATICAL

Tipos:

a) ├──────┼──────┤

- *Es <u>tan alto</u> que no **encuentra** pantalones de su talla en Salamanca.*

b) ├────┤ ↑ ├────┤ y ├────┤ ↱├────┤

- *Es muy alto, así que no encuentra pantalones de su talla en Salamanca.*
- *Es muy alto, <u>de ahí que</u> no **encuentre** pantalones de su talla en Salamanca.*

1 Partículas y construcciones

1.1 Frases de tipo a)

El hablante informa

– Intensificador en el primer miembro:

De cantidad:

tanto, tanto (tanta, tantos, tantas), tan

De calidad:

tal (tales), un (una, unos, unas), cada, un... tan, cada... tan

De modo:

de (tal) modo (forma, manera, suerte), de un modo (forma, manera), de un modo (forma, manera) tan...

– Partícula de enlace:

que, encabeza el segundo miembro:

- *Come tanto que es normal que engorde.*
- *Come tan rápido que eso no puede ser bueno.*
- *Tienen unas tartas que se te hace la boca agua.*
- *Come de una manera que te entran ganas de...*

El hablante confirma o reafirma algo

– Estructura equivalente a la informativa:

— *Es muy alto, ¿no?*
— *Tanto que no encuentra pantalones de su talla.*
— *Tan alto que no encuentra pantalones de su talla.*

– Estructuras propias para confirmar e intensificar:

como que + el segundo miembro de la frase:

— *Es muy alto, ¿no?*
— *Como que no encuentra pantalones de su talla.*

si, cómo, qué, cuánto, cuándo + forma de probabilidad + **que:**

— *Es muy alto, ¿no?*
— *Si será alto que no encuentra pantalones de...*
— *Cómo será que no encuentra pantalones de...*
— *Cuánto medirá que no encuentra pantalones de...*
— *Qué no medirá que no encuentra pantalones de...*

— *Llegó tarde, ¿verdad?*
— *Como que no lo oí entrar.*
— *Si llegaría tarde que no lo oí entrar.*
— *Cuándo llegaría que no lo oí entrar.*
— *A qué hora llegaría que no lo oí entrar.*

1.2 Frases de tipo b)

Partículas consecutivas:

así que, por (lo) tanto, luego, y, (y) por eso (ello...), conque, de ahí que, de aquí que

- *Ha llegado tarde, así que lo he castigado.*
- *Ha llegado tarde, y lo he castigado. Eso es todo.*
- *Ha llegado tarde reiteradamente, de ahí que me haya visto obligada a imponerle un castigo.*

Partículas consecutivo-finales:

de modo que, de forma que, de manera que, de suerte que

- *Ha llegado tarde, de modo que nos hemos visto obligados a castigarlo.*
- *Ha llegado, en las últimas semanas, reiterada –y creemos que deliberadamente– tarde, de manera que la dirección se viera obligada a tomar la decisión que, al final, ha tenido que adoptar.*

2 Uso de los modos

2.1 Frases de tipo a): |————|————|

Primera parte **afirmativa** ⇒ **INDICATIVO:**

- *Hay tanta gente que no **vamos** a poder entrar.*
- *Cuenta los chistes de una manera que no **hay** más remedio que reírse.*

Ampliaciones:

1) Primera parte **subjuntivo** ⇒ **SUBJUNTIVO:**
   - _Ojalá_ ***haya*** _tanta_ *gente que no* ***podamos*** *entrar.*
   - _Es posible_ *que* ***vengan*** _tantos_ *que no* ***quepamos****.*

2) Primera parte → «mandato, ruego» ⇒ **SUBJUNTIVO:**
   - *En aquel momento tú* _grita mucho, tanto_ *que* ***parezca*** *que te están matando.*

   Frente a:
   - _Grita tanto_ *que* ***parece*** *que lo están matando.*

3) Excepciones universales:
   - *Hay tanta gente que* _posiblemente_ *no* ***queden*** *entradas ya.*

Primera parte **negativa** ⇒ **SUBJUNTIVO:**
- _No es tan_ *tonto que no* ***sepa*** *lo que tiene que hacer.*

Ampliación:

Cuando la primera parte es negativa son muy frecuentes las construcciones:

1) **como para que** + **SUBJUNTIVO:**
   - *No es tan tonto* _como para que_ *no* ***sepa*** *lo que tiene que hacer.*

2) **como para** + **INFINITIVO:**
   - *No es tan tonto* _como para_ *no* ***saber*** *lo que tiene que hacer.*

2.2 Frases de tipo b)

Las partículas **así que, por (lo) tanto, luego, y, (y) por eso (ello...), conque, de modo que, de forma que, de manera que, de suerte que** pertenecen al tipo:

Por lo tanto el segundo miembro es una frase sintácticamente independiente y se construye como tal. Es decir:

Si se afirma, se niega o se pregunta ⇒ **INDICATIVO:**

- *Es muy tarde, así que* { *me* ***tengo*** *que marchar.* / *no* ***puedo*** *esperar más.* / *¿qué* ***hago****?* }

Si partícula de posibilidad → subjuntivo ⇒ **SUBJUNTIVO:**
- *Es muy tarde, así que* _puede que_ ***tengamos*** *que dejarlo para mañana.*

Si partícula de posibilidad → indicativo ⇒ **INDICATIVO:**
- *Es muy tarde, así que* _a lo mejor_ ***tenemos*** *que dejarlo para mañana.*

Si partícula de deseo → subjuntivo ⇒ **SUBJUNTIVO:**
- *Es muy tarde, así que* _ojalá_ *no* ***venga*** *ya hasta mañana.*

Si mandatos, ruegos, consejos ⇒ **IMPERATIVO/SUBJUNTIVO/INDICATIVO:**

- *Es muy tarde, así que* { ***vente*** *inmediatamente.* / ***no salgas*** *ya.* / *le* ***dices*** *que mañana...* }

Si hipótesis ⇒ **HUBIERA CANTADO/HABRíA CANTADO:**

- *Se ha hecho tarde, así que* ***hubiera sido/habría sido*** *mejor no empezar la reunión.*

Las partículas **de modo que, de forma que, de manera que, de suerte que**, además del consecutivo, pueden tener también valor final: «hacer consciente, premeditadamente algo para alcanzar un objetivo, un fin». En este caso, lo mismo que

para que, ⇒ **SUBJUNTIVO:**

- *Se comportó de modo que el profesor no* ***tuviera*** *más remedio que expulsarlo de clase y, en consecuencia, lo* ***expedientaran.*** ≈ *Se comportó así para que el profesor no* ***tuviera*** *más...*

Las partículas **de ahí que** y **de aquí que** pertenecen al tipo:

y en concreto se construyen ⇒ **SUBJUNTIVO:**

- *La mayor parte de los documentos desapareció en un desgraciado incendio a finales del siglo pasado. De ahí que no* ***podamos*** *hoy reconstruir exactamente qué fue lo que sucedió.* ≈ *La mayor parte de los documentos desapareció en un desgraciado incendio a finales del siglo pasado, así que no* ***podemos*** *hoy reconstruir exactamente qué fue lo que sucedió.*

EXPLICACIÓN Y AMPLIACIÓN GRAMATICAL

La expresión de la consecuencia puede hacerse con dos estructuras sintácticas distintas, que se corresponden con los ejemplos a) y b) del ESQUEMA:

a) *Es tan alto que no encuentra pantalones de su talla en Salamanca.*
b) *Es muy alto, así que no encuentra pantalones de su talla en Salamanca.*

La primera –en la que hay siempre un intensificador: en el ejemplo, la palabra **tan**, y la partícula de enlace es **que**– constituye un bloque único: semántico, tonal –por eso en la escritura no deben separarse los miembros con una coma– y sintáctico, es decir, es de tipo, por lo que el segundo miembro es en todo dependiente del primero.

El tipo b), por el contrario, sólo es una unidad semántica, ya que tonalmente cada miembro de la estructura constituye una unidad propia –de ahí la coma en la escritura– y sintácticamente los dos miembros son independientes, de manera que el segundo, o se construye como una frase simple, o bien depende de la partícula de enlace.

1 Partículas y construcciones

1.1 Frases de tipo a)

El hablante informa

– El intensificador del primer miembro puede ser una palabra que signifique «cantidad»:

tanto puede ser adverbio; es decir, palabra invariable.
Acompaña a un verbo:

come tanto *que...*
bebe tanto *que...*
corre *mucho,* ***tanto*** *que...*
tanto duerme *que...*

tan es también adverbio. Es invariable, pues; pero acompaña a un adjetivo (o sustantivo en función de adjetivo) o bien a otro adverbio:

tan alto *que...*
tan horrible *que...*
tan hombre *que...*
tan de prisa *que...*
tan rápido *que...*

tanto, tanta, tantos, tantas es un adjetivo. Acompaña, pues, a un sustantivo y tiene las variaciones lógicas de género y número:

tanto dinero *que...*
tanta tarta *que...*
tantos libros *que...*
tantas carpetas *que...*

tanto, tanta, tantos, tantas pueden ser, por último, formas aisladas, sin acompañamiento, es decir, pronombres:

tanto [calor] *que...*
tanta [agua] *que...*
tantos [niños] *que...*
tantas [corbatas] *que...*

– En lugar de la cantidad, el desencadenante de la consecuencia puede ser la «calidad». Pues bien, hay otros intensificadores para indicar esto. Téngase en cuenta, de manera general, que la entonación de estos intensificadores requiere un gran énfasis:

tal (singular) y **tales** (plural) son intensificadores de uso general, aunque preferentemente culto. En su uso en la lengua conversacional exigen un énfasis especial o muy acentuado:

- *Me han hecho tales regalos que no sé qué hacer con ellos.*

En las expresiones **tal cantidad** y **tal número** –frecuentísimas en la lengua hablada– tienen valor de cantidad:

- *No he entrado en ese bar más que una vez en mi vida y había tal cantidad de mierda en el suelo que no he vuelto.*
- *Dijo tal número de bobadas que es mejor olvidarse del tema.*

Más frecuentes, quizás, en la lengua conversacional –porque no requieren tanto énfasis y se realizan con una entonación más neutra– son los intensificadores:

un, una, unos, unas:

- *Tienen* ***un*** *pescado que te chupas los dedos.*
- *Hay a la entrada* ***una*** *lámpara que ya me gustaría a mí tenerla en mi casa.*

cada:

- *Cuentan* ***cada*** *disparate de él que es para echarse a temblar.*

O la combinación de **un (una, unos, unas)** o **cada** con **tan:**

- *Tienen* ***un*** *pescado* ***tan rico*** *que te chupas los dedos.*
- *Hay* ***cada*** *hombre* ***tan****...*

¿Se ha fijado en el último ejemplo? Es muy frecuente, en el uso diario del idioma, que el hablante no concluya sus frases y las deje en suspenso, porque el contexto, la situación, el gesto, etc., aclaran el resto. De manera que a la pregunta de Ana:

— *¿Por qué te enfadaste así con él?*

Joaquín podría contestar:

— *Es que se puso tan insolente...*

Pudiéndose sobrentender una continuación como: «que no tuve más remedio que enfadarme» / «que perdí los nervios», etc. Debe usted acostumbrarse a ellas y vigilar, sobre todo, su entonación.

– Por último, puede que la consecuencia no sea fruto ni de la cantidad ni de la calidad, sino de la manera o el modo de hacer algo. También en este caso hay unos intensificadores específicos, que quedaron señalados ya en el ESQUEMA:

- *Lo miró* ***de una manera*** *que daba miedo.*

EJERCICIO VIII.1

Con las siguientes frases Joaquín ha informado en distintas ocasiones a conocidos suyos. Nosotros nos hemos tomado la libertad de extraer de ellas las palabras: tan, tanto, de una manera, tanta, una. **Restitúyalas usted a su lugar adecuado.**

1. Se han portado muy bien los pobrecitos. Hemos estado un rato jugando y a las dos han comido: tenían .... hambre que se lo han comido todo.
2. Toma éste, Ana. Pero ten cuidado, que está .... afilado que corta como un rayo.
3. Según venía entré en la librería, más que nada para pasar el rato y ver las novedades, pero Plaza me insistió en este libro .... que me lo he comprado... Cuesta cinco mil pesetas.
4. Es que esa amiga tuya tiene .... cara que... ¿Por qué no la llamas y le dices que te duele la cabeza?
5. La verdad es que la conferencia no ha sido una gran cosa. Pero habla el tío .... que emboba a la gente.

El hablante confirma o reafirma algo

Las frases analizadas hasta ahora las usamos para informar de algo a los demás. Por ejemplo, Elvira, a quien le gustan mucho los niños y acaba de ver a su sobrino, de nueve meses, puede asustar a su marido con lo siguiente:

- *A la vuelta he entrado por casa de tu hermana y el niño está* ***tan*** *guapo* ***que*** *no me importaría que tuviéramos otro.*

Pero cuando el hablante no informa, sino que reafirma o confirma lo dicho antes por otra persona o por él mismo, entonces elegirá entre alguna de las posibilidades señaladas en el ESQUEMA para este fin. Así, después de lo anterior, entre Elvira y su marido, Juan, podría tener lugar este diálogo:

— *Bueno, y los nuestros ¿qué tal se han portado en este rato?*
— *¡Estupendamente!* ***Cómo se habrán portado que*** *a mí tampoco me importaría... ¡irme de casa!*

Las distintas formas de expresarlo las tiene usted en el ESQUEMA. Algunas de ellas ofrecen una pequeña dificultad porque reproducen el sistema de lo probable, frente a lo exacto, que ya vimos en el Tema I. Por eso, tome buena nota de lo que sigue:

canto + tan (tanto,...) → si (cómo,...) + **cantaré:**

- ***Estudia*** *tanto que es el primero.*
- *Si* ***estudiará*** *que es el primero.*

- ***Está*** *tan gordo que no lo reconocí.*
- *Cómo* ***estará*** *de gordo que no lo reconocí.*

he cantado → **habré cantado:**

- ***Ha venido*** *tan de prisa que no ha tardado ni media hora.*
- *Cómo* ***habrá venido*** *que no ha tardado ni media hora.*

- *El niño* ***ha comido*** *tanto que no ha podido dormir.*
- *Si* ***habrá comido*** *que no ha podido dormir.*

cantaba → **cantaría:**

- ***Sudaba*** *tanto que llamé al médico.*
- *Cuánto* ***sudaría*** *que llamé al médico.*

- ***Hablaba*** *tanto que todos huían de él.*
- *Cuánto* ***hablaría*** *que todos huían de él.*

cantó → **cantaría:**

- ***Trabajó*** *tanto que terminó cansado.*
- *Si* ***trabajaría*** *que terminó cansado.*

- ***Bebimos*** *tanto que nos quedamos sin cervezas.*
- *Si* ***beberíamos*** *que nos quedamos sin cervezas.*

había cantado → **habría cantado:**

- *Le* ***había reñido*** *tanto que estaba llorando.*
- *Si le* ***habría reñido*** *que estaba llorando.*

- *Le* ***había dado*** *plantón tantas veces que le daba vergüenza verlo.*
- *Si le* ***habría dado*** *plantón veces que le daba vergüenza verlo.*

EJERCICIO VIII.2

Conteste reafirmando lo que le preguntan o le comentan. Para ello use: tan, si, como que, cómo, cuánto, qué **y** cuándo. **Hágalo así:**

— Está muy solo, me parece a mí.
(solo / yo creo que haría bien casándose otra vez)
— *Tan solo que yo creo que haría bien casándose otra vez.*

1. — Creo que se comportó muy mal.
(se comportaría / Emilia se enfadó)
— ....

2. — Habla muy rápido, ¿no?
(rápido / no se le entiende nada)
— ....

3. — Me han dicho que es una ciudad preciosa.
(será bonita / pienso quedarme a vivir allí)
— ....

4. — ¿No hablaban muy alto?
(los oía yo desde mi habitación)
— ....

5. — ¿Lloró mucho?
(no lloraría / se levantaron los vecinos)
— ....

6. — Llegaron tarde, ¿verdad?
(llegarían / no los oyó nadie entrar)
— ....

7. — Estaba muy enfadada, creo.
(le habrían hecho / yo no la había visto nunca así)
— ....

1.2 Frases de tipo b)

Partículas consecutivas

así que, por (lo) tanto, (y) por eso, tal vez por este mismo orden, son las partículas de uso más común y neutro –no son ni cultas ni coloquiales– para expresar la consecuencia de tipo b). Por eso, pueden aparecer en frases de registro tan distinto como:

- *Es muy tarde, así que me voy.*
- *Era muy tarde; María oyó las campanadas que anunciaban el cese de la actividad en el campamento, así que se dispuso a...*

En los dos ejemplos, en lugar de **así que,** podríamos utilizar **por (lo) tanto** o **(y) por eso.**

Las demás partículas recogidas en el ESQUEMA ofrecen alguna restricción o uso especial. Así:

luego podríamos decir que es la partícula que expresa la consecuencia lógica o filosófica. La célebre frase de Descartes se tradujo al español:

- *Pienso, luego existo.*

Aunque esto no quiere decir que su uso sea sólo culto. Es también frecuente cuando nos convertimos en «pequeños filósofos» o «detectives»:

- *Vamos a ver, un momento. Elvira me llamó sobre las ocho y estuve hablando con ella, luego a esa hora estaba en la facultad...*

y, como **así que**, no es ni culta ni coloquial, pero sólo puede unir dos formas verbales idénticas, de manera que podría sustituir a esa partícula en el segundo ejemplo (**oyó** y se **dispuso**), pero no en el primero.

conque es de uso muy coloquial:

- *Son las doce, conque vámonos.*
- *Conque no ibais a venir, ¿eh?*

de ahí que (de uso más frecuente) y **de aquí que**, además de construirse con *subjuntivo*, son de uso exclusivamente culto. Una frase como:

- *Es muy tarde, de ahí que me vaya.*

aunque en una consideración estrictamente gramatical es posible, difícilmente podríamos oírla en un hablante nativo. Sí podría sustituir a **así que** en el segundo ejemplo:

- *Era muy tarde; María oyó las campanadas que anunciaban el cese de la actividad en el campamento; de ahí que se dispusiera a recoger sus cosas cuando oyó aquellos pasos.*

Usted debe conocer, pues, estos detalles y, en lo posible –en un nivel de perfeccionamiento– hacer uso de las distintas posibilidades. Pero no olvide tampoco que, para expresar una consecuencia de tipo b)

así que es la partícula de uso universal

Partículas consecutivo-finales

Note que **de modo que, de forma que, de manera que** pueden tener tres usos distintos:

Frase consecutiva de tipo a):

- *Se comportó de modo que el profesor lo expulsó de clase. ≈ Se comportó **tan** mal **que** el profesor lo expulsó de clase.*

Frase consecutiva de tipo b), equivalente a **así que:**

- *Se comportó muy mal, de modo que el profesor lo expulsó de clase. ≈ Se comportó muy mal, **así que** el profesor lo expulsó de clase.*

Frase final:

- *Se comportó de modo que el profesor lo expulsara de clase. ≈ Se comportó mal **para que** el profesor lo expulsara de clase.*

La explicación anterior tiene un objetivo eminentemente pasivo: que usted sea capaz de interpretar correctamente esas distintas frases cuando las vea escritas o las oiga a un nativo. Pero, para su uso activo del español no son, en modo alguno, imprescindibles: puede usted usar las expresiones más específicas en cada caso, es decir, las que aparecen en segundo lugar en los tres ejemplos: **tan... que, así que** y **para que.**

EJERCICIO VIII.3

Complete con la partícula necesaria o con la que considere más apropiada. Use una de éstas: de manera que, luego, así que, de ahí que.

1. Vamos a ver, vamos a ir despacio y por partes. Dices que a las seis tenías el libro todavía; ...., si saliste del colegio a las cinco y media, quiere decir que en el colegio no lo dejaste. ¿Dónde dices que fuiste después?
2. Son evidentemente dos temas muy delicados. .... les haya convocado a ustedes para que entre todos tratemos de llegar a una solución justa y...
3. Tú hazlo como quieras, pero hazlo .... se vea bien lo que queremos.
4. Yo creo que está todo arreglado, ... me voy.
5. Has llegado tarde a la reunión, ... no puedes criticar nuestra decisión.
6. Ya no vendrá a cenar, ... podemos quitar la mesa.
7. Hay huelga general, ... no podremos enviarle su pedido.
8. La marea negra ha acabado con los mejillones, ... no se encuentran en los mercados.
9. Sale todas las noches, ... no puede estar en forma.
10. Cuando salí las tiendas habían cerrado, ... no pude comprar nada.
11. Habló .... todos la entendieran.
12. Vino con su prima, ... no pudimos hablar.
13. Los niños han merendado mucho, ... no tengan hambre ahora.
14. Contestó .... su padre se enfadó con ella.

2 Uso de los modos

2.1 Frases de tipo a)

Recordemos que las frases de este tipo forman un bloque único en el que la segunda parte depende enteramente de la primera. Las reglas concretas de construcción las tiene ya usted en el ESQUEMA, por lo que aquí nos limitaremos a recordarlas y a hacer alguna pequeña aclaración.

2.1.1

Primera parte **afirmativa** ⇒ **INDICATIVO**

EJERCICIO VIII.4

Complete.

1. Tenían una pinta tan mala que en el barrio les *(tener)* .... miedo todos los muchachos.
2. Los zapatos son tan bonitos que *(estar, yo)* .... segura que te van a gustar.
3. El libro era tan interesante que lo *(leer, yo)* .... de un tirón.
4. No me he comprado nada, porque era todo tan caro que no me *(atrever)* ....
5. Si sería guapa tu madre que yo me *(enamorar)* .... de ella.
6. Hablaban y hablaban sin parar, tanto que me *(tener, ellos)* .... mareada.
7. Es que soy más tonto... Me entretuve tanto que, cuando llegué, ya *(terminar)* .... todo.
8. Son tan, tan simpáticos que me *(gustar)* .... que los conocieras.

Ampliaciones

Fíjese: la unión entre los dos miembros de una frase consecutiva de tipo a) es tal que, si la primera parte –aún siendo afirmativa– aparece en subjuntivo por alguna razón:

- porque hay una partícula que implica *subjuntivo*. De manera que Joaquín, un día en que va de mala gana al cine porque Ana se ha empeñado, puede ir pensando por el camino:
  - *Ojalá* ***haya*** *tanta cola que no* ***queden*** *entradas.*
- porque el primer miembro de la frase consecutiva es, a su vez, dependiente de una estructura que exige *subjuntivo*. De suerte que Joaquín se podría animar a sí mismo pensando:
  - *¡Pues es verdad! Es posible que* ***haya*** *tanta gente que no* ***queden*** *entradas.*

si la primera parte, repito, es subjuntivo, arrastra, como acabamos de ver, también al subjuntivo a la segunda. Por eso, si

Primera parte **subjuntivo** ⇒ **SUBJUNTIVO**

EJERCICIO VIII.5

Complete.

1. Según me han dicho es todo muy barato. Pero, claro, también es posible que sea todo tan malo y tan feo que *(ir, nosotros)*, ..., no *(comprar, nosotros)* .... nada y *(perder, nosotros)* .... el tiempo.
2. ¿Habrán hablado ya con él? Esperemos que se lo hayan dicho con tanto tacto que no se *(ofender, él)* .... o no se *(sentir)* .... manipulado.
3. ¿Pero qué pasaría realmente? Es muy posible, claro, que se lo plantearan tan mal que el otro *(decir)* ...., y con razón, que no quería saber nada del tema.

Recuerde usted que con un mandato, un ruego, un consejo,... es muy frecuente usar **que** causal, lógicamente con **indicativo**. De manera que le decimos a un niño:

- *No corras, que te **caes**.*
- *No corras tanto, que te **caes**.*

También conoce usted la expresión «mandato», etc., + **que** final → **subjuntivo:**

- *Corre, que no te **cojan**.*
- *No corras tanto, que te **pueda** alcanzar la niña.*

Pues bien, a esas estructuras ya conocidas incorpore ahora las consecutivas, que se construyen con **subjuntivo** precisamente porque, por su significado, son frases finales:

- *No corras al principio tanto que al final te **canses**.*
- *Tú corre mucho, tanto que no te **pueda** alcanzar ella.*

Entonces, no olvide:

> Primera parte → **«mandato, ruego»** ⇒ **SUBJUNTIVO**

EJERCICIO VIII.6

Complete.

1. Tú cuéntale muchas cosas, tantas que casi lo *(marear)* ....
2. No te quedes hasta tan tarde que luego, mañana, *(estar, tú)* .... dormido en el examen.
3. Cómprasela, tan grande que se *(coger, él)* .... un empacho que no le queden más ganas de tarta.
4. Insístele tanto que no *(poder, él)* .... negarse.
5. A ver cómo se lo cuentas, ¿eh? Se lo tienes que contar de tal manera que *(ver, ellos)* .... que realmente estamos dispuestos a todo.
6. Pónselo tan negro que ni siquiera se le *(ocurrir)* .... por un momento aceptar.
7. No se lo pongas tan feo que *(ir)* .... a ser peor el remedio que la enfermedad.

2.1.2

> Primera parte **negativa** ⇒ **SUBJUNTIVO**

Recuerde también que, en este caso, son frecuentes:

> – **como para que** ⇒ **SUBJUNTIVO**
> – **como para** ⇒ **INFINITIVO**

EJERCICIO VIII.7

Conteste. Hágalo así:

— Es que habla muy rápido.
(pues sí, pero no hasta tal punto que no compréndersele)
— *Pues sí, pero no hasta tal punto que no se le comprenda.*

1. — Es que son todavía muy pequeños.
   (pero no tanto como para no saber que eso no se debía hacer)
   — ....
2. — Está enamorado.
   (pero no tanto que haber perdido el apetito)
   — ....
3. — ¿Y eso del sida? Están cambiando hasta las costumbres.
   (pues esperemos que no cambien tanto que se poner en peligro el futuro de la especie)
   — ....
4. — Hay que darle una broma.
   (pero con cuidado, que os conozco; no puede ser tan pesada que se enfadar [él] y lo estropear [nosotros] todo)
   — ....

2.2 **Frases de tipo b)**

así que, por (lo) tanto...

Introducen una frase sintácticamente independiente. Véase el ESQUEMA.

de modo que, de manera que...

Como usted ya sabe, estas partículas son muy complejas. Cuando funcionan como consecutivas de tipo a) se construyen conforme a las reglas: *indicativo/subjuntivo* según que la primera parte sea afirmativa o negativa. De manera que, en una situación como ésta: un jovencito está en clase y hace algo que al profesor no le gusta y lo expulsa, sus compañeros podrían dividirse y opinar, unos, así:

- *Es que se comportó de una manera que el profesor no* ***tuvo*** *más remedio que echarlo de clase. ≈ Se comportó tan mal que el profesor no tuvo...*

Y, en cambio, otros:

- *Pues no se comportó como para que el profesor lo* ***expulsara.*** *≈ No se comportó tan mal que mereciera la expulsión.*

Pero también son de tipo b), equivalentes a **así que**. De suerte que los primeros «compañeros» del jovencito podrían decir:

- *Es que se comportó muy mal, de modo que el profesor no tuvo más remedio... ≈ Se comportó muy mal, así que el profesor no tuvo más remedio...*

Y las mismas partículas pueden tener un tercer valor: final, equivalente a **para que**. En este caso, con independencia de que la primera parte sea afirmativa o negativa, llevan siempre **subjuntivo**, y la frase no se refiere a «un hecho del que se puede derivar una consecuencia», sino que significa «hacer algo con la intención de alcanzar un objetivo». Así, si el jovencito de los ejemplos anteriores, en lugar de hacer algo inadvertidamente que le acarrea la expulsión, por algún motivo –por ejemplo, porque no quiere estudiar y sus padres lo obligan– toma una «decisión heroica» para provocar la expulsión, entonces sus compañeros podrían decir:

- *Se comportó de modo que el director no **tuviera** más remedio que abrirle un expediente. ≈ Se comportó así para que el director no tuviera más...*

de ahí que, de aquí que ⇒ SUBJUNTIVO

Véase el ESQUEMA.

EJERCICIO VIII.8

¿Consecuencia o intención? Complete.

1. Hazlo de manera que no se *(dar,* él*)* .... cuenta.
2. Lo miró de manera que *(darse,* él*)* .... cuenta de que había comprendido.
3. Pórtate tan bien que *(decir,* ellos*)* .... que qué niño tan bueno.
4. Lo haremos de modo que todos *(salir,* nosotros*)* .... ganando.
5. Creo que ya está todo dicho, así que no *(volver)* .... usted a molestarnos más.
6. Me pareció que era mi deber, y por eso lo *(hacer,* yo*)* ....
7. El pobre lo necesita, así que ojalá *(tener)* .... suerte y le *(dar,* ellos*)* .... la plaza, hombre.
8. Ahora sabemos que estaba en casa, luego no *(poder)* .... ser él.
9. Aunque su economía nunca ha sido muy saneada, los españoles tienen una larga y rica historia cultural, de ahí que el conocimiento de su lengua *(constituir)* .... un vehículo de primerísimo orden para conocer algunas de las grandes creaciones de la Humanidad.
10. Pero ten mucho cuidado; díselo de manera que no *(sentirse)* .... obligado a hacerlo si no quiere.
11. Me ha llamado y me ha dicho que se encuentra mucho mejor, así que posiblemente *(poder,* nosotros*)* .... salir a celebrarlo.
12. Bueno, tampoco creo que fuera como para *(ponerse)* .... como se puso, pero ya sabéis cómo es.
13. No ha pasado de la fase de experimentación, de ahí que no *(considerar,* nosotros*)* .... prudente echar las campanas al vuelo y *(preferir)* .... esperar hasta contar con datos más fiables.
14. Lo haremos de modo que todos *(salir,* nosotros*)* .... ganando.
15. Ha sido una larga y minuciosa tarea de siglos, de suerte que hoy *(poder)* .... ustedes contemplar aquí reunidas obras de los más grandes pintores europeos.

RECAPITULACIÓN

EJERCICIO VIII.9

Complete.

1. Es tan atractiva que todos los hombres *(estar)* .... locos por ella.
2. No es tan atractivo como para que todas las mujeres *(estar)* .... locas por él.
3. El niño se había perdido, así que no *(haber)* .... otra solución que llamar a la policía.
4. Hizo el examen tan mal que el profesor lo *(suspender)* ....
5. Pepe no quería seguir estudiando, así que su padre le *(decir)* .... que se *(poner)* .... a trabajar.
6. Es muy posible que la hermana de mi compañera de habitación *(venir)* .... a vivir con ella, así que no *(tener, yo)* .... más remedio que buscar otro alojamiento.
7. Pedro estaba tan harto de él que lo *(mandar)* .... a paseo.
8. Pedro estaba hasta la narices de ella, así que *(comportarse, él)* .... aquella noche de manera que no *(haber)* .... dudas sobre sus intenciones.
9. Ya no es tan niño como para no *(saber)* .... lo que hace.
10. María se ha enterado; luego le *(ir, ellos)* .... con el chivatazo.
11. Gasta tanto dinero que acaso lo mejor *(ser)* .... que se *(casar)* .... y se *(independizar)* ....
12. Es posible que *(quedar, ellos)* .... tan cansados que no *(tener, ellos)* .... ganas de salir esta noche.
13. Tienes muchos discos de tangos, así que *(regalarme)* .... uno, anda.
14. Estoy en España y me gusta lo español, y por eso *(bailar, yo)* .... pasodobles.
15. Llegarán dentro de un momento, de modo que *(salir, tú)* .... rápidamente.
16. Nada, sigue en sus trece; es tan cabezota que no *(haber)* .... quien lo convenza.
17. Colócalos de manera que *(estar, ellos)* .... a mano.
18. Ya no tiene remedio, luego *(haber)* .... que estudiar la mejor manera de salir adelante y, como se suele decir, a lo hecho, pecho.
19. Pero si ése no tiene cuatro dedos de frente, así que no *(ser, tú)* .... bobo y *(olvidarte)* .... ya de él.
20. Es difícil que *(poder, nosotros)* .... llegar a un acuerdo; luego quizá lo mejor *(ser)* .... que *(dejar, nosotros)* .... aquí el tema y el lunes, más tranquilos, *(intentar, nosotros)* .... de nuevo buscar, como se decía hace unos años, el consenso.
21. La flauta de los Andes tiene un sonido tan dulce que me *(encantar)* .... saber tocarla.
22. ¡Vaya fiestecita la de anoche! Estoy tan cansado que más bien *(parecer)* .... que *(estar, yo)* .... para el arrastre.

EJERCICIO VIII.10

Joaquín no quiere ser menos que Ana, y también él ha empezado a escribir sus cositas. He aquí unas muestras; léalas y complételas.

1. Me dirijo a usted porque se me *(cerrar)* .... todas las puertas a las que he ido llamando. Espero de su reconocida amabilidad y cortesía que esta vez, al menos, *(obtener)* .... respuesta a mi escrito.

   El día 24 del pasado mes de marzo, mientras *(pasear, yo)* .... por la Plaza Mayor de esta ciudad, se me acercó un individuo que me exigió que le *(mostrar)* .... la documentación. Puesto que el citado individuo *(ir)* .... vestido de paisano y usted no *(desconocer)* .... que los atracos y atropellos a personas *(aumentar)* .... cada día en nuestra ciudad, mi primera reacción fue preguntar: «¿Quién es usted?». Cuando *(esperar, yo)* .... que el desconocido me *(mostrar)* .... su carné de policía, *(sujetarme, él)* ...., por lo que, en legítima defensa, le *(asestar)* .... un golpe, con tan mala fortuna que mi agresor *(caer)* .... fulminado al suelo. Y aquí comienzan mis desdichas: el desconocido resultó *(ser)* .... realmente policía y, según ha declarado después, parece ser que me *(confundir)* .... con un delincuente con el que, para mi desgracia, tengo algún parecido físico.

   A partir de ese nefasto día no ha habido un momento de tranquilidad en mi vida porque todo *(ser)* .... idas y venidas a la comisaría y al juzgado; de manera que un pacífico ciudadano –como creo que *(ser, yo)* .... – *(ver)* .... alterado el ritmo de su vida, hasta el punto de que incluso *(llegar)* .... a afectar a la estabilidad de su propio matrimonio. Y todo ello, porque un día *(tener, él)* .... la desgracia de que un agente de la autoridad le *(confundir)* .... con otro, y faltando a su obligación, no se *(identificar)* ....

   Mi desamparo y desolación son tales que no *(considerar, yo)* .... necesario *(insistir)* .... en ellos. Si se *(decir)* .... que las cárceles *(ser)* .... la mejor universidad de la delincuencia, yo estoy por asegurarle a usted que un incidente como el que le he relatado, y sobre todo sus consecuencias, *(poder)* .... convertir a un pacífico ciudadano en un peligroso criminal por puro instinto de supervivencia al *(sentirse)* .... perseguido injustamente.

   Dadas sus reconocidas disponibilidad e influencia, acudo a usted a fin de que *(intervenir)* .... en mi favor y *(poder)* .... terminar esta horrible y kafkiana situación. Atentamente.

2. La humanidad ha avanzado gracias al sacrificio y a la incomprensión de algunos grandes hombres; de ahí que *(ser)* .... de todo punto necesaria la existencia de cierta rebeldía e inconformidad en la juventud. El día que la juventud *(adocenarse)* .... y no *(oponerse)* .... a sus mayores, habrá que pensar que el final *(estar)* .... cerca.

3. Me dijeron que usted me *(poder)* .... ayudar, y por eso *(estar, yo)* .... aquí. Me habían hablado tan bien de usted que, cuando me *(recibir, usted)* .... como me ha recibido, *(pensar, yo)* .... por un momento que me *(equivocar, yo)* .... de persona. Pero disculpe usted, que ya no le *(molestar, yo)* .... más.

TEMA IX

Relativas(1)

ESQUEMA GRAMATICAL

Tipo: 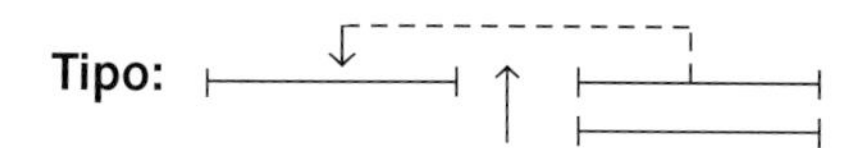

1 Relativos. Formas y usos: que, cual, quien, cuyo, cuanto, como, cuando y donde

que

Antecedente(2) de persona, animal o cosa:

- *El* ***estudiante que*** *haya aprovechado el tiempo...*
- *Los* ***peces que*** *hemos visto...*
- *Las* ***calles por las que*** *hemos pasado...*

Invariable:

- *Todo* ***hombre que*** *se precie de serlo...*
- *Toda* ***mujer que*** *se precie de serlo...*
- *Todos los* ***hombres que*** *estaban allí...*
- *Todas las* ***mujeres que*** *estaban allí...*

Puede ser sustituido por **el cual, la cual, los cuales, las cuales** en una frase explicativa, pero no en una especificativa o restrictiva(3):

- *Los padres, que deben ocuparse de la educación de sus hijos, tienen una gran responsabilidad. ≈ Los padres, los cuales deben...*
- *Los padres que se hayan ocupado de la educación de sus hijos sentirán la satisfacción de... ↛ *Los padres los cuales se hayan...*

---

(1) En este mismo tema incluiremos las estructuras **comparativas**, que responden al mismo tipo.

(2) Se llama antecedente en las gramáticas a la palabra –o frase– a la que alude el relativo. En el ejemplo siguiente, **muchachas** es el antecedente:

- *Nos paramos un rato a hablar con unas muchachas que estaban tomando el sol.*

(3) La distinción teórica entre frases relativas explicativas y frases relativas especificativas o restrictivas responde a lo siguiente:

explicativas: el relativo alude a todo el antecedente y equivalen en cierto modo a una frase causal o aclarativa:

- *Los alumnos, que vivían lejos, llegaron tarde. ≈ Los alumnos, porque vivían lejos, llegaron tarde*

especificativas: no explican, sino que restringen el antecedente:

- *Los alumnos que vivían lejos llegaron tarde. ≈ Sólo los alumnos que vivían lejos llegaron tarde.*

Más adelante volveremos sobre esta cuestión.

Es el relativo de uso universal; el que habitualmente utilizan los hablantes nativos de español.

Ofrece algunas dificultades el uso del artículo. Reglas para su uso:

a) **sin** preposición → **sin** artículo:

- *Los chicos* ***que*** *han llamado creo que son de toda confianza.*
- *Los chicos* ***que*** *vimos esta mañana me han llamado.*

b) **con** preposición → **con** artículo:

- *Los chicos* ***a los que*** *vimos esta mañana me han llamado.*
- *Y ésas son las razones* ***por las que*** *he venido.*

Ampliaciones de las reglas básicas a) y b):

Ampliaciones de a): sin preposición, pero con artículo:

1) **que** al comienzo de la frase:

- ***El que*** *está a la derecha me gusta más.*

2) **lo que** neutro:

- *Y es eso* ***lo que*** *a mí me preocupa.*

3) **todo** + artículo + **que:**

- *Puedes llevarte* ***todas las que*** *te gusten.*

4) **sólo, solamente, únicamente, exclusivamente** + artículo + **que**[1]**:**

- *Coge* ***sólo el que*** *está a la izquierda.*
- *He traído* ***solamente la que*** *me dijiste.*
- *Entraron* ***únicamente los que*** *tenían invitación.*
- *Llévate* ***exclusivamente lo que*** *necesites.*

5) **menos, salvo, excepto, tampoco, ni, ni siquiera, exceptuando, quitando** + artículo + **que**[2]**:**

- *Cógelos todos,* ***menos los que*** *están sin abrir.*
- *Las tengo todas,* ***salvo las que*** *llegaron ayer.*
- *Están todos,* ***excepto el que*** *perdimos.*
- *No lleves* ***tampoco la que*** *te compré ayer.*
- *No le ha dicho* ***ni lo que*** *acordamos.*

6) **también, incluso, hasta** + artículo + **que:**

- *Se han llevado* ***hasta los que*** *no valían.*
- *Trae* ***también la que*** *nos dio Ana.*

7) Doble especificación:

- *Dame ese cuaderno* ***que*** *está ahí, a tu derecha.*
- *Dame ese cuaderno,* ***el que*** *está ahí a tu derecha.*

---

(1) No debe confundirse con **sólo que:**

– **sólo que** → **indicativo =** «pero» (coloquial):

- *Se lo dije,* ***sólo que*** *no quiso. = Se lo dije,* ***pero*** *no quiso.*

– **sólo que** → **subjuntivo =** condicional de condición única:

- ***Sólo que*** *hubieras hecho... = Si hubieras hecho...*

(2) No debe confundirse con las partículas ya estudiadas: **menos que, salvo que** y **excepto que.**

8) Siempre que no está expreso el nombre antecedente:
   - *Bebieron las botellas* ***que*** *quedaban.* → *Bebieron* ***las que*** *quedaban.*
9) Con el verbo *ser:*

   Nombre + *ser* + artículo + **que:**
   - *Las mujeres son* ***las que*** *tienen que luchar.*

   Demostrativo + *ser* + nombre + **que:**
   - *Ésas son las mujeres* ***que*** *se manifestaron ayer.*

Ampliaciones de b):

1) Preposiciones como **a, para, sin, sobre, desde, contra,** etc., → necesariamente artículo:
   - *El problema* ***al que*** *se ha referido Carlos es más complejo.*
   - *Es un proyecto* ***para el que*** *yo les pido su colaboración.*
   - *Hay una serie de circunstancias* ***sin las que*** *no se hubiera producido.*
2) Otras preposiciones como **en, con, de,** etc., a veces pueden no usar artículo, pero en las mismas frases cabría usarlo:
   - *Es el tema* ***en (el) que*** *más se ha insistido.*
   - *Ése ha sido el criterio* ***con (el) que*** *hemos actuado.*
   - *Es importante la materia* ***de (la) que*** *esté hecho.*

   Con las mismas preposiciones, en cambio, el uso del artículo es necesario en las siguientes frases:
   - *Es una idea* ***en la que*** *me interesa insistir.*
   - *Con ese criterio es* ***con el que*** *hemos actuado.*
   - *Es un aspecto* ***del que*** *no nos podemos olvidar.*

   En consecuencia, el hablante extranjero debe aplicar siempre la regla básica b):

   con preposición → **con** artículo

cual

Como **que,** puede tener antecedente de persona, animal o cosa:
- *Se acercaron a unas* ***jóvenes, de las cuales*** *habían oído hablar tiempo atrás, pero que...*
- *Estas tribus hacían acopio de toda clase de* ***animales, con los cuales*** *luego...*
- *Habían construido un* ***puente****, de una gran longitud,* ***a través del cual*** *pasaron...*

No se usa en las frases restrictivas.

Siempre lleva artículo. Por lo tanto, **cual** en realidad no existe[1]; lo que existe es: **el cual, la cual, los cuales, las cuales, lo cual.**

El hablante extranjero suele abusar de este relativo, mientras que los nativos no hacen mucho uso de él; hay que corregir, pues, en lo posible esta tendencia. La forma **cual** tiene cierto nivel culto –hablado o escrito– y se usa fundamentalmente con preposición, sobre todo como neutro: **con lo cual, por lo cual, sin lo cual,** etc.

(1) No debe confundirse con el interrogativo **cuál.**

quien

Se usa con antecedentes de persona:

- *Que quede claro que fue **Elisa quien** lo dijo.*

Tiene variación de número. Plural: **quienes:**

- *Fueron ellos **quienes** no quisieron entrar.*

Nunca lleva artículo.

No puede ser sujeto de una frase restrictiva:

- *Los alumnos, **que** vivían lejos, llegaron tarde.*→ *Los alumnos, **quienes** vivían lejos, llegaron tarde.* [poco usual]
- *Los alumnos que vivían lejos llegaron tarde.*↛ *Los alumnos *quienes vivían lejos...*

Como **cual,** no es de uso muy frecuente. Se suele utilizar:

1) Alternando con **que:**

   Al comienzo de frase:

   - ***Los que** estén interesados pueden quedarse.* ≈ ***Quienes** estén interesados pueden quedarse.*

   Detrás del verbo *ser:*

   - *Las mujeres son **las que** deben...* ≈ *Las mujeres son **quienes** deben...*

   En frases hechas, modismos y refranes:

   - ***Quien** bien te quiere te hará llorar.* ≈ ***El que** bien te quiere...*
   - *Como **quien** oye llover.* ≈ *Como **el que** oye...*

2) Con valor distinto al de **que:**

   Sobre todo con preposición, **quien** y **que** pueden dar lugar a frases distintas: **quien** tiene valor generalizador, de indeterminación, frente a **que,** de significado más específico:

   - *Comeré **con quien** me dé la gana.* ≠ *Comeré **con el que** me dé la gana [de ellos].*

3) Uso obligado de **quien:**

   Cuando, referido a persona, va detrás del verbo *tener:*

   - *No tenía **quien** se lo hiciera.*

   Verbo *haber* + **quien** ≈ pronombre + *haber* + **que:**

   - *Hay **quienes** no saben lo que quieren.* ≈ *Los hay **que** no saben lo que quieren.*

cuyo

Es un adjetivo: **cuyo, cuya, cuyos, cuyas.**

Va entre dos nombres y concuerda con el segundo:

- *Un descubrimiento **cuyas consecuencias**...*

Es de uso exclusivamente culto:

- *Estamos, sin duda, ante uno de los grandes descubrimientos de la humanidad, cuyas consecuencias son imprevisibles en este momento.*

El grado de trabazón sintáctica que supone **cuyo** impide su uso conversacional. En la conversación resultaría afectado e incluso ridículo, por lo que se suele sustituir por: **y, que** + *tener*, **de, con, y su,** etc.:

- *Salamanca era una ciudad muy tranquila cuyas calles estaban llenas de gente. → Salamanca era una ciudad muy tranquila, y las calles estaban llenas de gente.*
- *Tengo un vecino cuyo coche es precioso y cuyo color es muy raro. → Tengo un vecino que tiene un coche precioso, de un color muy raro.*

cuanto

Equivale a:

lo que o **todo lo que:**

- *Dijo **cuanto** sabía. ≈ Dijo (**todo**) **lo que** sabía.*

todos los que:

- *Invita a **cuantas** quieras. ≈ Invita a **todas las que** quieras.*
- *Invita a **cuantos niños** quieras. ≈ Invita a **todos los niños que** quieras.*

Resulta, por lo general, más culto y es de uso menos frecuente que sus equivalentes. Recomendamos, pues, el uso de estos últimos y que se diga:

- *Come **lo que** quieras.*
- *Compra **todas las que** necesites.*
- *Que suban **todos los niños que** quieran.*

como

Equivale a **de la manera que** o **según:**

- *Hazlo **como** quieras.*
- *Hazlo **de la manera que** mejor te parezca.*
- *Hazlo **según** te parezca.*

El uso de **como** es obligado en la estructura: *ser* + gerundio + **como,** o estructura equivalente:

- *Es pasando hambre **como** se adelgaza.*
- *Con un trapo es **como** quedaría bien.*

cuando

El uso de **cuando** es obligado en la estructura: *ser* + expresión de tiempo + **cuando:**

- *Fue durante el otoño **cuando** estuvimos allí.*
- *Era los lunes **cuando** no teníamos clase.*
- *Será el martes **cuando** la veremos.*

donde

Antecedente de lugar.

Equivalencias con **que:**

en el que
en la que
en los que
en las que
} = **donde** (o: **en donde**)

- *El pueblo **en el que** hemos estado.*
- *La ciudad **en la que** hemos estado.*
- *Los pueblos **en los que** hemos estado.*
- *Las ciudades **en las que** hemos estado.*

} ***donde** hemos estado.*

O cualquier otra preposición: *a (por, hacia, hasta, de, desde)* + *el (la, los, las)* + **que** = *a (por, hacia, hasta, de, desde)* + **donde**.

Por lo general se pueden usar indistintamente **que** o **donde:**

- *La calle **por la que** íbamos. ≈ La calle **por donde** íbamos.*

Pero use preferentemente **donde,** porque su empleo resulta más cómodo y porque quizá sea, en términos absolutos, más frecuente que **que.**

El uso de **donde** es obligado:

En la estructura: *ser* + expresión de lugar + **donde**.

O bien: expresión de lugar + *ser* + **donde:**

- *Fue en Toledo **donde** la conocí.*
- *En Toledo fue **donde** la conocí.*

Hay que distinguir entre:

- *Fue en la calle **donde** nos vimos.*
- *Fue en esta calle **donde/en la que** nos vimos.*

– Cuando el antecedente es un adverbio de lugar: **aquí, ahí, allí, allá, acá, ...**

- *Esta ahí, **donde** tú lo dejaste.*

– Cuando no hay antecedente expreso:

- *Cenamos **donde** tú quieras.*

2 Uso de los modos

2.1 Regla básica:

Antecedente **conocido** o **concreto** ⇒ **INDICATIVO:**

- *Voy a casarme con una chica que **cocina** bien.*

Antecedente **no conocido** o **no concreto** ⇒ **SUBJUNTIVO:**

- *Voy a casarme con una chica que **cocine** bien.*

2.2 Especificaciones de la regla básica:

En las estructuras de relativo no cuenta aquello de: «pasado» y «presente» → **indicativo**/«futuro» → **subjuntivo**. Aquí, para el «pasado», para el «presente» y para el «futuro», se usará **indicativo/subjuntivo** de acuerdo con la regla básica:

- *Haz lo que te **ha dicho.** ≠ Haz lo que te **haya dicho**.*
- *Haz lo que te **dijo.** ≠ Haz lo que te **dijera**.*
- *Haz lo que te **está diciendo.** ≠ Haz lo que te **esté** diciendo.*
- *Haz exactamente lo que él te **va a decir.** ≠ Haz exactamente lo que él te **diga**.*

Los enunciados de carácter general, válidos para cualquier tiempo, o bien referidos a todos los miembros de un grupo o clase, se construyen con **indicativo:**

- *Envidio a los que **saben** disfrutar.*
- *Los españoles que **intervinieron** en la guerra civil, tanto los de un bando como los del otro, sufrieron sus terribles consecuencias.*

La alternancia **indicativo/subjuntivo** se da sólo en las frases especificativas o restrictivas, mientras que las explicativas van siempre en **indicativo.** Pero ello no es más que otra aplicación de la regla básica:

En las frases explicativas el antecedente es siempre concreto o conocido, luego ⇒ **INDICATIVO.**

En las frases especificativas puede ser conocido o no, concreto o no, luego ⇒ **INDICATIVO/SUBJUNTIVO:**

- *A la secretaria, que ahora **va** a coger sus vacaciones, no se lo podemos pedir.*
- *A la secretaria que ahora **va** a coger sus vacaciones no se lo podemos pedir.*
- *A la secretaria, a la que ahora **va** a coger sus vacaciones, no se lo podemos pedir.*
- *A la secretaria que ahora **vaya** a coger sus vacaciones no se lo podemos pedir.*

Por encima de la regla básica y sus aplicaciones concretas están siempre, por supuesto, las **excepciones universales.** Así, en la siguiente frase –que es explicativa– aparece el **subjuntivo**; pero éste, claro, ya no nos debe sorprender:

- *Los niños, a los que puede que **convenga** no decirles nada todavía, que vayan esta noche a dormir a casa de los abuelos.*
- *Los niños, a los que **conviene** no decirles...*

2.3 **Cuando la primera parte es negativa:**

Si la frase es estrictamente de relativo, es decir, si tiene mero valor explicativo o especificativo, se construye conforme a la regla básica:

- *No hables con ninguno de los que **están** allí.*
- *No hables con ninguno de los que **estén** allí.*

Si la frase tiene valor consecutivo o final se construirá conforme a las reglas que ya conocemos:

Valor consecutivo: una frase consecutiva cuya primera parte es negativa exige **subjuntivo,** luego ⇒ **SUBJUNTIVO:**

- *No le pregunté nada que no **pudiera** contestar. ≈ No le pregunté nada tan difícil que no pudiera contestar.*

Valor final: con independencia de que la primera parte sea afirmativa o negativa, una frase final –recuérdese– se construye: **mismo sujeto → infinitivo/distinto sujeto → subjuntivo,** luego ⇒ **INFINITIVO/SUBJUNTIVO:**

- *No tengo nada que **hacer** hoy.*
- *Me gustaría tener un sitio en el que **poder** estudiar ≈ para estudiar.*
- *Me gustaría tener un sitio en el que **pudieras** estudiar ≈ para que estudiaras.*

2.4 **Las frases parentéticas que repiten el verbo ⇒ SUBJUNTIVO:**

- ***Sea** quien **sea**.*
- *Lo **hiciera** como lo **hiciera**.*
- *Lo **haya traído** el que lo **haya traído**.*
- ***Esté** donde **esté**.*

EXPLICACIÓN Y AMPLIACIÓN GRAMATICAL

Las estructuras relativas son, sin lugar a dudas, las frases de uso más frecuente tanto del español escrito como, y sobre todo, del español hablado. Ello se debe a que con estas frases explicamos todo aquello que no tiene nombre, o que no se puede definir con una sola palabra –por ejemplo, con un adjetivo–, o sencillamente que no recordamos en un momento determinado. Fíjese:

- *Es un nuevo aparato **para el que** todavía no tenemos nombre en español y **que**, como casi siempre, proviene del mundo anglosajón. No sabríamos, la verdad, describirlo con pocas palabras; es un aparato **que** no es más grande que una moneda de cinco pesetas y **que**, sin embargo, realiza mil funciones, **para las que** hasta ahora se necesitaban otros tantos trastos de gran tamaño **que** llenaban inútilmente nuestras oficinas. El aparato, **que** cuesta...*

Si esto sucede en boca de un nativo, es lógico pensar que la frecuencia de uso de estas estructuras se multiplique en el caso de un hablante extranjero, ya que en él se dará más veces la circunstancia de no recordar o, sencillamente, de no conocer una palabra. ...Pero cuando esto ocurra, usted no debe detenerse, sino explicar el concepto; de manera que, si en un momento determinado, no recuerda, o no sabe, cómo se dice «nómada», por ejemplo, podrá expresarse, más o menos, en estos términos:

- *Sí, hombre, esos pueblos... Bueno no recuerdo cómo se dice en español, pero me refiero a esos **que se trasladan de un sitio a otro, que no viven en un sitio fijo**.*

O usted podría protagonizar un diálogo como éste:

— *Le di un golpe al aparcar y se rompió una lucecita de esas **que se encienden y se apagan, que señalan la dirección**.*
— *Un intermitente.*
— *Eso, un intermitente. Gracias.*

Por su frecuencia de uso, pues, son unas estructuras especialmente importantes, que conviene que usted conozca y domine muy bien.

1 Relativos: Formas y usos

que

El hablante extranjero suele abusar del uso de **cual;** los nativos, en cambio, se podría decir que casi sólo utilizamos **que**, sobre todo en la lengua conversacional. Debe usted, pues, habituarse al uso de **que** y sólo **que...**, salvo, lógicamente, en aquellos casos ya señalados en el ESQUEMA(1).

Ofrece cierta dificultad el uso o no uso del artículo. Pero esta dificultad se resuelve con la aplicación de una regla doble muy sencilla. Recordemos:

sin preposición → **sin** artículo

(1) No hay que confundir los relativos **que, cual** y **quien** con los interrogativos **qué, cuál** y **quién**. Cuando decimos que hay que usar **que** y sólo **que** estamos hablando de los relativos y no de los interrogativos, que tienen cada uno de ellos sus usos específicos. Véase el tema correspondiente.

- *Los chicos* ***que*** *han llamado creo que son de toda confianza.*
- *Los chicos* ***que*** *vimos esta mañana me han llamado.*

Note que el relativo **que** desempeña distinta función sintáctica en cada una de las dos frases: en la primera es sujeto; en la segunda, objeto directo. Sin embargo, en ningún caso lleva artículo, porque no importa la función sintáctica sino el simple hecho formal de la presencia o ausencia de preposición:

sin ———— **sin**

Si la segunda frase la construyéramos con la preposición **a** –como se puede hacer al tratarse de un objeto directo de persona–, automáticamente aparecería el correspondiente artículo:

- *Los chicos* ***a los que*** *vimos esta mañana me han llamado.*

con preposición → **con** artículo

- *Los chicos* ***a los que*** *vimos esta mañana...*
- *Y ésas son las razones* ***por las que*** *lo hizo.*

En algunos casos se puede callar el artículo, pero recordemos que su uso es siempre posible. La información del ESQUEMA, pues, es eminentemente pasiva –por si usted lo ve escrito o lo oye en boca de un nativo– ya que, para su uso activo, deberá aplicar siempre la regla:

con ———— **con**

EJERCICIO IX.1

Complete. Use: que, el que, la que, los que, las que.

1. Mira, la chica .... está subiendo a la moto es Isabel.
2. ¿Y éste es el cuadro .... causó tanta sensación? Pues, la verdad, no le veo el mérito.
3. El profesor de .... te hablaba en mi última carta resulta que me han dicho que está casado.
4. Ésa y no otra es la razón por .... no pude ir.
5. Tú vuelve a leer con atención las páginas .... te dije.
6. Tengo en casa muchísimas muñecas, así que si te vienes conmigo podrás jugar con .... tú quieras.
7. Los niños a .... atienden directamente sus padres suelen ser más equilibrados.
8. Los chicos con .... estuvimos ayer me han llamado por teléfono hace un momento.
9. Tomé una cerveza .... había en el frigorífico.
10. Es un tema de .... no me gusta hablar.

Ampliaciones de la regla básica sin ——— sin

1. Lea de nuevo los apartados 1), 2), 3), 4), 5) y 6) del ESQUEMA.

EJERCICIO IX.2

Complete. Use: el que, la que, lo que, los que, las que.

1. .... han luchado por ello han conseguido los mismos derechos que los hombres.
2. Pero también .... decide trabajar sólo en su casa puede sentirse liberada.
3. Entraron todos .... quisieron.
4. Tienen que quedarse sólo .... juegan a baloncesto.
5. Me encantan todos, menos .... tratan de gramática.
6. Puedes pedir todo .... te guste.
7. Todo .... esté dispuesto a trabajar en serio tendrá un puesto.
8. Me contó sólo .... le interesaba.
9. Excepto .... no he explicado en clase, lo demás todo entra en el examen.
10. Salvo .... tengan algún enchufe, los demás tienen poco que hacer.

2. Doble especificación

Por lo general, el hablante usa la especificación, digamos, simple, que se expresa con **que** (sin preposición – sin artículo) y en la escritura sin coma:

- *Dame esa cinta verde **que** está encima de la mesa.*

Pero si el hablante –por la razón que sea– especifica más, entonces recurre a un demostrativo –**este, ese, aquel**– o bien a la construcción con artículo:

- *Dame esa cinta verde. **Esa que** está encima de la mesa.*
- *Dame esa cinta verde, **la que** está encima de la mesa.*

EJERCICIO IX.3

Complete. Use: que, la que, los que (esos que).

1. Ya están fichados los libros .... llegaron ayer.
2. Los libros, ... llegaron ayer, creo que hay que devolverlos.
3. Los libros, aquellos .... pediste a Nueva York, han llegado ya.
4. Los estudiantes, bueno .... he dicho antes, se quedaron un rato más con el profesor.
5. El estudiante .... quiera un sobresaliente tendrá que clavar los codos.
6. Ésa, ... está a la derecha, es preciosa, ¿eh?

3. Lo contenido en los apartados 8) y 9) constituye, sin duda, el aspecto más complejo del uso del artículo con el relativo **que**, sobre todo lo referido al verbo *ser*. Además de lo señalado en el ESQUEMA, le puede ser útil lo siguiente:

sujeto + *ser* + artículo + **que:**

- *Los niños fueron **los que** lo pasaron bien.*

ser + sujeto + artículo + **que:**

- *Fueron los niños **los que** lo pasaron bien.*

sujeto + *ser* + atributo + **que:**

- *Era mi padre, **que** va a venir mañana.*
- *Ése es el libro **que** te decía.*

EJERCICIO IX.4

Complete. Use: que, el que, la que, los que, las que.

1. Ese chico es .... te decía ayer.
2. No, no; fueron mis padres .... llamaron.
3. Eran mis padres, ... llamaban para decirme que vienen a verme este fin de semana.
4. Esa chica fue .... me lo dijo.
5. Ésa es la chica .... me dijo que estabas aquí.
6. Ellos me pidieron que les llevara .... tuviera, y yo se los llevé.
7. Son los jueces .... tienen que intervenir.
8. Tus libros son .... están ahí, encima de la mesa.
9. Ésos son los libros .... pediste.
10. Ellos se llevaron todas las buenas y nosotros cogimos .... dejaron ellos.
11. Era Petra, ... quería preguntarme una cosa.
12. Era Petra .... quería preguntarte algo.
13. Rompe .... no sirvan y los otros los metes en el cajón.
14. Rompió los papeles .... no servían y los otros los guardó en un archivador.
15. Rompió los papeles –...................... no servían, por supuesto– y luego estuvo ordenando otras cosas.

cual

Recuerde que **cual** no aparece en las frases restrictivas. La distinción entre frases restrictivas y explicativas es una distinción teórica de la que pocos hablantes llegan a tener conciencia; pero a pesar de ello un hablante nativo no comete errores. Y no los comete porque usa muy poco esta forma. Haga usted lo mismo.

Su uso –de cierto nivel culto– compite con **que** cuando va acompañado de preposición y sobre todo cuando es neutro. En este sentido, debe usted tener en cuenta que **lo que** siempre es posible, mientras que **lo cual** sólo puede usarse cuando hace referencia a toda una frase anterior expresa:

- *Eso es **lo que** yo quiero.*
- *Haré **lo que** tú me digas.*
- *El tema aún no se ha debatido, **lo que/lo cual** ya es sintomático.*

EJERCICIO IX.5

Complete. Use: lo que, lo cual, los que, los cuales.

1. Haré .... crea que es mejor para los dos.
2. Recogió .... tenía aquí y se marchó.
3. Después de largas discusiones la Junta Directiva no ha podido llegar a un acuerdo. Ante .... ha decidido convocar Asamblea General el próximo sábado, día 8, a las 6 de la tarde.
4. Fue la actuación del ministro del Interior .... desencadenó la crisis.
5. El final es realmente sorprendente e inesperado, de .... se deduce que el autor tuvo en sus manos en todo momento los hilos de la trama.
6. Pero es que últimamente ya ni siquiera estudia, y eso es .... me preocupa.
7. El protagonista afronta una serie de acontecimientos a través de .... el autor va dando cuenta de su psicología así como de su entorno.

quien y **cuyo**

Véase el ESQUEMA.

EJERCICIO IX.6

Complete. Use: que, el (la,...) que, quien, quienes, cuyo, cuyas.

1. «En un lugar de La Mancha, de .... nombre no quiero acordarme, no ha mucho tiempo que vivía un hidalgo...»
2. Creo que me ha confundido con otro, señor. Yo no soy .... usted dice.
3. A .... madruga, Dios le ayuda.
4. Salgo con .... me da la gana, ¿entendido?
5. Salgo con .... conocí durante el curso de Salamanca.
6. Salgo con el chico .... conocí en Salamanca.
7. Porque conviene tener en cuenta y no perder nunca de vista que un grupo en el que la unidad se rompe, o .... relaciones se ven enturbiadas en un momento determinado por la acción de agentes externos, es un grupo en peligro.
8. Hay .... quiere y no puede.
9. Hay personas .... no saben adaptarse y eso, lógicamente, es un problema.
10. Son los hombres .... tienen que aprestarse a defenderse si no quieren...

cuanto, como, cuando y **donde**

Véase el ESQUEMA.

EJERCICIO IX.7

Complete. Use: cuanto, como, cuando, donde.

1. Estará .... tú lo dejaras, no sé.
2. Hazlo .... mejor te parezca.
3. Fue exactamente el dos de mayo –lo recuerdo muy bien– .... nos reunimos por última vez.
4. Pasando hambre y con mucha gimnasia es .... conseguirás perder esos kilos de más.
5. ¡Está bien! Yo creo que es mejor la otra carretera, pero iremos por .... tú dices.
6. Juro que .... he dicho es verdad.
7. No, no es así; es con una crema de arroz .... lo hacen en mi país.
8. Está ahí, ... tú lo pusiste.
9. Y sólo entonces fue .... comprendiste.
10. Fue en Salamanca y concretamente en el Huerto de Melibea .... lo vi la primera vez y ...., posiblemente por la influencia del lugar, empezó todo.

2 Uso de los modos

2.1 Regla básica:

Estas frases pertenecen a ese tipo de estructuras complejas en las que, en la segunda parte, puede aparecer el **indicativo** o el **subjuntivo** para crear mundos o universos distintos; son, por lo tanto, estructuras más difíciles que aquellas en las que todo se reduce a «si decimos tal partícula, detrás...». Pero esa dificultad inicial no lo es tanto, ya que el uso –que depende del carácter del antecedente– responde, en la inmensa mayor parte de los casos, a esta sencilla regla:

Antecedente **conocido** o **concreto** ⇒ **INDICATIVO:**

- *Voy a casarme con una chica que **cocina** bien.*

Antecedente **no conocido** o **no concreto** ⇒ **SUBJUNTIVO:**

- *Voy a casarme con una chica que **cocine** bien.*

Se ha dado cuenta, ¿verdad? Las dos frases son prácticamente iguales: sólo se distinguen por algo, en principio tan insignificante, como una vocal: cocin**a**/cocin**e**. Sin embargo crean mundos completamente distintos.

Para la primera podríamos pensar en una situación como ésta: «Tengo novia, se llama María, es española, tiene diecinueve años, es guapísima, morena, con los ojos verdes; es también muy rica y heredera de un título nobiliario; ... y además, **cocina** muy bien».

Para la segunda: «Todavía no tengo novia, por lo tanto no sé cómo se llamará, si será española, francesa o de cualquier otro país, alta o baja, rubia o morena, rica o pobre,...; no sé nada de ella, pero como me gusta mucho comer bien, y soy un poco machista, será una chica que **cocine** muy bien».

Pero no olvide esto: además de las nociones de «conocido/no conocido», e incluso más importante que eso, son los conceptos de «concreto» o «determinado» (→ **indicativo**)/«no concreto» o «indeterminado» (→ **subjuntivo**). Fíjese:

- *Estoy buscando a una persona que **habla** alemán.*
- *Necesito una persona que **hable** alemán.*

Para la primera frase podríamos pensar en un contexto como:

«No la conozco ni sé cómo se llama, pero me han dicho que hay aquí una persona que habla alemán y estoy buscando a **esa** persona que **habla** alemán» (→ antecedente «concreto»).

Para la segunda: «Tengo que traducir una cosa al alemán; no sé alemán ni tampoco conozco a nadie ni sé de nadie que lo hable, por eso necesito y estoy buscando a alguien, a **cualquier** persona que **hable** alemán» (→ antecedente «indeterminado»).

Por eso, por tratarse de algo «concreto», aunque pueda ser desconocido para el hablante y su interlocutor, un joven puede preguntarle a otro:

- *¿Conoces a la chica que **ha venido** a vivir al octavo?*

O, sentadas en la terraza de un bar, unas chicas pueden decir de un individuo al que no han visto antes nunca:

- *¿Te has fijado en ese que **está** sentado tres mesas más allá? A la derecha. (...) Sí, el que **lleva** una camisa de rayas. No nos quita ojo. ¡Y cómo está...!*

EJERCICIO IX.8

¿Concreto o no, conocido o desconocido? Complete.

1. Tengo que ponerlo en un sitio donde no *(poder)* .... alcanzarlo los niños.
2. La novela que *(estar leyendo, yo)* .... es muy interesante.
3. Por favor, que se ponga en pie el que *(escribir)* .... eso en la pizarra.
4. Tú preséntate al examen con los cuatro o cinco temas que *(preparar, tú)* ....; a ver si suena la flauta.
5. Es sin duda el mejor estudiante de todos los que *(tener, yo)* .... este año.
6. Es el mejor estudiante que *(pasar)* .... por la Universidad de Salamanca.
7. No va a ser fácil encontrar un piso que *(reunir)* .... todas esas condiciones que tú *(querer)* ....
8. Los que *(realizar)* .... ayer la prueba no tienen que repetirla hoy.
9. No, gracias; estoy muy bien donde *(estar, yo)* ....
10. Quítalo de ahí y ponlo donde *(decir)* .... tu padre.
11. Hazlo como *(querer)* ....
12. El próximo número, que *(salir)* .... a finales de mayo, promete ser muy interesante.

Vamos a abrir aquí un pequeño paréntesis para indicar que la regla básica de las frases de relativo es aplicable también a las *comparativas*. Es decir, a las estructuras que usan las partículas:

como, igual que, lo mismo que

tan, tanto ... como
tan, tanto ... cuanto

tal ... como

más (menos, mejor, peor...) ... de/que
no ... más (menos) de/que

el más (menos, mayor, menor,...) ... de/que

EJERCICIO IX.9

Complete.

1. Antonio gasta más de lo que *(ganar, él)* ....
2. En un mes gasta él más de lo que *(poder, tú)* .... ganar tú en un año.
3. Las españolas me han parecido tan guapas como *(esperar)* ....
4. Hazlo exactamente tal como él te *(decir)* ....
5. Ha quedado mucho mejor de lo que yo *(creer)* ....
6. Es de lo más atrevido que yo *(ver)* .... en mi vida.
7. Exactito como yo me lo *(imaginar)* ....
8. Tú cómprate lo mismo que se *(comprar)* .... ellos.
9. Una vez allí, procura no llamar la atención y haces lo mismo que *(hacer)* .... los demás.
10. Tal como *(ir)* .... las cosas es mejor no presentarse.

2.2 Especificaciones de la regla básica:

Véase el ESQUEMA.

EJERCICIO IX.10

¿Determinado o indeterminado, conocido o no? Complete.

1. Vaya a recoger a la estación a unos congresistas que *(llegar)* .... mañana.
2. Tienes que recoger en la estación a los congresistas que *(llegar)* .... mañana.
3. Que dejen una nota en mi buzón los que el próximo fin de semana *(querer)* .... salir al campo.
4. Por favor, te encargas tú de atender las llamadas que *(haber)* .... mañana.
5. Los países que *(gastar)* .... mucho en armamento necesariamente tienen que desatender otras cuestiones.
6. ¿Tiene algo que *(poder)* .... sustituirlo?
7. Los obreros, que *(agotar)* .... todos los otros medios, decidieron ir a la huelga.
8. A las puertas que tú *(ver)* .... que tienen falta les pasas un trapo húmedo.
9. Y las puertas, que *(estar)* .... todas que daban pena, las hemos pintado.
10. A última hora vendrán unos señores, que le *(pedir)* .... una serie de datos. Atiéndalos bien, por favor.
11. A última hora vendrán unos señores, que posiblemente le *(pedir)* .... información sobre el «asunto de la colza». Sea amable con ellos.
12. Los que acaso sí te *(poder)* .... ayudar, o por lo menos darte alguna pista, serían los del departamento de germanística.

2.3 Primera parte negativa:

Este apartado es, en realidad, la única dificultad seria que ofrecen las frases relativas. Vea de nuevo el ESQUEMA, pero tenga en cuenta que puede aplicar estas dos reglas prácticas, operativas:

Cuando negamos la existencia total, absoluta de algo (= valor final) o negamos que exista lo apropiado, lo adecuado (= valor consecutivo) ⇒ **SUBJUNTIVO:**

- *No conozco allí a nadie que* ***pueda*** *ayudarme.*

La frase del ejemplo puede significar: 1) «no conozco allí absolutamente a nadie, y por lo tanto no puedo recurrir a nadie **para que me ayude**», y 2) «conozco a mucha gente allí, pero no conozco a nadie **tal** (= tan preparado, tan importante, tan desinteresado,...) **que pueda ayudarme**».

El uso del *infinitivo* puede limitarse a frases en que aparecen los verbos: *haber, tener, quedar*, seguidos de palabras como: *algo, nada, mucho, poco, bastante, demasiado, algún:*

- *Allí no había nada que* ***hacer****.*
- *Tengo muchas cosas que* ***contarte****.*
- *¿Hay algo que* ***traer*** *esta mañana?*
- *Todavía queda bastante que* ***explicar****.*
- *Le queda demasiado que* ***aprender****.*
- *No tengo nada que* ***ocultar.***
- *Tengo algo que* ***decirte.***
- *Hay mucho que* ***investigar.***

EJERCICIO IX.11

Complete.

1. Yo no vi allí a nadie de los que *(estar, tú)* .... diciendo.
2. Había mil cosas, ésa es la verdad; pero nada que *(merecer)* .... la pena.
3. No creo que haya mucho que *(discutir)* .... con él.
4. No tengo ningún libro que tú no *(leer)* .... ya.
5. No le pregunté a ninguno de los que *(estar)* .... allí porque no me pareció necesario.
6. No conozco a nadie que *(estar)* .... siempre tan pendiente de los demás.
7. Tengo yo demasiadas cosas que *(resolver)* .... esta mañana para andar perdiendo el tiempo con eso.
8. Estaba a lo suyo y no comprendió absolutamente nada de lo que le *(decir, yo)* ....
9. A nadie que *(tener)* .... dos dedos de frente se le ocurre hacer eso que hizo Antonio.
10. De los que estaban allí, no había ni uno que *(querer)* .... colaborar con nosotros.

2.4 **Frases parentéticas con verbo repetido ⇒ SUBJUNTIVO**

EJERCICIO IX.12

Complete.

1. Ten mucho cuidado, y sobre todo no le abras a nadie, *(ser)* .... quien *(ser)* ....
2. Te servirá de poco. Lo *(hacer, tú)* .... como lo *(hacer, tú)* ...., va a decir que es una... Ya sabes.
3. Estaba ya harto porque, *(hacer, yo)* .... lo que *(hacer, yo)* .... siempre le parecía mal.
4. Y tú, *(ser)* .... la hora que *(ser)* ...., llámame, que voy rapidamente.
5. *(Estar, él)* .... donde *(estar)* ...., hay que intentar localizarlo.

RECAPITULACIÓN

EJERCICIO IX.13

Complete. Use las formas adecuadas de relativo.

1. No me gustó nada la película .... pusieron anoche en la televisión.
2. La policía quería que le enseñáramos todo .... llevábamos en el coche.
3. El presidente ha anulado su visita a ese país, ... constituye un grave incidente internacional.
4. El hombre es .... debe decidir libremente si las nuevas tecnologías son beneficiosas para la humanidad.
5. La ciudad, a .... entrada hacían guardia dos grandes leones tallados en piedra, tenía ese único acceso escavado en la roca.
6. Fue por aquí, más o menos, por .... pusimos la tienda en la última acampada.
7. Por favor, que entren sólo .... estén realmente interesados en verlo.
8. Es con un bolígrafo con .... escribe siempre.
9. Con esa pluma .... ven ustedes ahí es con .... solía escribir el novelista.
10. Ha sido con una pistola con .... parece ser que han disparado.
11. Con Antonio es con .... más a gusto trabajo.
12. ¿El libro .... le compramos? Allí está en la estantería; ni siquiera lo ha abierto.
13. Coge .... quieras, que hay muchos.
14. Fue a Juan a .... se le ocurrió la feliz idea.
15. Pedro es .... debería quedarse.
16. Que levanten la mano todos .... estén de acuerdo.
17. Las tijeras estarán .... tú las dejaras.
18. Lo recuerdo perfectamente: fue en marzo .... aparecieron los primeros síntomas.
19. Estudiando es .... llegarás a ser alguien.
20. Haz .... te dé la gana y déjame en paz.
21. Y eso es todo .... quiero.
22. No hay .... pueda contigo.
23. Hubo .... se hizo rico durante la guerra.
24. Los hubo .... se hicieron ricos.
25. Puedes quedarte con .... más te gusten.
26. Los niños .... fueron muy queridos por sus padres suelen ser personas adultas muy equilibradas.
27. Aviso para .... juegan en el equipo de baloncesto: esta tarde a las cuatro tienen entrenamiento.
28. ....quiera hablar y escribir correctamente español tiene que trabajar seriamente.
29. El premio se lo han dado a Ana, ... me parece justo porque su trabajo era realmente el mejor.

EJERCICIO IX. 14

Complete.

1. Se quedarán en clase los alumnos que *(llegar)* .... tarde.
2. Tienes que leer todos los libros que te *(recomendar)* .... el profesor.
3. Te compraré esa muñeca que te *(gustar)* .... tanto.
4. Te compraré la muñeca que más te *(gustar)* ....
5. Hizo todo lo que usted le *(decir)* ....
6. Debéis hacer un resumen de lo que os *(explicar)* .... hoy.
7. Hará todo lo que usted le *(decir)* ....
8. Recoge la correspondencia que me *(llegar)* .... en estos días que voy a estar fuera.
9. A Ana puedes encontrarla en cualquier discoteca donde *(haber)* .... buena música.
10. Nos volvimos a encontrar con ellos en el mismo restaurante donde nos *(ver)* .... el día anterior.
11. Llévalos a algún sitio donde tú *(creer)* .... que lo pueden pasar bien.
12. ¿Conoces algún sitio donde *(poder,* nosotros*)* .... estar tú y yo, solos, sin que nadie nos moleste?
13. Continuaremos el tema exactamente donde lo *(dejar,* nosotros*)* .... ayer.
14. Por favor, acércame ese vaso; ése que *(estar)* .... ahí, en la mesa.
15. Vete rápido a la cocina y tráeme el primer vaso que *(ver,* tú*)* ....
16. Sabes que no me gusta la gente que *(hablar)* .... sin saber.
17. No me dijo nada que no *(poder)* .... oír un niño.
18. No me iba a repetir otra vez lo que ya me *(contar,* él*)* ...., digo yo.
19. No dijo nada de lo que nos *(interesar)* ....
20. Comió lo poco que *(haber)* .... en el frigorífico y luego, eso sí, bebió de lo lindo.
21. No tardes en volver, que hay mucho que *(hacer)* .... esta mañana.
22. No conozco a ninguno de los que te *(dar)* .... clase este año.
23. No me gusta nada, en absoluto, ese tipo que *(estar)* .... ahí mirando con cara de imbécil.
24. Es una ciudad bonita, sí, pero hay poco que *(ver)* ....
25. Necesito un camarero que *(tener)* .... mucha experiencia y *(poder)* .... hacerse cargo él solo del bar.
26. Estoy buscando a un camarero que me *(atender)* .... ayer; un señor muy simpático que *(hablar)* .... con acento canario o andaluz.
27. Busco al camarero que me *(atender)* .... ayer.
28. Y los muchachos, que se *(marear)* .... en cuanto hay dos curvas, nos dieron un viajecito...
29. Aquí te dejo esto. Se lo das a un señor que *(venir)* .... luego a recogerlo.
30. ¿Sabes de alguien que *(poder)* .... copiármelo a máquina?

EJERCICIO IX.15

He aquí nuevos recuerdos y nuevos intentos literarios de Ana y de Joaquín. Complételos.

1. Vivían en una casa a las afueras del pueblo, que *(tener)* .... un pequeño jardín y en la puerta –que *(recordar,* yo*)* .... que *(ser)* .... de madera sin pintar y sin barnizar– había una placa, de esas que todavía se *(ver)* .... a veces, con un Corazón de Jesús y una leyenda que *(decir)* .... «Dios bendiga esta casa y a los que *(vivir)* .... en ella». Me encantaba ir porque la abuela *(tener)* .... siempre un queso exquisito, que *(hacer)* .... ella misma y para lo que *(utilizar)* .... una serie de aparatos que nunca *(saber,* yo*)* .... muy bien cómo se llamaban.
2. No es fácil *(concentrarse)* .... ni *(trabajar)* .... mientras los niños *(jugar)* .... a tu lado con el ordenador. El jueguecito, que *(tener)* .... una musiquilla bastante molesta, es la cosa más boba que *(ver,* yo*)* .... en mi vida, pero la verdad es que a ellos les *(gustar)* .... y *(pasarse)* .... las horas muertas delante de la pantalla. Esperemos que, al menos, se *(aficionar)* .... al aparato, y que, después de los juegos, algún día *(poder)* .... sacarle algún provecho, porque ya se *(saber)* .... que el futuro –por lo menos el futuro próximo– *(estar)* .... en los ordenadores, y los que *(llegar)* .... a ese futuro bien preparados tendrán, lógicamente, más oportunidades.
3. La Semana Santa, que en muchas ciudades españoles *(tener)* .... una especial significación por las conocidas procesiones, se está convirtiendo, también en España, en un aperitivo de las vacaciones de verano. Millones de españoles, que *(acabar)* .... de viajar con motivo del reciente puente de San José, se han echado de nuevo a la carretera para *(dirigirse)* .... a alguna de las playas del Mediterráneo y *(tomar)* .... así contacto con el mar, a modo de ensayo de lo que *(ser)* .... las vaciones estivales... Claro que algunos se *(quedar)* .... en el aperitivo porque, en cada salida, la carretera se *(cobrar)* .... su tributo como si de la versión moderna de algún ser mitológico y sanguinario se *(tratar)* .... Pero dejemos estas reflexiones porque, si continuamente *(estar,* nosotros*)* .... pensando en los peligros que nos *(acechar)* ...., mejor *(ser)* .... quedarse en casa, o mejor aún, no haber nacido, porque la vida, si *(ser)* .... algo, es riesgo y tal vez ahí *(residir)* .... su belleza.
4. La estantería, que *(estar)* .... repleta de libros, era una auténtica tentación. Andrés se acercó y cogió uno que *(tener)* .... la cantonera en oro; lo abrió y leyó: «El que algo *(querer)* ...., algo le cuesta», o dicho más vulgarmente: «El que *(querer)* .... peces, que se moje el culo». Andrés cerró el libro y miró de nuevo la cantonera. «Oro por fuera y basura por dentro», pensó y lo dejó de nuevo en su sitio. Pero ya no se tranquilizó; es posible que aquello *(ser)* .... una premonición. «¡Maldito libro! Seguro que en mi vida no se me *(volver)* .... a ocurrir abrir uno mientras *(esperar,* yo*)* ....» En aquel momento se abrió la puerta y apareció don Telesforo, con aquella sonrisa que le *(hacer)* .... famoso.

5. Antes era el ordenador, pero ahora es toda la familia la que *(estar)* .... a mi alrededor y parece que todos *(tener)* .... ganas de hablar y de hablar. Si a esto le *(añadir,* nosotros*)* .... que *(ser)* .... Domingo de Resurrección, mi futuro lector se podrá hacer una idea de las condiciones en las que *(estar,* yo*)* .... escribiendo esto. Se me olvidaba decir que ahora ya *(quitar,* ellos*)* .... el ordenador, pero que en la televisión –que ¡cómo no! *(estar)* .... a buen volumen– *(estar)* .... hablando el Papa. Fernando, que *(ser)* .... el segundo de mis hijos, está un tanto guerrero, posiblemente secuela del hecho de que ayer no *(encontrar)* .... en toda Salamanca unos pantalones de su gusto –aclaremos que Fernando *(tener)* .... diez años– después de *(haber tenido)* .... grandes problemas para *(elegir)* .... unos zapatos entre no menos de treinta pares ¡Pobre dependiente!... Por supuesto, nadie mira la televisión, que *(seguir)* .... dándome la lata mientras que los niños *(ir)* .... subiendo el tono y, por si algo me *(faltar)* ...., resulta que a algún vecino le *(dar)* .... por arreglar algo en su casa y *(estar)* .... martilleando. Pero, como nada *(tener)* .... límite, mientras *(escribir,* yo*)* .... la línea anterior, han bajado de su casa los abuelos con la noticia de que en Alicante *(estar)* .... ardiendo el Hotel Meliá. Mejor no seguir...

TEMA X

Interrogativas

ESQUEMA GRAMATICAL

Tipo: ⊢———⊣ ↱ ⊢———⊣

1 Introductores: quién (quiénes), qué, cuál (cuáles), cuándo, cuánto, dónde, cómo, si

1.1 Uso de **quién (quiénes), qué** y **cuál (cuáles):**

quién

Se usa para indicar:

La identidad:

- *¿**Quién** llama?*
- *No sé de **quién** hablas.*
- *Dime **quién** te lo ha dicho.*

La identidad entre varias personas (también **cuál**):

- *A **quién** de los dos se lo damos. = A **cuál** de los dos se lo damos.*
- *Con **quién** [de ellos] te gustaría hablar. = Con **cuál** te gustaría hablar.*

qué

Se usa para:

Preguntar por la definición o esencia de algo:

- *¿**Qué** es la felicidad?*
- *Quiero saber **qué** es eso.*

Con valor «neutro» = «qué cosa»:

- *¿**Qué** piensas?*
- *No sabía **qué** era lo que pasaba.*

Neutro con elección:

- *¿**Qué** te apetece? ¿Cerveza, un refresco, vino, agua...?*
- *Me preguntó **qué** me apetecía, si vino, cerveza, agua...*

Referido a persona, pregunta por la profesión:

- *¿**Qué** es Pedro? ≠ ¿**Quién** es Pedro?*

Es el único interrogativo que puede ir con un nombre. Luego hay que evitar:

*cuál libro → **qué libro** *cuáles hombres → **qué hombres**
*cuál mujer → **qué mujer** *cuáles cosas → **qué cosas**

Se usa cuando hay elección (también **cuál**, aislado):

- *¿**Qué muñeca** (de éstas) te gusta más? = ¿**Cuál** (de estas muñecas) te gusta más?*
- *Quería saber **qué traje** me iba a poner. = Quería saber **cuál** me iba a poner.*

como cuando no hay elección:

- *¿Sobre **qué tema** va a hablar?*
- *Me interesa saber sobre **qué tema** va a hablar.*

cuál

Es siempre término aislado. Se usa con valor:

«partitivo» (para la elección entre seres del mismo género o especie/para la elección entre distintos géneros → **qué**).

- *¿**Qué** quieres que te compre? ¿Una muñeca, una cartera,...?*
- *¿**Cuál** [de las distintas muñecas de la tienda] quieres?*

Si se refiere a persona, también **quién** o **qué** + nombre:

- *¿A **cuál** [de los dos fontaneros] llamo?*
- *¿A **quién** [a Antonio o a Pedro] llamo?*
- *¿A **qué fontanero** [de los dos] llamo?*

Si a cosa o animal, también **qué** + nombre:

- *¿**Cuál** [de las distintas muñecas] quieres?*
- *¿**Qué muñeca** [de las de la tienda] quieres?*

«especificativo»:

— *¿Me da ese libro, por favor?*
— *¿**Cuál**?*
— *El primero de la derecha.*

En lugar de **cuál** se podría usar **qué** + nombre:

— *¿**Qué libro**, señorita?*
— *El primero de la derecha.*

1.2 Los interrogativos pueden ir precedidos de **que.** Para indicar:

Intermediario:

- *Pregúntale (**que**) cuándo es el examen.*

Pregunta repetida:

— *¿Dónde está Andrés?*
— *¿Qué?*
— *¿(**Que**) dónde está Andres?*

Sorpresa:

- *¿(**Que**) cuándo llegó? ¿(**Que**) tú no sabes cuándo llegó?*

Anticipación:

- *¿(**Que**) qué pasó luego? Ustedes pueden imaginárselo. Yo...*

Especificación:

- *¿Qué te pasa, (**que**) no tienes ganas de ir?*

Estilo indirecto:

- *Para que digan **que** qué niño tan bueno.*

2 El modo en las interrogativas indirectas

2.1 **Regla básica:** aunque la primera parte sea afirmativa o negativa, o se trate de un verbo de Grupo-I o de un verbo de Grupo-II ⇒ **INDICATIVO**[1]:

- *Sé muy bien quién lo **ha hecho**.*
- *No sé quién lo **ha hecho**.*
- *No estaba muy seguro de qué **era** lo que quería.*
- *No importa si **está** viejo.*

2.2 Los verbos **saber** y **no saber:**

sujetos distintos ⇒ (regla básica) **INDICATIVO:**

- *Sé quién lo **ha hecho**.*
- *No sé cómo lo **ha hecho**.*

mismo sujeto ⇒ **INFINITIVO/INDICATIVO:**

- *No sé qué **hacer**.*
- *No sé qué **hago** aquí.*
- *Sé dónde **ponerme**.*
- *Yo sé dónde me **pongo**.*

El uso del **infinitivo/indicativo** parece responder a diferencias de significado de **saber.** Así, **no saber**, con **infinitivo**, significa «dudar, vacilar, no saber muy bien»:

- *No sé que **hacer**.*

Con **indicativo**, en cambio, su significado es «ignorar, desconocer»:

- *No sé cómo lo **he hecho**.*

2.3 Distinga y no confunda

Las estructuras de *Verbo-1* + *que* + *Verbo-2* (Tema III) y las *interrogativas*:

- *No estaba muy seguro de qué **era** lo que quería hacer.*
- *No estaba muy seguro de que **quisiera** hacerlo.*
- *No importa si **está** viejo.*
- *No importa que **esté** viejo.*

La partícula **cuando** temporal y **cuándo** interrogativo:

- *No sé cuándo **vendrá**, pero cuando **venga** me va a oír.*

La partícula **si** condicional y **si** interrogativo:

- *No sé si **vendrá**, pero si **viene** que pase.*

---

(1) El hablante extranjero aplicará esta regla, aunque a veces pudiera aparecer –en un tipo de español culto– **subjuntivo**, dada la proximidad de estas frases con las sustantivas y con las de relativo.

EXPLICACIÓN Y AMPLIACIÓN GRAMATICAL

¿Me permite una aclaración de tipo gramatical? Las frases interrogativas pueden ser:

Directas: frases simples con entonación interrogativa:

- *¿Quién ha venido?*

Indirectas: frases complejas sin entonación interrogativa:

- *Dime quién ha venido.*

Tanto las directas como las indirectas pueden ser:

Generales: se pregunta sobre la acción del verbo:

- *¿Ha venido?*
- *Dime si ha venido.*

Parciales: se pregunta por el sujeto, el objeto u otra circunstancia de tiempo, lugar, etc.

- *¿Quién (o: qué, cómo, cuándo, etc.) ha venido?*
- *No sé quién (o: qué, cómo, cuándo, etc.) ha venido.*

Las generales directas:

- *¿Ha venido?*

no tienen introductor; es suficiente la entonación. Las indirectas, en cambio, se producen con si:

- *Dime **si** ha venido.*

Pero los introductores de las parciales son los mismos para las directas y para las indirectas. Luego lo que vamos a ver sobre el uso de **quién, qué** y **cuál** se refiere al uso general de estos interrogativos.

1 Introductores

1.1 Uso de **quién (quiénes), qué** y **cuál (cuáles):**

Para su uso remitimos al ESQUEMA. Aquí nos limitaremos a poner de relieve aquellos aspectos en los que la experiencia nos dice que el hablante extranjero, incluso el de nivel avanzado, suele tener dificultades.

El uso de **quién** no ofrece, por lo general, problemas. Llamaremos sólo la atención sobre la distinción: **quién** → identidad/**qué** → profesión, referido a persona:

- *¿**Quién** es tu padre? ≠ ¿**Qué** es tu padre?*

Los problemas más serios se reducen a dos, referidos a **qué** y **cuál:**

1) **Qué** y **cuál** tienen los dos valor partitivo, es decir, de «elección». Pero **qué** –de acuerdo con su valor general de neutro– elige entre «cosas distintas», mientras que **cuál** elige entre «variedades de una misma cosa», o dicho de otro modo: **qué** → «esencia»/**cuál** → «accidente» en el sentido filosófico de estos dos términos.

De manera que, tome nota. A una niña por ejemplo, le podemos preguntar:

*— ¿**Qué** quieres que te regale: una muñeca, una cartera,...?*

Si elige la muñeca, por ejemplo, y vamos con ella a una tienda, le preguntaremos:

*— A ver, dime **cuál** te gusta más.*

2) La segunda dificultad –más fácil que la anterior– es que sólo **qué** puede ir acompañado de un nombre:

qué hombre
qué mujer
qué perro
qué novela

Entonces, aunque es un error muy frecuente, es también muy fácil de corregir: sencillamente, no diga:

*cuál hombre
*cuál mujer
*cuál perro
*cuál novela

Por último, vamos a hacer unos comentarios a partir del ejemplo de valor especificativo de **cuál:**

— *¿Me da ese libro, por favor?*
— *¿**Cuál**? [=¿**Qué libro**, señorita?]*
— *El primero de la derecha.*

a) El uso de **cuál** implica que nuestro interlocutor ha comprendido, pero no sabe a qué libro nos referimos, y por eso nos pide que especifiquemos más. La frase:

— *¿**Qué libro**, señorita?*

tendría el mismo significado, pero –como suele suceder con las respuestas más largas– implicaría un grado más alto de cortesía.

b) Pero en el lugar de **cuál** o **qué libro** podrían aparecer las partículas: **¿Qué?, ¿Cómo?** o **¿Sí?**(1), que significarían, como es sabido, que nuestro interlocutor no ha entendido o no ha comprendido y quiere que repitamos nuestra pregunta.

c) O también podrían aparecer **¡Qué!, ¡Qué libro!** o **¡Cómo!**, cuya entonación no siempre resulta fácil para el hablante extranjero, y que significarían que nuestras palabras causan sorpresa en nuestro interlocutor.

Fíjese. Si Peter, por ejemplo, entra en una pastelería y deja olvidado sobre el mostrador su libro de español, al volver para recogerlo podría producirse el siguiente diálogo –en el intervalo, la dependienta ha colocado el libro en una estantería y ha salido a hacer unas cosas; en su lugar, está ahora un dependiente–:

— *¿Me da ese libro, por favor?*
— *¡Cómo!*
— *Sí, mire es que lo dejé antes...*
— *¡Ah, perdone! Tenga usted.*

(1) Pueden utilizarse otras fórmulas como **¿Dígame?, Por favor, no he...**, etc. En ciertas zonas de América es muy frecuente **¿Mande?**

1.2 Los interrogativos pueden ir precedidos de **que**

Este **que** no es necesario, pero es de uso muy frecuente sobre todo en el español hablado. Por lo tanto, debe usted incorporarlo a su uso activo del idioma, para que éste se parezca cada vez más al de un nativo. Cuide su entonación.

En el ESQUEMA hemos visto ya los distintos contextos en los que puede aparecer. Aquí nos limitaremos a analizar algunos:

1) «Intermediario». Es decir, cuando el hablante no hace él mismo la pregunta, sino que le dice a otro que la haga, es muy frecuente la aparición de **que**.

Así, si Andrés es tan tímido que no se atreve a dirigirse al profesor, le dará con el codo a su compañero de asiento y le dirá en voz muy baja:

- *Pregúntale **que** cuándo es el examen.*

Esta situación es tan coloquial que es muy difícil que Andrés pudiera decir esa frase sin utilizar **que**.

2) «Anticipación». Supone, por lo general, contextos más cultos que la situación anterior.

Es frecuente, por ejemplo, en un escritor que se dirige a su futuro lector:

- ***¿Que** qué pasó luego?*

Es decir, «¿Y tú, desconocido lector, me preguntas qué pasó después de lo que he contado?»

EJERCICIO X.1

Complete. Use: qué, quién, cuál.

1. A veces a los niños se les hace la estúpida pregunta de a .... prefieren, a papá o a mamá.
2. La señora, intrigada, le preguntó a su marido .... eran aquellos hombres.
3. ¿...................... de ellos crees que tiene más posibilidades de vencer?
4. Me preguntó .... era una cosa que había en el suelo.
5. No sé .... habrá podido contarle tantas mentiras.
6. Me gustaría saber .... periódicos se venden más en tu país.
7. De los periódicos más vendidos en tu país, ¿........................ es el que, en tu opinión, ejerce más influencia?
8. ¿..................... valoras más en una persona, su dinero y posición social o su inteligencia y su comportamiento con los demás?
9. De estas dos soluciones concretas que nos proponen ¿........................ crees tú que es la mejor?
10. Había allí un corro grande de gente, así que pregunté .... pasaba.

2 El modo de las interrogativas indirectas

El uso del modo no ofrece problemas en las interrogativas, ya que, en cierta medida, le es aplicable aquello de que si decimos tal partícula –en este caso **qué, quién, cuándo, cómo,** etc.,– detrás usaremos... → **INDICATIVO.**

La única dificultad que se puede presentar es la de la confusión con otras estructuras más o menos próximas:

1) Las frases interrogativas tienen en la primera parte un verbo de los que llamábamos, en el Tema III, de Grupo-I y de Grupo-II. Es decir, con los mismos verbos podemos construir una frase de «Verbo-1 + que + Verbo-2», o una frase interrogativa. En el primer caso, la estructura se regirá por las reglas que ya conocemos. Recuerde:

Verbo-1 de Grupo-I { afirmativo ⇒ **indicativo**; negativo ⇒ **subjuntivo** }

- *Estaba seguro de que **quería** hacerlo.*
- *No estaba seguro de que **quisiera** hacerlo.*

Verbo-1 de Grupo-II → afirmativo/negativo ⇒ **subjuntivo:**

- *(**No**) importa que **sea** viejo.*

Y en el caso de las interrogativas, lógicamente, por su regla propia. Es decir, el Verbo-2 se construirá con **indicativo**, con independencia de que en la primera parte haya un verbo de Grupo-I o de Grupo-II, o de que esa primera parte sea afirmativa o negativa:

- *Estaba seguro de qué **era** lo que quería hacer.*
- *No estaba seguro de qué **era** lo que quería hacer.*
- *No importa si **es** viejo.*

2) No debe usted confundir **cuando** temporal y **cuándo** interrogativo. Recuerde: detrás de **cuando** temporal no se pueden utilizar formas de futuro, porque éstas pasan a las correspondientes de subjuntivo:

- *Cuando **llegue**, dile que pase.*

Con **cuándo**, en cambio, para expresar el futuro hay que usar la forma **cantaré:**

- *No sé cuándo **vendrá**, pero cuando **venga** me va a oír.*

3) Recuerde, por último, que detrás de **si** condicional no puede ir la forma **cantaré**, que se sustituye por **canto:**

- *Si **viene**, le dices que pase.*

Pero sí se utiliza detrás de **si** interrogativo:

- *No sé si **vendrá**; pero si **viene**, dile que pase.*

EJERCICIO X.2

Conteste. Hágalo así:

— ¿Cuándo llegarán tus padres?
(Ah, no sé, pero cuando llegar, ya te avisaré.)
— *Ah, no sé, pero cuando lleguen, ya te avisaré.*

1. — ¿Cuándo saldrán las notas?
(Tranquilo, muchacho. Cuando salir, ya te enterarás.)
— ....

— ¿Cuándo va a entrar en vigor la nueva ley?
(Pues no lo sé; pero cuando entrar, ya nos lo dirán.)
— ....

3. — ¿Cuándo intervendrá el presidente?
(No te preocupes. Cuando lo hacer, verás correr a todos los periodistas.)
— ....

EJERCICIO X.3

Ahora hágalo así:

— ¿Vendrán mañana?
(No sé si venir o no; si venir, ya te lo diré.)
— *No sé si vendrán o no; si vienen, ya te lo diré.*

1. — ¿Lo traerán todo esta tarde?
(No sé si lo traer o no; si lo traer, yo te aviso.)
— ....

2. — ¿Televisarán el partido del Real Madrid?
(No se sabe todavía si lo televisar o no; si lo televisar, te vienes a casa a verlo.)
— ....

RECAPITULACIÓN

EJERCICIO X.4

Hable con otra persona. Complete los diálogos con: qué, cuál, quién, cómo.

1. (En un restaurante, viendo la carta)

A.: Tienen unos platos exquisitos. Por ejemplo, este lenguado a la sal tiene que estar riquísimo, y este cordero al horno lo mismo ¿............... pedimos?
B.: ¿.................... te parece a ti? Tú que has estado aquí ya otras veces.
A.: ¿Le preguntamos al camarero? Camarero, por favor, ¿........................... nos aconsejaría usted hoy?
C.: El lenguado a la sal.

2. (En una librería)

A.: Por favor, me da ese libro encuadernado en tela.
D.: ¿...................., señorita? No he...
A.: Quiero ese libro encuadernado en tela.
D.: ¿...................., éste o éste con...?
A.: No, no; el primero. Gracias.

3. (Una de detectives de Joaquín)

A.: ¿Pero no os imagináis .... ha podido ser?
B.: Bueno, sospechamos de dos vecinos que...
A.: ¿Y .... de ellos tenía más motivos para hacerlo?
B.: La verdad es que no sabemos .... pensar, porque los dos tenían motivos suficientes...
A.: ¿Sí? ¿..................... motivos?
B.: Pues uno de ellos era amigo de...
C.: ¿.................. nueva historia de terror le estás contando?
B.: ¿...................? ¿................... terror? ¿..................... historia?
C.: ¡Sí! ¿Que .... nueva invención de las tuyas le estás contando?
B.: ¿........................... te ha dicho a ti que yo invento historias?
C.: ¿.....................? ¿No sabes .... dice la gente de ti?
B.: ¿........................ dice?
C.: Que es difícil saber .... está más loco, si tú o los que te soportan.

4. (Ana habla con Joaquín por teléfono)

Podemos quedarnos aquí o pasar el fin de semana en la sierra. Tú verás .... te conviene o .... te parece mejor; pero dime pronto .... vamos a hacer porque, si vamos a la sierra, yo tengo que preparar muchas cosas.
(Un tiempo después). Me ha dicho la recepcionista que le quedan sólo dos habitaciones, una con vistas al norte y la otra al sur, ¿.................... le digo que nos reserve? (...) ¿...................... has dicho? No oigo bien. Vamos a ver, repite ¿..................... de las dos? (...) Muy bien, ahora mismo llamo otra vez al hotel. Oye ¿.................. tal en la oficina esta mañana? Me parece oír una voz... ¿.............. está ahí contigo? (...) ¿Que .... celosa soy? (...) ¡Sí, sí, es la nueva secretaria! Hasta luego. Un beso.

5. (En casa)

A.: ¿................. te pasa? Me tienes preocupada. ¿Con .... has hablado esta mañana?
B.: No me pasa nada. ¿.................. hay de comer?
A.: En la nevera hay de todo. Mira a ver .... te apetece.

6. (Joaquín sigue jugando a la intriga)

A.: ¿A .... has llamado, a Pedro o a Isabel?
B.: ¿Realmente te interesa saber a .... de los dos he llamado?
A.: Sí, claro.
B.: ¿.................... interés puede tener eso para ti?
A.: Mucho. Tú sabes que estoy a punto de tomar una decisión y que puedo elegir varios caminos, y para ello tiene mucha importancia que hayas llamado...
B.: ¿Y .... camino vas a tomar?
A.: Primero contesta tú a mi pregunta: ¿a .... has llamado?
B.: Mira, puedes hacer dos cosas: o quedarte o marcharte ¿...................... eliges?
A.: ¿................. elijo? Hay otras soluciones. Pero insisto, antes dime a .... de los dos has llamado y, además, por .... lo has llamado y .... te ha dicho y...

EJERCICIO X.5

Complete.

1. Me preguntó dónde lo *(poner, él)* ...., y yo le dije que lo *(poner)* .... donde *(querer, él)* ....
2. Cuando lo *(ver, tú)* .... le preguntas que cuándo *(querer, él)* .... que nos *(reunir)* ....
3. — ¿A quién le ha correspondido ir?
   — A Antonio.
   — ¡Jo, qué suerte! ¡Quién *(poder)* ....!
4. Le pregunté no sé cuántas veces, pero no hubo forma de que me *(decir, él)* .... qué *(querer)* ....
5. No me dijo qué le *(pasar)* .... hasta que me *(enfadar, yo)* .... con él.
6. Hablé muy poco con él, porque sólo *(querer, yo)* .... saber si *(estar, él)* .... dispuesto a ir o no.
7. Pero no te olvides de llamarme esta noche, y me cuentas qué *(hacer, tú)* ....
8. Me llamas cuando *(volver, tú)* .... esta noche y me cuentas.
9. Me dijo que cómo lo *(querer, yo)* .... y yo le dije que lo *(hacer, él)* .... como mejor le *(parecer)* .... a él.
10. Si quieres saber dónde *(estar, él)* ...., no tienes más que pensar a dónde *(ir)* .... tú si *(ser, tú)* .... joven como él.
11. No me importa quién lo *(hacer)* ....; lo que me preocupa es que eso *(poder)* .... suceder.
12. Si *(querer, tú)* .... salir de dudas, pregúntale claramente si *(ir, él)* .... a esperarla a la estación o no.
13. No quiero saber, ni me importa, dónde o cómo lo *(conocer, ella)* ...., ni qué *(poder)* .... pasar entre ellos ni quién *(ser)* .... él. Lo que yo quiero es que *(volver, ella)* .... a casa.
14. — Por favor, dime dónde *(estar, él)* ....
    — Ya te he dicho que no lo *(saber, yo)* .... Estará donde tú lo *(poner)* ....
15. ¿Que qué te pones para salir? ¿Te he preguntado yo a ti qué me *(poner)* .... yo? Ponte lo que te *(dar)* .... la gana.

EJERCICIO X.6

Joaquín habla con su amigo Andrés. Complete el diálogo.

— ¿Pero cómo es realmente?

— Bueno, es difícil de explicar. Es como si *(estar, tú)* .... metido dentro de una habitación y la habitación *(dar)* .... vueltas cambiando constantemente de dirección. Luego, casi sin que uno *(darse cuenta)* ...., se empiezan a elevar los asientos –o mejor dicho, parece como si *(elevarse)* .... los asientos, porque en realidad no se *(mover)* ....– hasta que *(llegar)* .... un momento en el que *(parecer)* .... como si te *(apretar, ellos)* .... contra el techo y *(estar, tú)* .... a punto de asfixiarte.

— Pero todo eso es muy desagradable, ¿no?

— Pues, sí... Pero es el más visitado de la feria; tienes que estar un buen rato a la cola para *(conseguir)* .... una ficha y otro para *(entrar)* ....

— ¿Y cuánto cuesta? Por si al fin me *(decidir)* .... a montar.

— Caro, como todas las cosas que *(estar)* .... de moda.

EJERCICIO X.7

Compruebe los grandes avances estilísticos de Ana. Ayúdele a completar su texto.

Entró en el salón sin *(decir)* .... nada y sin que nadie *(atreverse)* .... tampoco a preguntarle quién *(ser)* .... o qué *(hacer)* .... allí.

Cogió una copa de «champagne», de las que *(estar)* .... ya servidas en la bandeja, y con mucha tranquilidad y solemnidad, como si *(ser)* .... la estrella invitada de la fiesta, la levantó a modo de brindis y empezó a beber.

Cuando *(terminar)* .... la copa, esbozó una sonrisa y dijo con voz grave: «Yo soy el invitado que *(faltar)* .... y que todos ustedes *(esperar)* .... Buenas noches». Y en cuanto *(decir)* .... esto y antes de que ninguno de los presentes *(tener)* .... tiempo de reaccionar, desapareció por la puerta del fondo sin *(hacer)* .... ruido ni *(añadir)* .... nada más, como si de un auténtico fantasma se *(tratar)* ....

EJERCICIO X.8

Y vea, vea también los progresos de Joaquín. Como a Ana, ayúdele a completar el texto.

Ninguno creíamos que *(valer)* .... la pena molestarse por tan poca cosa. Pero Andrés se molestó de que nos *(reír)* ...., y comentó: «¡Ay si yo *(poder)* .... hacer lo mismo!».

Todos estábamos esperando que *(añadir)* .... algo más, pero algo ocurrió en aquel momento que nos *(dejar)* .... helados: Andrés salió del salón donde *(estar,* nosotros*)* .... como alma que lleva el diablo.

Cuando nos *(recuperar)* ...., *(salir)* .... tras él; pero no aparecía por ninguna parte. ¿Qué *(significar)* .... todo esto?

Todos sabíamos que Andrés *(tener)* .... reacciones extrañas, pero nunca imaginamos que *(poder)* .... llegar a estos extremos. Después de *(recorrer)* .... todas las dependencias del edificio decidimos *(salir)* .... a la calle y que cada uno de nosotros *(buscar)* .... en aquellos sitios en los que *(sospechar)* .... que *(poder)* .... estar.

Cuatro horas más tarde estábamos de nuevo en el salón ¡y nada!: parecía que *(habérselo tragado)* .... la tierra, como si, de repente, nadie *(poder)* .... dar noticia de él. ¿Qué hacer?

Alguien propuso que *(llamar)* .... a la policía, pero eso era imposible, y por lo tanto *(haber)* .... que buscar otra solución.

Pepe dijo que *(salir)* .... otra vez y *(rastrear)* .... la ciudad, porque no era normal que no *(saber)* .... nadie nada de él. Era ya muy tarde, así que no *(haber)* .... tiempo que perder, y el asunto por el que nos *(haber reunido)* .... era tan urgente que no *(poder)* .... esperar más: si no *(encontrar)* .... a Andrés, no queríamos *(pensar,* nosotros*)* .... lo que *(ir)* .... a suceder.

EJERCICIO X.9

¿Qué pasa con Ana y con Joaquín? Como todo el mundo, a veces... Lea su conversación y complétela.

— ¿Qué tal *(hacer, tú)* .... el examen? A mí me ha sorprendido por lo fácil. Esperaba que *(ser)* .... más difícil.

— ¿Más difícil? Pues, guapa, yo creo que de fácil no *(tener)* .... nada. Claro que a ti, como *(ser, tú)* .... una empollona, todo te *(parecer)* .... fácil.

— ¿Empollona, yo? Estudio lo suficiente para *(aprobar)* ....

— Sí, lo suficiente para *(aprobar)* .... tú y yo ¡y ocho más!

— No *(ser, tú)* .... exagerado. Me parece que mi aspecto y mi comportamiento no *(ser)* .... precisamente los de una empollona. ...Mira, por ahí pasa Pedro, ¿quieres que le *(preguntar, yo)* .... a él qué *(opinar)* .... de mí? Es posible que él *(tener)* .... mejor opinión que tú.

— No me *(hacer, tú)* .... enfadar, que... Sabes que esa *(ser)* .... la única broma que no *(aguantar, yo)* ...., y menos si *(andar)* .... por medio ese...

— ¡Eh, eh, eh! ¡Un momento! ¡Muy bonito! Así que tú *(poder)* .... decirme que *(ser)* .... una empollona, y yo me tengo que aguantar, ¿verdad? Pero si la broma la *(hacer)* .... yo... ¡Machista! ¡Eres un...!

— Repítelo: «¡Machista!».

— Pues claro que *(ser)* .... un machista. ...Pero, bueno, vamos a dejar el tema y ahora, otra vez, ya en serio, dime cómo *(hacer, tú)* .... el examen.

— Bien.

— «¡Bien!» ¡Pero qué ridículos sois a veces los hombres!
¿Quieres que me *(enfadar)* .... de verdad? Sabes que no me *(gustar, tú)* .... nada cuando te *(poner)* .... tan tonto, porque me *(recordar)* .... a alguien que no me *(gustar)* .... nada.

— Pero tú sabes también que, cuando te *(poner)* .... coqueta, a mí eso me *(sacar)* .... de quicio. Así que me *(parecer)* .... que la tontería esa de Pedro te la *(poder, tú)* .... haber ahorrado.

— ¡Pero qué crío eres! La verdad es que no *(saber, yo)* .... por qué me *(gustar, tú)* .... ni qué *(ser)* .... lo que *(ver, yo)* .... en ti que no *(tener)* .... los otros.

— Bueno, tú sabrás... ¿Me perdonas?

— Tonto...

TEMA XI

Concesivas

ESQUEMA GRAMATICAL

Tipos: 1) ├──┤ ↑ ├──┤ / ├──┤ 2) ├──┤ ↱ ├──┤

1 Conjunciones y construcciones

1.1 De tipo 1) ⇒ INDICATIVO/SUBJUNTIVO

aunque: es la conjunción concesiva de uso universal:

- ***Aunque*** *está nevando tenemos que salir en su ayuda.*
- ***Aunque*** *esté nevando tenemos que salir en su ayuda.*

a pesar de que: alterna con frecuencia con **aunque**, o la sustituye:

- *No lo ha hecho* ***aunque*** *habría sido mejor para él.*
- *No lo ha hecho* ***a pesar de que*** *habría sido mejor para él.*

aun cuando: alterna con **aunque**, o la sustituye, en la lengua cuidada o culta:

- *Le habría ayudado* ***aunque*** *no me lo hubiera pedido.*
- *Le habría ayudado* ***aun cuando*** *no me lo hubiera pedido.*

pese a que: puede alternar o sustituir a **aunque**, tanto en la lengua coloquial como en la culta:

- *No dejaba de llorar* ***aunque*** *estábamos todos allí con ella.*
- *No dejaba de llorar* ***pese a que*** *estábamos todos allí con ella.*

por más que: estructura de valor concesivo de uso muy frecuente, tanto en el español hablado como en el escrito:

- *Por más que* ***trabaja*** *no consigue nada.*
- *Por más que* ***trabaje*** *no conseguirá nada.*
- *Por más oraciones que* ***reza****, en el cielo parece que no le hacen caso.*
- *Por más oraciones que* ***rece*** *es una mala persona.*

1.2 De tipo 2)

⇒ **SUBJUNTIVO**

por mucho (poco, nada,) que: como **por más que**, son estructuras de valor concesivo de uso muy frecuente, tanto en el español hablado como en el escrito:

- *No aprobará, por mucho que* ***estudie*** *ahora.*

- *Por poco que* ***haga*** *allí, hará más que aquí.*
- *En adelante, por nada que* ***haga*** *lo expulsarán.*

por (muy/mucho) + adjetivo, nombre o adverbio + **que:**

- *Por caro que te* ***haya costado****, no puede ser mucho.*
- *Por jugador que* ***sea*** *no llegará a esos extremos.*
- *Por mal que le* ***vaya*** *estará mejor que aquí.*
- *Por mucha cara que* ***tenga*** *no se atreverá a salir.*
- *Por muy alto que* ***sea*** *no creo que lo fichen.*
- *Por muy bien que se* ***porte*** *tiene ya tan mala fama...*

aun a riesgo de que: uso culto:

- *Tenía que hacerlo aun a riesgo de que no me* ***comprendiera****.*

así: es una partícula un tanto curiosa porque difícilmente se usará en un español de tipo medio. O es muy culta:

- *Nos amaremos, así* ***sea*** *en el fin del mundo.*

O es muy coloquial, propia de modismos o expresiones como:

- *No estudia, así lo* ***mates****.*

siquiera: de uso culto y no muy frecuente[1]:

- *Hágame usted ese favor, siquiera* ***sea*** *el último.*

porque: de uso muy frecuente en la lengua hablada, para expresar «no merece la pena, todo va a seguir igual, nada va a cambiar». La otra parte de la frase siempre es negativa. La entonación –que requiere ir acompañada de ciertos gestos– no suele ser fácil para el hablante extranjero:

- *Porque se* ***reúna*** *el Consejo de Seguridad no van a cambiar las cosas.*

⇒ INFINITIVO

ya puedo (puedes, puede,..., podía, podías,...): también de uso muy frecuente para expresar lo mismo que **porque** concesivo. Pero frente a lo que sucede con **porque**, en este caso la otra parte puede ser afirmativa o negativa. Puede usarse o no **que** como partícula de enlace: la entonación con **que** no ofrece problemas; entonar sin **que** requiere alguna atención:

- *Ya pueden* ***hablar*** *que no van a conseguir nada.*
- *¡Ya puede* ***estudiar:*** *no va a aprobar!*

---

(1) Sí es muy frecuente, en cambio, como adverbio, sobre todo en frases negativas con **ni**.

- ***Ni*** *siquiera me dejó verlo.*
- *No me queda* ***ni*** *uno siquiera.*

a pesar de:

- *No habla bien* <u>*a pesar de*</u> ***llevar*** *dos meses en España.*

aun a riesgo de:

- *Le ayudó* <u>*aun a riesgo de*</u> ***exponer*** *su vida.*

pese a:

- *No dejó de llorar* <u>*pese a*</u> ***estar*** *allí con ella.*

⇒ INDICATIVO

(aun) a sabiendas de que: uso culto; con el significado de «aunque + saber (sé, sabía,...) + que»:

- *Intentó convencerlo* <u>*a sabiendas de que*</u> *no* ***conseguiría*** *nada.*

si bien: de uso muy frecuente en el lenguaje «académico». Es una pequeña restricción que se hace a una afirmación general o absoluta:

- *Galileo fue el primero en señalarlo,* <u>*si bien*</u> ***hay*** *que indicar que ya en la antigüedad clásica los griegos...*

y eso que: es de uso muy frecuente en la lengua hablada para realzar o destacar lo dicho o hecho por el propio hablante o por otra persona:

— *Esta paella está riquísima, Elvira.*
— <u>*Y eso que*</u> *no* ***había*** *buenas almejas esta mañana.*

- *Se empeñó en irse al cine y se fue,* <u>*y eso que*</u> *le* ***dije*** *mil veces que la película era mala.*

⇒ GERUNDIO

aun: el gerundio tiene diversos usos en español; uno de ellos es el concesivo. No abuse de él:

- *Ni* <u>*aun*</u> ***estando*** *allí lo habrías conseguido.*

2 INDICATIVO/SUBJUNTIVO en las construcciones de tipo 1)

2.1 **Regla básica:**

Hechos «físicos»

– Comprobados directamente por el hablante ⇒ **INDICATIVO:**

- *Aunque* ***está*** *lloviendo tengo que salir.*

– No comprobados directamente por él ⇒ **SUBJUNTIVO:**

- *Pues aunque* ***esté*** *lloviendo tengo que salir.*

Hechos de «opinión»

– El hablante afirma algo como cierto ⇒ **INDICATIVO:**

- *París es la capital cultural del mundo, aunque no* ***tiene*** *un museo de pintura como el del Prado.*

– El hablante rechaza lo dicho por su interlocutor o no está de acuerdo con ello. Es decir, la frase implica *polémica* y lleva implícito, o explícito, el contenido de «eso no es verdad» o «eso no importa» ⇒ **SUBJUNTIVO:**

— *Ten en cuenta que París es la capital cultural del mundo.*
— *¿Seguro? Pues aunque* ***sea*** *la capital cultural del mundo no tiene un museo...*

— *Yo creo que tengo razón. Mira, este libro, por ejemplo, dice lo mismo.*
— *Aunque lo* ***diga*** *ese libro [no importa]. Eso, convéncete, es una barbaridad.*

2.2 **Ampliaciones de la regla básica:**

El «subjuntivo polémico» es sustituido con mucha frecuencia por una *forma de probabilidad* + **pero:**

- *Pues* ***será*** *la capital cultural del mundo,* ***pero*** *no tiene un museo...*
- *Lo* ***dirá*** *ese libro,* ***pero*** *es una barbaridad.*

Para la expresión del «futuro»:

Con mucha frecuencia se usará la forma **cante**; pero sólo por lo que el «futuro» tiene de no comprobado, no porque no sea posible la forma **cantaré:**

- *Aunque* ***venga*** *el próximo fin de semana no me va a ver el pelo.*

La forma **cantaré** siempre es posible, pero implicará un «plus de significado»: el hablante da a entender que sabe lo que va a suceder en el futuro:

- *Aunque* ***vendrá*** *el próximo fin de semana no me va a ver el pelo.*

2.3 **El valor de las formas del subjuntivo y los esquemas concesivo-condicionales:**

Las formas **cante, haya cantado** y, en parte, **cantara** tienen en las frases concesivas los valores generales ya conocidos. Es decir:

cante:

→ «presente»:

- *Aunque* ***esté*** *<u>ahora</u> en casa no va a ir.*

→ «futuro»:

- *Aunque* ***esté*** *<u>mañana</u> en casa no va a ir.*

haya cantado:

→ «pasado próximo»:

- *Aunque* ***haya llegado*** *<u>ya esta mañana</u> no vamos a poder hacer nada.*

→ «futuro anterior»:

- *Aunque* ***haya llegado*** *<u>para esa hora</u> no podremos hacer nada.*

cantara:

→ «pasado lejano»:

- *Está muy bien y será verdad que se lo dijiste, pero aunque se lo* ***advirtieras****, lo cierto es que no lo hizo.*

Pero las frases concesivas están semánticamente muy próximas a las frases condicionales, de ahí que cuenten, además, con unos esquemas paralelos a los de **si + subjuntivo:**

aunque **cantara** → «presente o futuro hipotéticos»; en el segundo miembro: **-ría, -aba:**

- *No está aquí, pero es que aunque* ***estuviera*** *tampoco lo* ***íbamos*** *a invitar.*
- *Ya sé que no va a venir, pero aunque* ***viniera sería*** *lo mismo.*

Nótese la diferencia entre las frases siguientes:

- *Aunque* ***estás*** *enfermo debes estudiar un poco.*
- *Aunque* ***estés*** *enfermo debes estudiar un poco.*
- *Aunque* ***estuvieras*** *enfermo deberías estudiar un poco.*

aunque **hubiera cantado** → «pasado hipotético»; en el segundo miembro: **hubiera cantado, habría cantado, había cantado** → «pasado»/**-ría, -aba** → «presente, futuro»:

- *Aunque él* ***hubiera estado*** *allí el resultado* ***hubiera sido*** *el mismo.*
- *Aunque lo* ***hubiera hecho*** *no lo* ***reconocería*** *jamás.*

EXPLICACIÓN Y AMPLIACIÓN GRAMATICAL

Desde una consideración sintáctica las estructuras concesivas pertenecen a dos tipos distintos, tal como quedó reflejado ya en el ESQUEMA. Unas corresponden a:

es decir, al tipo donde –como usted ya sabe muy bien– el modo depende de la partícula y, en consecuencia, todo se reduce a saber que «si decimos tal partícula, detrás vendrá necesariamente...».

Pero otras, en cambio –incluidas las de uso más frecuente– pertenecen a un tipo propio de las concesivas:

Este tipo es, quizás, el más difícil del español porque aquí no nos sirve:

– ni aquello de «si decimos tal partícula...»

– ni aquello otro de «si la primera parte es afirmativa...»

– ni se trata tampoco de dos frases independientes en el sentido de:

es decir, en el sentido de que la segunda parte de la estructura se construye como una frase simple.

– ni la frase que lleva la partícula guarda relación alguna con el otro miembro de la estructura, tal como sucedía en las de relativo, que son, con todo, las más próximas a las concesivas desde este punto de vista.

Entonces, si decimos **aunque**, por ejemplo, con independencia de lo que pueda ser el otro miembro, detrás podrá venir una forma de **indicativo** o de **subjuntivo**. Pero –y éste es el problema– no indistintamente, sino que «se utilizará o una u otra forma por razones de tipo semántico interno de la frase concesiva», es decir, utilizaremos el indicativo o el subjuntivo «según lo que queramos decir o según el contexto», ya que –recuerde bien esto–:

el indicativo y el subjuntivo crean mundos, universos o contextos distintos.

Pero no se me alarme usted, por favor. Como ya habrá visto en el ESQUEMA, el problema se puede reducir y someter a reglas.

1 Construcciones de tipo 2): ⊢———⊣ ↱ ⊢———⊣

Véase el ESQUEMA.

EJERCICIO XI.1

Complete.

1. Ya puede *(trabajar)* .... *(que)* no conseguirá nada.
2. Por muy alto que *(ser, él)* ...., estos pantalones le tienen que quedar bien, señora.
3. Por mucha gimnasia que *(hacer, él)* .... ése no pierde un kilo.
4. Aun a riesgo de *(hacer)* .... el ridículo trataré de nuevo de convencerlo.
5. Porque se lo *(decir, tú)* .... no va a cambiar de opinión, así que déjalo.
6. Insistiré en ello en la próxima junta aun a riesgo de que alguien se *(poder)* .... molestar.
7. Así lo *(matar, tú)* .... no habrá quien lo haga cambiar de opinión.
8. — Estas notas son estupendas.
   — Y eso que en Lengua *(tener, yo)* .... mala suerte.
9. Por poco que nos *(costar)* ...., por menos de cuarenta mil pesetas no nos sale.
10. Si bien no *(haber)* .... que lamentar víctimas, los daños materiales son muy elevados.
11. Hay más de trescientos invitados, y eso que *(decir, ellos)* .... que se iban a casar en la intimidad.
12. A pesar de *(decírselo)* .... no me hizo caso.
13. Por muy inteligente que *(ser, el)* .... su hermana lo es más.
14. A pesar de *(entrenar)* .... mucho, no acaba de recuperar la forma.
15. No me quiso recibir, pese a *(ser)* .... sobrino suyo.
16. No nos podemos quejar de los resultados obtenidos, si bien no *(deber, yo)* .... ocultar tampoco que podrían haber sido mejores.
17. Ya puede *(trabajar)* .... su padre, que éstos lo arruinan. ¡Cómo comen estos chiquillos!

2 INDICATIVO/SUBJUNTIVO en las construcciones de tipo 1)

2.1 Regla básica:

La teoría recogida en el ESQUEMA puede resultar más operativa si la transformamos en las siguientes «reglas prácticas»:

1) Interviene un solo hablante, que se limita a **informar**. Es decir, la frase lleva implícito un contenido como:

yo digo que... **y** yo digo que... ⇒ **INDICATIVO**

- *Aunque **está** lloviendo tengo que salir. [→ «yo digo que está lloviendo y yo digo que tengo que salir»]*
- *Aunque París **es** la capital cultural... no tiene un museo... [→ «yo digo que París es la capital... y yo digo que no tiene...»]*

2) Intervienen dos hablantes, es decir, hay diálogo. En este caso, si el hablante que contesta está de acuerdo con el primero, y la frase por lo tanto responde al contenido:

tú dices que... **y yo también** digo que... ⇒ **INDICATIVO**

— *¡Vaya, cómo llueve!*
— *Ya lo veo, pero aunque **está** lloviendo tenemos que salir. [→ «tú dices que está lloviendo y yo también, pero tenemos que salir»]*
— *París es la capital...*
— *De acuerdo; pero aunque **es** la capital cultural... no tiene... [→ «tú dices que París es... y yo también lo digo, pero también digo que no tiene...»]*

Pero si el hablante que contesta polemiza con su interlocutor, y rechaza lo que éste dice o no está de acuerdo con él, es decir, si la frase responde a:

tú dices que... **pero yo** digo que... ⇒ **SUBJUNTIVO**

- *Pues aunque **esté** lloviendo tenemos que salir. [→ «tú dices que está lloviendo, pero yo digo que tenemos que salir»]*
- *Aunque **sea** [lo dices tú, yo no] la capital... [→ «tú dices que es la capital..., pero yo digo que no tiene...»]*

¿Ha comprendido, verdad? Entonces, si María, por ejemplo, ve a través de la ventana que está lloviendo, puede pensar o comentar:

- *¡Vaya mañana! Pero bueno, aunque **está** lloviendo tengo que salir.*

Pero si es Eva –compañera de habitación de María– la que dice:

— *¡Vaya, cómo llueve!*

María puede contestarle así:

— *Sí, ya lo veo, pero aunque **está** lloviendo tenemos que salir.*

O así:

— *Pues aunque **esté** lloviendo tienes que bajar al supermercado.*

EJERCICIO XI.2

Informe a otra persona. Hágalo así:

(Voy a leer la novela de Unamuno / me parecer que la de Baroja es mejor)

Voy a leer la novela de Unamuno, aunque me parece que la de Baroja es mejor.

1. (esta tarde viene Luisa ¡Qué simpática es! ¿Verdad? / ser más guapa su hermana)

   ....

2. (es una buena película y el director es bueno / se recrear demasiado en lo feo para mi gusto)

   ....

3. (¿Qué opinas tú? Es un buen escritor, me parece a mí / no profundizar demasiado en los temas)

   ....

EJERCICIO XI.3

Muéstrese de acuerdo o apruebe lo que le dicen. Hágalo así:

— Vente con nosotros.
(iré / todavía quedarme dos temas por repasar)

— Iré, aunque todavía me quedan dos temas por repasar.

1. — ¿Me puedo llevar este libro?
   (llévatelo / lo estar leyendo yo)
   — ....

2. — Ponte la chaqueta verde.
   (está bien / a mí me gustar más la otra)
   — ....

3. — ¿Me perdonas?
   (sí, / tener que hablar tú y yo)
   — ....

4. — Te ha llamado Pedro.
   (bueno, ahora lo llamaré yo / me fastidiar)
   — ....

EJERCICIO XI.4

Es demasiado tarde, y no merece la pena. Expréselo así:

— Creo que lo ha traído esta mañana.
(/ lo haber traído, ya ¿para qué?)

— Aunque lo haya traído, ya ¿para qué?

1. — Ahora está en casa, creo.
   (/ estar, ¿qué nos va a resolver ya?
   — ....

2. — Dicen que llegará sobre las doce.
   (pero es que / llegar a esa hora, no resolvemos nada)
   — ....

3. — Todavía hay alguna esperanza.
   (/ nos lo conceder [ellos], ya...)
   — ....

2.2 Ampliaciones de la regla básica:

Recuerde que el «subjuntivo polémico», con mucha frecuencia, es sustituido por una forma de probabilidad (*será, sería, habrá sido, habría sido*) y **pero**.

EJERCICIO XI.5

Muestre su desacuerdo con lo que le dicen. Expréselo así:

— Come mucho menos.
(pues ser cierto, pero no se le nota. Sigue como una foca)
— ***Pues será cierto, pero no se le nota. Sigue como una foca.***

1. — Salía con un chico muy simpático.
(ser simpático, pero feo también lo era un rato)
— ....

2. — Él te ha ayudado mucho.
(me haber ayudado, no lo niego, pero ya se lo ha cobrado bien)
— ....

3. — Se compraron un apartamento en Almuñécar.
(yo no lo niego: se lo comprar, pero en Marbella tenían otro)
— ....

4. — Lee mucho.
(ser verdad, pero es más bruto...)
— ....

La expresión del «futuro»

Como ya indicábamos en el ESQUEMA la forma **cantaré** es sustituida generalmente por la forma **cante**. Pero no porque la primera no sea posible en una frase concesiva –tal como sucede en una temporal o en una condicional–, sino porque el «futuro» encierra, por el hecho de ser «futuro», cierto grado de incertidumbre:

- *Aunque* ***venga*** *[yo no sé, lógicamente, si va a venir o no, pero en el caso de que venga] el próximo fin de semana no me va a ver el pelo.*

Pero el uso de la forma **cantaré** siempre es posible y se utiliza cuando el hablante quiere dar a entender que sabe lo que va a suceder en el futuro.

De manera que, si Ana, por ejemplo, discute con Joaquín y «rompen para siempre», en lugar de la frase anterior, podrá decirle más tarde a su amiga Patricia:

- *Aunque* ***volverá****, esta vez se acabó: no voy a ceder más.*

Fíjese: Ana lo que nos quiere decir es todo esto: «yo conozco muy bien a Joaquín, y sé por lo tanto qué va a hacer: estoy completamente segura de que volverá, pero...».

Tenga en cuenta también que, en lugar de la frase con **aunque**, puede usar usted la forma **cantaré**, y **pero** en el segundo miembro:

- ***Volverá, pero*** *esta vez se acabó: no voy...*

EJERCICIO XI.6

Usted no puede saber qué va a pasar exactamente, así que... Conteste así:

— ¿Y si te pide perdón? (/ lo hacer no va a cambiar nada)
— ***Aunque lo haga no va a cambiar nada.***

1. — ¿Y si te llama? (/ me llamar va a dar lo mismo)
   — ....
2. — ¿Y si te escribe? (/ me escribir con sangre. Se acabó)
   — ....
3. — ¿Y si se disculpa? (/ me pedir perdón de rodillas. Yo ya...)
   — ....

EJERCICIO XI.7

Ahora sí sabe qué va a pasar. Expréselo así:

— ¿Y si viene a verte?
(venir, pero va a ser lo mismo)
— ***Vendrá, pero va a ser lo mismo.***

1. — ¿Y si te hace un regalo el día de tu cumpleaños?
   (me lo hacer, pero ya es demasiado tarde)
   — ....
2. — Quizás vuelva a llamarte.
   (sin quizás. Me llamar, pero yo ya no estaré)
   — ....
3. — ¿Tú crees que vendrá?
   (venir, pero no creas que nos va a solucionar nada)
   — ....

2.3 **Esquemas concesivo-condicionales**

Véase el ESQUEMA.

EJERCICIO XI.8

Ni siquiera en el caso de que... Expréselo así:

— ¿Y si viniera mañana?
(¿Desde Roma? ¡Qué bobada! Además, / venir, ¿qué íbamos a hacer?)
— ***¿Desde Roma? ¡Qué bobada! Además, aunque viniera, ¿qué íbamos a hacer?***

1. — ¡Hombre, si estuviera aquí...!
   (/ estar sería lo mismo)
   — ....
2. — Le decimos que nos lo mande enseguida.
   (¿Para qué? / llegar esta misma mañana, ya no...)
   — ....
3. — A lo mejor está en casa.
   (tú sabes que no. Pero es que / estar, ¿qué iba a hacer él?)
   — ....

RECAPITULACIÓN

EJERCICIO XI.9

Complete.

1. Saqué las entradas aunque *(haber)* .... mucha cola.
2. Sacaré las entradas aunque *(haber)* .... mucha cola.
3. Ya pueden *(reunirse)* .... todas las veces que quieran *(que)* no conseguirán nada.
4. Por más que lo *(intentar)* .... no conseguí convencer al policía de que era un simple turista.
5. Es muy difícil que *(aprobar)* .... por más que ahora, al final, *(querer)* .... estudiar.
6. Porque *(subir)* .... el precio no va a descender el consumo de la gasolina.
7. Espera un poco, mujer, y habla con él aunque *(creer,* tú*)* .... que no *(merecer)* .... la pena.
8. Esperaré un rato aunque no *(creer)* .... que *(venir)* ....
9. Espera un poco, mujer, y explícale lo que sucedió, aunque ya *(saber,* yo*)* .... que *(pensar,* tú*)* .... que no *(valer)* .... la pena.
10. Aunque aparentemente te *(encontrar)* .... ya bien debes guardar cama unos días más.
11. Aquel día fuimos en bicicleta, aunque *(hacer)* .... un frío terrible.
12. Con flemón no era aconsejable sacarte la muela. Por eso, el dentista no debió hacerlo, aunque *(estar)* .... rabiosa de dolor.
13. Ya sé que *(ser)* .... un imbécil. Pero, por cretino que *(ser)* ...., no creo que *(decir)* .... semejante tontería.
14. — La comida está riquísima, Marta.
    — Y eso que no *(poder)* .... ir esta mañana a la pescadería. Que si *(poder)* .... ir...
15. Aunque *(discutir)* .... constantemente por cualquier tontería, no pueden vivir el uno sin el otro.
16. Te he dicho que eso no se lo perdono. Así que ya puede *(llamar)* .... todas las veces que quiera *(que)* no me voy a poner al teléfono.
17. Como *(volverse)* .... a repetir eso, aunque me lo *(pedir,* vosotros*)* .... de rodillas, me marcho y se acabó todo.
18. — No discutas con él.
    — Pero si es que me vuelve loco con sus tonterías.
    — Aunque me *(insultar)* .... yo no caería en la trampa.
19. Ya puede *(necesitar)* .... ayuda otra vez *(que)* a mí no me vuelve a pillar.
20. Y eso que se lo *(advertir,* yo*)* .... ayer otra vez, que si no....
21. Ya sé que no quiere. Pero aunque no *(querer,* él*)* .... hay que obligarlo.
22. La verdad es que vi las estrellas; y eso que el golpe no *(ser)* .... muy fuerte, pero en esa parte duele tanto...
23. Ya puedes *(hacer)* .... lo que *(querer,* tú*)* .... *(que)* he dicho que no voy, y no voy.
24. Déjalo, porque le *(insistir,* tú*)* .... no vas a conseguir nada. Cuando se *(poner,* él*)* .... así, lo mejor es no hacerle caso.

EJERCICIO XI.10

Ana y Joaquín siguen escribiendo. Lea y complete estos dos fragmentos.

1. Me sentía feliz, aunque tú no lo *(creer)* .... Recién casada, con un marido que sólo *(ver)* .... por mis ojos, aunque mi madre –¿por qué nos haremos tan desconfiados con el paso del tiempo?– no *(dejar)* .... de decirme que no me *(fiar)* ...., que el mejor hombre, colgado. No me arrepiento, y aunque a veces *(pensar,* yo*)*.............................. que *(poder)* .... ser más feliz con otro, creo que si la vida se *(repetir)* .... *(volver,* yo*)* .... a hacer lo mismo. Los veinte años que nos *(separar)* .... le han dado, creo, algo especial a nuestras relaciones, aunque no *(ocultar,* yo*)* .... que *(poder,* los años*)* .... ser en algún momento causa o concausa de alguna pequeña desavenencia; aunque –quiero que *(quedar)* .... bien claro– los años no *(pasar)* .... igual para todos, desde luego no han pasado lo mismo para él que para mi madre, y su espíritu es joven. Así que, querida mía, si *(oír,* tú*)* .... cosas, deja que *(decir,* ellos*)* ...., y no estés preocupada por mí, que ya *(procurar,* yo*)* .... cuidarme sola, y además tengo quien *(ocuparse)* .... de mí.

2. A pesar de que *(dar,* ellos*)* .... una lata tremenda, a pesar de que a veces no *(ganar)* .... uno para sustos con ellos: que si *(tener,* ellos*)* .... fiebre, que si *(llorar)* .... y no sabes por qué; luego, cuando *(ser,* ellos*)* .... un poco mayores, que si *(discutir)* .... entre ellos y se *(pegar)* ...., que si en el colegio las cosas no *(acabar)* .... de ir bien, que si... Pero a pesar de esto y otras mil cosas, ¿hay algo más bonito que la sonrisa de un niño que no *(cumplir)* .... todavía un año? Cuando ya nadie la *(esperar)* ...., porque el menor de los niños *(tener)* .... nada menos que nueve años, se presentó por una carambola del destino. Y aquí está, juguetona y traviesa, un juguete para todos.

EJERCICIO XI.11

¿Qué les pasa a Joaquín y a Ana? Lea y complete.

— Hola, Ana. ¿Qué tal?

— Bien... ¿Cómo es que me *(llamar)* .... ?

— Pues mira, es que *(poner)* .... una película estupenda en el Patio de Comedias y... ¿Te parece que *(ir,* nosotros*)* .... a verla? Me han dicho que *(ser)* .... muy buena.

— Bueno, la verdad es que no sé, porque la semana que viene *(tener)* .... un examen...

— ¿Qué dices? ¿La semana que viene? Aunque *(ser)* .... mañana. La película... Y además, creo que *(deber,* nosotros*)* .... hablar, aunque tú *(creer)* .... que ya *(estar)* .... todo dicho. ...Sé que no me *(portar)* .... bien, pero en cuanto *(hablar)* ....

— ¿De qué, Joaquín? No quiero *(volver,* yo*)* .... a empezar.

— Por favor, Ana. No te *(hacer)* .... la interesante. Sabes que eso no te *(ir)* .... Por más que lo *(pensar)* .... no comprendo por qué *(suceder)* .... lo que sucedió. Piénsalo bien; creo que *(ser)* .... mejor para los dos que *(hablar)* .... e *(intentar)* .... aclarar las cosas. Yo...

— Quizás *(tener, tú)* .... razón. ¿Qué te parece a las ocho en «Los italianos»? Antes no puedo porque *(quedar)* .... con Marisa para *(ver)* .... juntas unas cosas del examen.

— ¿A las ocho? ¡Estupendo! Así podemos hablar y luego, si te *(parecer)* .... vamos a la película que te *(decir)* ....

— Bueno, primero hablaremos y después de *(hablar)* .... ya veremos... ¿A las ocho, verdad?

— Sí, sí, a las ocho. ...Oye, quiero que *(venir, tú)* .... muy guapa. Y no me digas que ya *(estar, yo)* .... con la canción de siempre, porque...

— Anda, no *(hablar, tú)* .... más, que lo *(estropear)* .... todo. Hasta las ocho.

— En «Los italianos». Ana, te...

— No *(empezar)* ...., Joaquín.

— Te quiero. Hasta luego.

— Hasta luego. Yo también.

APÉNDICES

APÉNDICE I

Ser y Estar

Una pequeña aclaración de terminología gramatical: son verbos *copulativos* los que sirven de enlace, de unión entre dos palabras:

- *Pedro* ***es*** *alto.*
- *Pedro* ***está*** *alto.*

Y *predicativos* o *no copulativos* los verbos cuya misión es significar:

- *Pedro* ***come****.*
- *Antonio* ***corre****.*
- *Ana* ***descansa****.*

El uso de un verbo predicativo no ofrece problema alguno. Es suficiente con conocer su existencia y su significado para usarlo correctamente. Así, cuando el hablante extranjero de español aprende que:

«ingerir líquidos» = **beber**
«ingerir sólidos» = **comer**

dirá:

- ***Bebí*** *una limonada.*
- ***Comí*** *una tortilla española.*

Y no confundirá ya nunca –o al menos no habrá razón para que los confunda– **beber** y **comer**; como no confunde **entrar** y **salir**, **correr** y **andar**, o **leer** y **dormir**.

Ser y **estar** son fundamentalmente verbos *copulativos* –y ahí radica el problema de su uso–, pero son también verbos *predicativos*, es decir, verbos con un significado propio, y por lo tanto, cuando ese significado se conoce bien, tan inconfundibles como **beber** y **comer, leer** y **dormir**, etc. El hablante extranjero, pues, no debería cometer errores, al menos, de los usos señalados en el apartado **1**.

1 **Ser** y **estar** predicativos

1.1 **Ser** significa:

«existir». Es decir, el verbo **ser** se puede utilizar en lugar de **existir.** Y en este sentido no se puede confundir nunca con **estar** porque, sencillamente, **estar** no tiene este significado. Este uso es propio del lenguaje filosófico y literario:

- *Dios* ***es*** = *Dios* ***existe***

A la vida retirada

¡Qué descansada vida
la del que huye del mundanal ruido
y sigue la escondida
senda, por donde han ido
los pocos sabios que en el mundo ***han sido****!*

FRAY LUIS DE LEÓN

Mi Salamanca

Del corazón en las honduras guardo
tu alma robusta, cuando yo muera
guarda, dorada Salamanca mía,
tú mi recuerdo.
Y cuando el sol al acostarse encienda
el oro secular que te recama
con tu lenguaje, de lo eterno heraldo,
di tú que ***he sido****.*

MIGUEL DE UNAMUNO

«ocurrir, suceder» o «celebrarse, tener lugar un acontecimiento literario, deportivo, cultural». Estos valores tienen más interés porque pertenecen al uso general del idioma. Y tampoco en este caso caben confusiones entre **ser** y **estar**, porque sólo **ser** es sinónimo de esos verbos:

- *¿Qué va a* ***ser*** *de ellos ahora? = ¿Qué va a* ***pasar****, qué va a* ***suceder*** *con ellos ahora?*
- *¿Qué* ***fue*** *de aquel libro que pedí? = ¿Qué* ***ocurrió*** *con aquel libro que pedí?*
- *Eso* ***fue*** *tal como yo cuento. = Eso* ***sucedió*** *tal como yo cuento.*
- *El partido* ***es*** *el próximo sábado a las cinco. = El partido* ***se celebrará*** *el próximo sábado a las cinco.*

1.2 **Estar:**

Frente a esos valores de **ser**, que jamás tiene **estar, estar** tiene como significado propio, inconfundible, pues, con **ser**, el de «ocupar un lugar, permanecer o vivir en un sitio»:

- *Creo que* ***está*** *en casa.*
- ***Estuvo*** *en América unos años.*

Debe usted distinguir entre **¿dónde es?** y **¿dónde está?** El primero equivale a «¿dónde se celebra, se representa, se juega...?»; el segundo a «¿dónde he dejado algo o qué lugar ocupa algo?».

De manera que, si quiero asistir a una conferencia y no sé dónde se va a celebrar, podré preguntar:

— *¿Dónde* ***es*** *la conferencia de esta tarde?*

A lo que me podrán contestar:

— ***Es*** *en el Aula Magna.*

En cambio, el conferenciante, en la habitación del hotel, puede preguntarle a su mujer:

— *¿Dónde **está** la conferencia? [= los folios que contienen la conferencia] Que voy a echarle un vistazo.*

A lo que la mujer, desde el baño, podría responder:

— *¡Ah, sí; la estuve viendo yo antes. **Está** en el cajón de mi mesilla.*

EJERCICIO AI.1

Complete con la forma adecuada de ser **o** estar**.**

1. .... en marzo cuando nos vimos por última vez. Recuerdo que tú .... todavía en el despacho antiguo.
2. A esta hora suele .... siempre en casa.
3. Yo se lo voy a enviar, y que .... lo que Dios quiera.
4. La próxima reunión .... en Madrid.
5. Como mi asiento .... a su lado, enseguida me di cuenta de que todos los días .... lo mismo: empezaban besándose y terminaban discutiendo.

2 **Ser** y **estar** copulativos

2.1 { Cualidad permanente → **ser:** • *Petra **es** guapa.*
Cualidad accidental → **estar:** • *Petra **está** guapa.*

Es ésta la regla más comúnmente explicada para el uso de **ser** y **estar**. Y se formula, más o menos, así: «Petra tiene una cara bonita, unos ojos preciosos, la nariz ni larga ni corta, la boca..., y como consecuencia de todo ello resulta que»:

• *Petra **es** guapa.*

En cambio, «Petra no es en modo alguno guapa, pero hoy ha ido primero a la peluquería, luego ha pasado por un salón de belleza, donde la han transformado, y como consecuencia de todo ello *hoy*:

• *Petra **está** guapa.*

Sin embargo, esta regla es básicamente falsa, porque podemos decir, por ejemplo:

• *Pepe siempre **está** enfermo.*

Y aunque decimos *siempre*, usamos **está**, porque **estar enfermo** (distinto de **ser un enfermo**) es **estar enfermo** independientemente de que sea *siempre* o sólo *alguna vez*. Por el contrario, decimos:

• *A veces, sólo a veces, **somos** egoístas.*

Es decir, usamos **ser** aunque señalamos que se trata de algo accidental. Esta conocida regla, por lo tanto, es falsa. Pero no sólo eso: es la responsable del mayor número de errores cometidos por los hablantes de nivel avanzado. Por ello, si la conocía, debe olvidarse de ella. Y no se preocupe, porque

este uso no es más que un aspecto parcial del punto 2.12.

2.2 Acción acabada, resultado de un proceso anterior → **estar:**

- ***Está*** *cansado (maduro, roto, harto, enfadado...).*

Esta regla no es operativa, porque sería más difícil definir y entender qué se quiere decir con eso de «resultado de un proceso anterior» que aprender de memoria los ejemplos a los que se aplica.

Pero no debe usted preocuparse: ya verá que **estar cansado** (en un momento determinado o siempre, ya que esto no importa), **estar maduro, estar roto**, etc., se dicen necesariamente así, con **estar**, y no podría ser de otra forma, porque

este uso no es más que un aspecto parcial del punto 2.12.

2.3 Atributo = sustantivo, pronombre o infinitivo → **ser:**

- *Lo que ha dicho **es** verdad.*
- ***Es*** *ése.*
- *Aquello **era** vivir.*

Ampliaciones:

Los sustantivos que indican profesión → **ser:**

- *Antonio **es** camarero.*
- *María **es** estudiante.*

Pero si se quiere indicar que se ocupa un puesto o que se ejerce una profesión distinta de la que se tiene → **estar de:**

- *Carlos **está de** maestro en un pueblecito.*
- *Ana **está de** jefa en unos grandes almacenes.*
- *José **es** médico, pero **está de** camarero en la Costa del Sol.*

Expresiones coloquiales: ser ≈ estar hecho:

- ***Eres*** *un burro ≈ **estás hecho** un burro.*
- ***Es*** *un lince ≈ **está hecho** un lince.*

Esta regla es más «seria» que las dos anteriores, ya que es una regla gramatical: si detrás de lo que en principio podría ser **ser** o **estar** viene un sustantivo, un pronombre o un infinitivo, se usará **ser**. Ahora bien, esta regla podría servir si acaso para escribir, ya que el hablante al hablar no puede detenerse a pensar si lo que va a decir detrás es un sustantivo, o un... Pero no debe usted preocuparse ni tiene por qué aprender ni poner en práctica esta regla particular, ya que como veremos

este uso no es más que un aspecto parcial del punto 2.12.

2.4 Atributo = numeral:

Cardinal { número total → **ser**
número parcial → **estar**

Esta regla parcial puede aplicarse directamente. De manera que se dirá:

- *En clase **somos** ocho, pero habitualmente **estamos** seis porque dos no van casi nunca.*

Ordinal { cuando implica definición → **ser**
cuando significa ocupar un puesto → **estar**

- *Su hijo **es** el primero [«es el más inteligente, es el mejor»]. ≠ Su hijo **está** el primero [«su hijo ocupa el primer asiento»].*

Tampoco es necesario retener esta regla particular, porque

este uso no es más que un aspecto parcial del punto 2.12.

2.5 Atributo = adjetivo calificativo. Si se sobrentiende un sustantivo → **ser:**

- *El gato **es** [un animal] cariñoso.*
- *Lo que ha hecho **es** [una acción] de cobardes.*
- *La decisión **fue** [una decisión] legal.*

Es evidente que esta regla no se puede aplicar al hablar, porque ella misma nos lo impediría. Como mucho, pues, podría tener alguna aplicación, ante un caso de duda, en la escritura, donde el hablante puede detenerse a reflexionar.

Pero, sobre todo, la regla es perfectamente inútil si tiene usted en cuenta que

este uso no es más que un aspecto parcial del punto 2.12.

EJERCICIO AI.2

Complete con la forma adecuada de ser **o** estar.

1. Eso .... una mentira como una catedral.
2. Aunque .... quince, casi siempre .... sólo doce porque tres no van casi nunca.
3. El mío .... el que tiene una raya roja.
4. Ana .... la tercera por la derecha, la de la chaqueta verde.
5. Antonio .... ya todo un hombre.
6. Buen holgazán .... hecho tú.
7. .... un licenciado más en paro, así que .... pinchadiscos en una discoteca.

Las reglas 2.6, 2.7, 2.8, 2.9, 2.10 y 2.11 son muy simples, y por lo tanto tan operativas que recomendamos que se apliquen directamente. Aunque no debe olvidar que no son sino

aspectos parciales del punto 2.12.

2.6 Para indicar la propiedad, la posesión, la pertenencia o el destinatario → **ser:**

- ***Es** suyo.*
- ***Son** para Antonio.*

2.7 Origen o procedencia → **ser:**

- ***Es** alemana.*
- ***Somos** de Nápoles.*

2.8 Materia de la que está hecha una cosa → **ser.** O bien: **estar hecho:**

- ***Es*** *de piedra, de acero, de oro, de hierro...*
- ***Esta hecho*** *de/con piedra, acero...*

2.9 Cuando sigue un gerundio → **estar:**

- ***Está*** *durmiendo, estudiando, trabajando...*

Pero fíjese: **ser** + gerundio + **como**; o bien: **como** + **ser** + gerundio; o: gerundio + **ser** + **como:**

- ***Es*** *viajando como mejor se puede llegar a conocer un país.*
- *Como mejor se puede llegar a conocer un país* ***es*** *viajando.*
- *Viajando* ***es*** *como mejor se puede llegar a conocer un país.*

2.10 El equivalente a un gerundio → **estar:**

- ***Está de caza*** *(«cazando»).*
- ***Está de parto*** *(«pariendo»).*

2.11 Para expresar la compañía → **estar:**

- ***Estuvo*** *con Andrés.*
- ***Ha estado*** *conmigo.*

EJERCICIO AI.3

Complete con la forma adecuada de ser **o** estar.

1. Se lo di porque me dijo que .... suyo.
2. La verdad es que es insoportable: siempre .... protestando.
3. Te llamo para decirte que no te preocupes, que Ana .... con mis hijas aquí, en mi casa.
4. No sé exactamente de qué ...., pero .... de lo que .... la verdad es que .... hecho con mucho gusto.
5. .... todos de un mismo país, pero no me preguntes de cuál.
6. No los toques, que .... para la profesora.
7. Siento que no pueda usted hablar con él, pero .... de vacaciones.
8. Trabaja, que trabajando .... como hemos llegado los demás a donde estamos.

2.12

Por fin estamos en el punto 2.12. No se trata de una regla, en el sentido de que lo que aquí vamos a ver no se puede aplicar directamente como, por ejemplo, «la compañía» → **estar**.

Estamos ante dos conceptos, un tanto abstractos, que usted, en un primer momento, más que *aprender*, debe intentar *comprender*.

Ser y **estar**, como verbos copulativos, son tan distintos en su significado como cuando son no copulativos o predicativos. Si llega, entonces, a captar en qué consiste la diferencia básica entre los dos, no tendrá por qué confundirlos, como son inconfundibles cuando son predicativos.

SER es un verbo «esencial»; *ser* **DEFINE** al sujeto, es decir, señala una característica, sea ésta permanente o accidental –porque eso no importa–; *ser* **IDENTIFICA** sujeto y atributo:

S	=	A
Pedro	***es***	*inteligente*

ESTAR, en cambio, es un verbo de «estado»; señala cómo **SE ENCUENTRA**, en un momento determinado o siempre –esto no importa–, el sujeto:

- *Pedro **está** cansado.*

Esta diferencia se apreciará mejor –y con ello, además, empezaremos a darle carácter operativo a la teoría– si analizamos un ejemplo.

De un prisionero, pongamos por caso, se pueden decir distintas cosas que tratan de informarnos de «en qué consiste», es decir, **quién es, qué es, cómo es:**

es americano — **es** valiente — **es** capitán
es alto y fuerte — **es** inteligente

[¿Puede haber algo más «accidental» que el hecho de ser capitán? Hoy **es** capitán; hace un año **era** teniente, y mañana puede **ser** mayor del ejército.]

Pero también se nos puede informar de **cómo se encuentra**, es decir, **cómo está:**

está cansado — **está** sucio
está tirado sobre la cama — **está** en mangas de camisa
está pensativo — **está** nervioso
está con las manos en la cabeza

Un paso más y vamos a hacernos unas preguntas y a responderlas. Con ello, además, avanzaremos en el camino de convertir en operativo todo lo que antecede.

¿Alguien puede **ser** «estar tirado en la cama»? Evidentemente, no; se puede **ser** muchas cosas, y alguien puede **estar** tirado toda su vida en una cama, pero no se puede **ser** tirado sobre una cama.

¿Y es que alguien puede **ser** «estar con las manos en la cabeza» o «estar en mangas de camisa»? Se podrá **estar** siempre así, pero nunca se llegará a **ser.**

Pero del prisionero se dicen otras cosas, como:

está cansado — **está** sucio — **está** nervioso

Cansado, sucio, nervioso,... como sucede con la mayor parte de los adjetivos, se pueden construir tanto con **ser** como con **estar.** Pero una cosa será «**ser** cansado» y otra «**estar** cansado». Así:

Un viaje puede **ser** cansado. También una persona puede **ser** muy cansada, es decir, tener un carácter tal que aburra o canse a los demás. Y eso será distinto de **estar** –siempre o alguna vez– cansado.

Un color puede **ser** sucio, porque **es** muy claro por ejemplo; por su color, pues, un suelo puede **ser** también sucio. También un niño puede **ser,** entre otras muchas cosas, sucio. Pero suelo y niño pueden **estar** –ahora o siempre, esto no importa– sucios.

Por lo mismo, debemos distinguir ya y no confundir: **ser** nervioso y **estar** (siempre) nervioso.

Otro paso más. En cada una de las reglas particulares hemos ido destacando que no eran sino aspectos concretos de este punto 2.12. Vamos a ir comprobando que eso era así y, al mismo tiempo, efectuaremos una especie de bombardeo sobre la mente, porque la insistencia –en este caso más que en ningún otro– es el mejor camino para la asimilación de esta distinción:

La compañía → **estar**

Lógico. Una persona puede **ser** muy amiga de otra; puede **ser** muchas cosas. Pero lo que nunca podrá **ser** es «estar con Andrés»: con Andrés podrá **estar** siempre o alguna vez, pero no **ser.**

Cuando sigue un gerundio o un equivalente → **estar**

Claro. Se puede **ser** amante del campo o de la naturaleza; se puede **ser** cazador como se puede **ser** ecologista. Lo que no se puede **ser** es «estar cazando o estar de caza»: porque alguien **es** cazador puede **estar** *siempre* cazando.

Materia → **ser**

Una cosa puede **ser** grande o pequeña, bonita o fea. Y de la misma manera puede **ser** también de oro o de plata, de madera o de barro.

Origen → **ser**

Normal. Se **es** alemán como se **es** alto o bajo, rubio o moreno, o como se **es** hombre o mujer. Y todo ello, claro, distinto de «**estar** muy alemán», como no es lo mismo **ser** alto que **estar** alto.

Si se sobrentiende un sustantivo → **ser**

- *Dios **es** [un ser] incomprensible.*

Dios **es**, o puede **ser**, muchas cosas: eterno, padre, creador, etc. Pues bien, entre otras cosas, **es** también incomprensible.

Ordinal que define → **ser**

No podría ser de otra forma. Lo mismo que Dios **es** incomprensible, alguien puede **ser** inteligente o el más inteligente, es decir, puede «**ser** el primero». Distinto, lógicamente, de «**estar** el primero».

Atributo = sustantivo, pronombre o infinitivo → **ser**

Claro. Pedro puede **ser** inteligente, como puede **ser** alemán o puede **ser** moreno, y del mismo modo puede **ser** médico; distinto del hecho de que **esté** siempre de médico en el mismo pueblo. Asimismo, puede **ser** el más alto, o el de la camisa verde, es decir, puede **ser** *aquél* (que viene hacia nosotros).

Acción acabada... → **estar**

Un reloj, por ejemplo, puede ser muchas cosas: puede **ser** de pulsera o de pared, automático o no, calendario o no, puede **ser** de oro o de plástico, como puede **ser**, simplemente, bonito o feo; pero lo que no será nunca el reloj es «**estar** roto»: el reloj podrá **estar** eternamente roto o parado, pero no llegará a **ser**. Sí puede «**ser** parado» o «**ser** un parado», distintos de «**estar** parado», mi vecino por ejemplo.

Por último, decimos:

- *Petra **es** guapa.*

Y decimos también:

- *Petra siempre **está** igual de guapa.*

llana y sencillamente porque

son dos cosas distintas.

EJERCICIO AI.4

Complete con la forma adecuada de ser **o** estar.

1. La verdad .... que .... una familia encantadora: todos .... muy alegres y siempre .... contentos.
2. Me voy a sentar un poco porque .... que no puedo más. .... más cansada que si .... todo el día en la oficina.
3. Aprovechaos de la vida vosotros, que .... jóvenes.
4. Como tú sabes no .... lo mismo .... joven que .... joven. .... joven .... tener pocos años; .... joven, en cambio, ... aparentar menos años de los que se tienen, o conservarse bien.
5. — ¿Sucede lo mismo con .... viejo y .... viejo?
   — Lo mismo. Por eso, no se le debe decir a una persona: «¡Qué viejo .... (tú)!» «¡Qué vieja .... (ella)!» .... lo que dice, en voz baja y al separarse, una mujer, por ejemplo, que se encuentra, después de diez años, con una antigua compañera de universidad.
6. — ¿Pero qué has hecho? ¡...................... (tú) guapísima!
   — ¡Tonto!
   — .... verdad: .... preciosa.
7. Ten cuidado, que la niña .... dormida.
8. ¡Cómo duerme! .... un dormilón.
9. — Os .... aburriendo, ¿a que sí?
   — No, de verdad que no. ¿Tú .... aburrido, Pepe?
   — No, yo no... La película .... la que .... un poco aburrida.
10. — ¿Qué tal la niña?
    — ¡Preciosa! .... muy tranquila y casi no nos da guerra.
11. Tened cuidado, que la niña .... muy tranquila jugando en la cuna.
12. Ponte otra camisa, que esa todavía .... húmeda.
13. Hay que .... sinceros siempre, y tu ayer no lo ....
14. El clima de Galicia .... húmedo.
15. No creo que apruebe a la primera; .... muy verde todavía.
16. .... un muchacho muy maduro.
17. Si no .... demasiado verde puedes contarlo.
18. .... alto y, además, ... muy alto para su edad.
19. .... siempre pendiente de lo que pasa a su alrededor.
20. ¿......................... libre ese asiento, señora?

2.13 Juicios que dependen de la experiencia directa del hablante, que acaba de probar, tocar, etc., algo → **estar**

De manera que debe distinguir entre:

- *El café **es** amargo.*

Y:

- *¡Qué amargo **está** este café!*

Pero claro que esta regla no es más que un aspecto de 2.12.

2.14 Con los adverbios de modo

bien, mal → **estar:**

- ***Está** bien así, déjalo ya.*
- ***Estuvo** mal lo que hizo.*

así → **ser/estar:**

- ***Está** así siempre, enfadada.*
- ***Es** así siempre, muy alegre.*

Adverbios terminados en –**mente:**

– Si el adverbio se refiere al verbo → **estar:**

- ***Está** estupendamente. ≈ **Está** muy bien.*

– Si el adverbio se refiere al adjetivo, depende:

- ***Es** tremendamente aburrida. ≈ **Es** muy aburrida.*
- ***Está** terriblemente gorda. ≈ **Está** muy gorda.*

Note, pues, que toda la regla es innecesaria, porque todo ello no es sino la aplicación directa de 2.12:

- ***Está** bien. ≈ **Se encuentra** bien.*
- ***Está** mal. ≈ **Se encuentra** mal.*
- ***Es** alegre. → **Es** así, alegre.*
- ***Está** enfadada. → **Está** así, enfadada, desde ayer.*
- ***Está** estupendamente. ≈ **Se encuentra** estupendamente.*
- ***Es** aburrida. → **Es** tremendamente aburrida.*
- ***Está** gorda. → **Está** terriblemente gorda.*

2.15 **ser/estar** → cambio de significado

Muchos adjetivos no sólo se pueden construir con **ser** y con **estar**, sino que al construirse con uno u otro verbo cambian de significado.
Esto plantea dos tipos de problemas distintos:

– Por un lado, habrá siempre una diferencia básica que responderá a la distinción entre **ser** y **estar**, es decir, al punto 2.12. De manera que:

estar católico se referirá siempre a un estado
ser católico será una característica

– Pero, por otra parte, usted tendrá que conocer el «significado concreto» de cada expresión, como si de cualquier otro aspecto del vocabulario se tratara:

- *Francisco* ***no está católico.*** *= Francisco no se encuentra bien, física o psíquicamente.*
- *Francisco* ***es católico.*** *= Francisco está bautizado o profesa la religión católica.*

2.16 Neutralización entre **ser** y **estar**

Por si usted no está familiarizado con la terminología lingüística, voy a explicar un poco el concepto de *neutralización*.

Es el fenómeno por el que dos elementos que habitualmente son diferentes, en determinadas circunstancias suspenden sus diferencias, es decir, dejan de ser diferentes.

Así, [Θ] (za, ce, ci, zo, zu) y [d] son dos sonidos o fonemas distintos en español, que nos permiten, por ejemplo, distinguir:

caza y **cada**

Pero esta diferencia desaparece, en la mayor parte de los hablantes nativos, cuando en final de palabra [Θ] y [d] se pronuncian los dos como [Θ]:

perdiz → perdi Θ
Madrid → Madri Θ

Pues bien, algo similar ocurre con **ser** y **estar**: son dos verbos tan distintos como usted ya sabe, pero con determinados adjetivos (*ciego, casado, viudo, soltero, tonto, bobo, idiota, calvo, cojo,...*) neutralizan su diferencia. De manera que:

ser ciego ≈ **estar** ciego

Y por eso, de una persona que no ve, podemos decir que:

- ***Es ciego.***

O bien que:

- ***Está ciego.***

Y del árbitro de fútbol que no arbitra a nuestro gusto:

- *¡Pero si es que* ***es ciego*** *el tío!*

O bien:

- *¡Pero si es que* ***está ciego*** *el tío!*

A veces, se pueden dar ciertas diferencias de tipo sociolingüístico. De manera que, con *casado, soltero* y *viudo*, es habitual el empleo de **ser** en el lenguaje oficial, mientras que **estar** quizá sea de uso más frecuente en la lengua general.

Y no debe usted olvidar tampoco que la neutralización no se produce en todos los casos. Usted tiene que usar **ser**, por ejemplo, en una frase como:

- ***No seas tonto,*** *hombre.*

EJERCICIO AI.5

Complete con la forma adecuada de ser **o** estar.

1. — No sé qué opinión te merece la paella. Para mí .... uno de los platos más ricos de la cocina española.
   — Puede ...., pero esta .... para tirársela al cocinero a la cabeza.
2. Por fin ayer me presentó a su novio. ¡Y nada! .... muy calvo.
3. .... bien, si no quieres ir no vayas. Pero luego no me digas que .... aburrido.
4. .... un muchacho muy vivo.
5. Tu madre .... muy orgullosa de ti.
6. .... malo, no se encuentra bien.
7. .... difícilmente creíble, por no decir imposible.
8. .... maravillosamente instalado.
9. Camina con dificultad: el pobrecito .... cojo.
10. ¡Sí, sí, ... tú fresco!
11. En clase .... siempre muy atento.
12. .... un niño muy despierto.

EJERCICIO AI.6

Complete con la forma adecuada de ser **o** estar.

1. Las 24 horas de Indianápolis .... el domingo próximo.
2 Ha trabajado mucho y lógicamente .... cansada.
3. Lo siento, pero no puedo ir porque....................... esperando que me llamen de un momento a otro.
4. En su casa siempre .... medio desnudo. Ya sabes que .... algo raro.
5. Él .... muy seguro de que va a aprobar, pero ya veremos.
6. Lo que sí .... seguro .... que él no ha intervenido.
7. Ponte la otra; la rosa te la lavé esta mañana y todavía .... húmeda.
8. Espera, ahí hay un taxi que parece que .... libre.
9. El clima de las regiones tropicales, como se sabe, ... húmedo.
10. No me gusta nada; .... muy orgulloso.
11. Esos .... los niños de Andrés, ¿no?
12. Cuando llegamos al salón .... ya lleno de gente.
13. Pruébalas: .... riquísimas; .... peras italianas.
14. Si esperas un momento podrás probarlo, porque esto ya .... listo.
15. La familia de Antonio .... muy rica.
16. Hombre, no .... mal, pero yo creo que .... un poco aburrido.
17. Trabajar en esas condiciones desde luego .... muy cansado.
18. Hay que oírla hablar. Como su hijo no hay otro: .... el más listo y el más guapo.
19. ¿Me puede decir por qué el suelo de los bares suele .... tan sucio?
20. Vamos a ver, que no te enteras. Ha dicho que el partido .... ayer, que .... en el pabellón municipal y que .... muy bueno.
21. .... todos preparando algo para la fiesta de fin de curso. Julia .... haciendo unos disfraces; José ha buscado unos chistes, y a mí me gustaría .... la presentadora.

22. Las cosas .... como .... ¡Qué le vamos a hacer!
23. La vida .... así, y no hay más remedio que aguantarse.
24. .... así desde que nació.
25. Cuidado con él, porque puede .... muy molesto cuando se lo propone.
26. ¡Hay que ver, siempre (tú) .... molesto por algo!
27. Un drogadicto no .... un delincuente y hay que tratarlo como lo que .... Y todos sabemos que .... un enfermo.
28. ¿Qué .... un chiste verde?
29. — ¿Qué tal Gloria?
    — .... hecha una preciosidad.
30. La Plaza Mayor .... el centro de Salamanca.
31. La Plaza Mayor .... en el centro de Salamanca.
32. Enciende la luz, que esto .... muy oscuro.
33. He encontrado un piso que no .... mal. Pero .... un bajo y, claro, las habitaciones .... muy oscuras.
34. Tú no sabes cómo se puso cuando le dije que .... muy joven. «Yo no .... joven; yo .... joven. ¿O es que tener cincuenta años es .... viejo?» Y no me pegó de puro milagro.
35. Sí, vete corriendo, que tu madre .... buena...
36. No .... bobo, y hazlo.

APÉNDICE II

Preposiciones

El uso de las preposiciones constituye, sin duda alguna, el aspecto más difícil del dominio de una segunda lengua. Ello se debe a que, además de la cuestión de los valores y usos de cada preposición –lo que en sí mismo constituye ya un problema– sucede que:

Lo que una lengua ve como final, por ejemplo, otra lo interpreta como causal, y esto lógicamente tiene que crear problemas.

Muy relacionado con lo anterior está el tema de las falsas equivalencias. Es cierto –y ello es muy cómodo en las primeras etapas del aprendizaje– que se pueden establecer equivalencias entre las preposiciones del segundo idioma y el materno, pero no es menos cierto que las preposiciones no cubren exactamente el mismo campo; por lo que, si la comparación puede resultar cómoda en un principio, en la etapa de perfeccionamiento puede convertirse en una fuente más de conflictos.

Además de esos problemas de interferencias entre la lengua materna y el segundo idioma, hay otros digamos específicos de la segunda lengua: no todos los usos de las preposiciones responden a los valores que pueden señalárseles:

- Existe, por un lado, lo que se llama régimen, es decir, el hecho de que un adjetivo o un verbo se construyen con una o unas preposiciones determinadas y no con otras. Así: *harto* o *cansado* → **de: harto de, cansado de;** o el verbo *sentir* introduce el complemento de persona con **hacia** o **por**, pero no con **para**.
- Y, por otra parte, están los verbos que cambian de significado según que se construyan con una u otra preposición: **pensar (en)** ≠ **pensar de** ≠ **pensar a**.

Tanto el régimen como este último aspecto no se pueden reducir a la gramática; son cuestiones de vocabulario, de diccionario. Es decir, se trata de saber que en español se dice **harto de**, y que se dice **sentir por** o **hacia**, y no *__para__*; y del mismo modo hay que conocer que existe un verbo, **pensar (en)**, que es distinto en su significado de **pensar de,** y los dos distintos de **pensar a,** como **beber** es distinto de **comer** y los dos lo son de **dormir,** por ejemplo.

Aquí analizaremos los «valores y usos» de las preposiciones más comunes del español, y esperamos que eso sea de utilidad para usted. Ahora, bien, con el análisis y uso correcto de los «valores» no queda –ni mucho menos– resuelta la cuestión: usted debe ser consciente de que quedan otros aspectos –quizás los más difíciles y en los que más dificultades tenga– que no se pueden reducir a reglas porque no pertenecen a la gramática: es vocabulario y como tal debe ir asimilándolo, es decir, pacientemente y de manera casi pasiva en su uso diario del español.

La preposición A

1 Significado básico: movimiento

- *Es posible que mañana vayamos* ***a*** *Madrid.*

Indican también movimiento: **hacia, para** y **hasta:**

a → que se llega al sitio que se dice:

- *Voy* ***a*** *Madrid.*

hasta → «límite» del movimiento:

- *Voy* ***hasta*** *Madrid.*

hacia y **para** → «la dirección» del movimiento. De manera que no es lo mismo decir:

- *Me crucé con un hombre que iba* ***a*** *tu casa.*

que decir:

- *Me crucé con un hombre que iba* ***hacia*** *(o:* ***para****) tu casa.*

2 Con el complemento directo

Uno de los problemas serios de las preposiciones en español es el del uso o no uso de **a** con el complemento directo. Pueden serle de utilidad estas reglas:

Con nombres de persona y de animal:

a) nombre propio → **a:**

- *Esta mañana vi* ***a*** *Carlos.*
- *Esta mañana vi* ***a*** *Rex, el perro de Fernando.*

b) nombre común de persona o animal concretos → **a:**

- *Estoy buscando* ***a*** *un señor que tiene...*
- *Estoy buscando* ***a*** *un perro que tiene...*

c) nombre común de persona o animal no concretos → Ø:

- *Necesitamos un camarero que tenga experiencia.*
- *Necesitamos un perro que tenga experiencia.*

Los nombres de cosas → Ø:

- *No sé, pero quizá le compre una muñeca.*
- *Le he comprado la muñeca que me dijiste.*

3 El complemento indirecto

Siempre lleva preposición, pero aquí la dificultad puede estar en la elección entre **a** y **para**. Tenga en cuenta que:

a → «recibe directamente»:

- *Le di un beso* ***a*** *Ana.*
- *Le di de comer* ***al*** *gato.*
- *Le di una mano de pintura* ***a*** *la puerta.*

para → «destino, finalidad o último receptor»:

- *Me dio recuerdos* ***para*** *Ana.*
- *Me dejó comida* ***para*** *el gato.*

Cuando en una frase aparecen los dos complementos, no suele haber problemas, puesto que la diferencia es clara:

- *Le he dado* ***a*** *Juan unos juguetes* ***para*** *los niños.*

Las dificultades suelen presentarse cuando aparece sólo uno de los dos, y hay que elegir entre **a** o **para**, según lo que se quiera decir:

- ***Les*** *di unos juguetes* ***a*** *los niños.*

La palabra **les** y la expresión **a los niños** aluden a las mismas personas. En cambio en la frase:

- ***Les*** *di unos juguetes* ***para*** *los niños.*

las personas son distintas; **les** se puede referir a los padres de los niños, por ejemplo.

4 Punto terminal en el espacio o en el tiempo. También **hasta:**

ORIGEN	TÉRMINO
de	**a**
desde	**a**
desde	**hasta**
de	**hasta**

Cuando sólo hay término → necesariamente **hasta:**

- ***De*** *tu casa* ***a*** *la mía no hay mucho.*
- ***De*** *una* ***a*** *dos estudio.*
- *Vas* ***desde*** *aquí* ***hasta*** *la facultad.*
- *Estuve allí* ***desde*** *las cuatro* ***hasta*** *las ocho.*
- *Esperaré* ***hasta*** *las ocho, pero ni un minuto más.*

5 Distancia:

- *Salamanca* ***está a*** *unos 200 kilómetros de Madrid.*

6 Precio:

Precio parcial o de la unidad → **a:**

- *Las naranjas están* ***a*** *cien pesetas el kilo.*
- *Me salió* ***a*** *unas trescientas pesetas el metro.*
- *Lo vendió* ***a*** *mil pesetas el metro cuadrado.*

Precio total → Ø:

- *Esos le cuestan a usted dos mil pesetas.*

Distinto de:

- *Esos le cuestan a usted* ***a*** *dos mil pesetas.*

Pero tenga en cuenta que el precio total con *vender* y *comprar* → **en** o **por**; con *salir* → **por**; con *dejar* → **en:**

- *Lo compró* ***por*** *dos mil pesetas.*
- *Lo vendió* ***en*** *dos mil pesetas.*
- *Le sale a usted* ***por*** *unas dos mil pesetas.*
- *Se lo puedo dejar* ***en*** *dos mil pesetas.*

7 Expresiones con valor modal

No hay una preposición propia para expresar el modo. Por lo tanto, las expresiones se irán aprendiendo como otras parcelas del vocabulario. Así, tendrá que saber, por ejemplo, que:

- Alguien o algo pueden *caer* «de canto», «de bruces», «de lado», «de costado», «de espaldas», «para atrás»,...
- Una persona puede *estar* «con las piernas cruzadas», «en cuclillas», «con los brazos cruzados», «con los brazos en cruz», «de pie»...
- Puede «llover a cántaros», «oler a rayos»,... O se puede «montar a caballo», «ir a pie», «pasárselo de maravilla» «vivir a lo grande», etc.

La preposición **a** es especialmente frecuente en expresiones que se refieren a las distintas maneras de cocinar o preparar los alimentos:

merluza **a** la romana
chuletón **a** la brasa
besugo **al** horno
callos **a** la madrileña
bacalao **a** la bilbaína
gambas **a** la plancha
gambas **al** ajillo
almejas **a** la marinera
truchas **a** la Navarra
cocer **a** fuego lento

EJERCICIO AII.1

Complete con la preposición adecuada, si es necesaria.

1. No podemos estar allí mucho rato porque Andrés tiene clase .... cuatro .... seis.
2. Eso puede estar .... unos 40 kilómetros de aquí.
3. Esperaré .... las ocho; más no puedo.
4. Lo he traído .... ti.
5. No estaba él, así que se lo di .... su mujer.
6. Cómpralo esta tarde cuando vayas .... clase.
7. Pregúntale .... María si ha visto .... unas tijeras por ahí.
8. He vuelto a ver .... chico que nos ayudó a cambiar la rueda ayer.
9. Son caros porque date cuenta que están hechos .... mano.
10. No me ha resultado muy caro: en total me ha costado todo .... unas tres mil pesetas.
11. Creo que he hecho una buena compra; al final me ha salido .... ochenta mil pesetas el metro cuadrado, exactamente .... ochenta mil setenta y cinco.
12. Este otro le sale .... usted .... cuatrocientas pesetas el metro.
13. Y éste se lo puedo dejar .... quince mil pesetas, más no puedo rebajarle.
14. Si no quieres llamarlo directamente .... él, llama .... su hermano y que él se lo cuente.
15. Le pedí .... un bolígrafo .... un compañero.
16. El paquete era .... Julia, pero como no estaba se lo dejé .... su compañera de habitación.
17. A Ana le han comprado .... un perro precioso.
18. Vigila .... gato, que no entre en la cocina.
19. Esto lo he traído .... los niños.
20. Esto les he traído .... los niños.

Las preposiciones POR y PARA

Como usted sabe, el uso de estas dos preposiciones constituye uno de los problemas «serios» del español, ya que con mucha frecuencia se las confunde. Por esta razón, las vamos a analizar juntas y vamos a poner en relación los valores más conflictivos; de modo que pueda usted apreciar las diferencias claras que existen entre una y otra y, con ello, su uso empiece a resultarle más fácil.

1

por = «causa, motivo, razón»
para = «finalidad, intención»

El valor básico, fundamental de **por** es el de señalar la razón, la causa o el motivo por el que se hace algo; mientras que **para** indica la finalidad, el destino. Equivalen, respectivamente, a las partículas:

causal → **porque** ≈ **por**
final → **para que** ≈ **para**

Usted no suele confundir esas dos partículas, ¿verdad? Entonces, no debe confundir **por** y **para** en frases como:

- *Lo hago* ***por*** *ti [****porque*** *te quiero, por ejemplo].*
- *Eso te pasa* ***por*** *tonto [****porque*** *eres tonto].*
- *Lo hice* ***para*** *ti [****para que*** *te lo pusieras].*
- *Compré tela* ***para*** *un vestido [****para*** *hacer...].*

Un error muy concreto (pero que nos duele particularmente porque es muchas veces la despedida de un buen estudiante, al terminar un curso) es el de la frase siguiente:

- *Gracias *para todo.*

Si acaso usted comete ese error, corríjalo y diga:

- *Gracias* ***por*** *todo.*
- *Gracias* ***por*** *la visita.*
- *Muchas gracias* ***por*** *las flores.*
- *Gracias* ***por*** *ayudarme.*

2

por = «agente en la pasiva»
para = «destinatario»

- *Fue pintado* ***por*** *un pintor famoso.*
- *Fue pintado* ***para*** *la Casa Real.*

3

por = «lugar por donde» → **a través de**
para = «dirección del movimiento»

- *Pasó* ***por*** *Madrid.*
- *Va* ***para*** *Madrid.*

4

por = «en lugar de otro» → **en lugar de, en representación de**
para = «finalidad, destinatario, dirección»

- *El vicepresidente habló* ***por*** *el presidente.*
- *El vicepresidente habló* ***para*** *el presidente.*

5 { **por** = «actuar en beneficio de alguien o de algo» → **en favor de, en defensa de**
{ **para** = «destinatario, finalidad»

- *Joan Baez cantó **por** los soldados de...*
- *Joan Baez cantó **para** los soldados de...*

Este uso es otro de los que suele llevar a frecuentes errores del tipo:

- *Votar *para los demócratas.*

Frente a la frase correcta:

- *Votar **por** los demócratas.*

Como regla operativa, para verbos como *votar*, *luchar*, *morir*, etc., aplique:

por + nombre:

- *Votará **por** un partido que reconozca...*
- *Lucharon **por** sus ideas.*
- *Estaban dispuestos a morir **por** una causa justa.*

para + infinitivo:

- *Votará **para** cumplir con un deber ciudadano.*
- *Luchó **para** defender sus ideas.*
- *Murió **para** cambiar el mundo.*

6 Verbo *estar* + **por/para** + infinitivo

estar + **para** + infinitivo = «inminencia de una acción» + «sin voluntad»:

- *Está **para** llover.*
- *La vaca está **para** parir.*
- *El libro está ya **para** enviarlo a la imprenta.*

estar + **por** + infinitivo:

a) «inminencia de una acción» + «con voluntad»:

- *Estoy **por** bajar al quiosco y comprar el periódico.*
- *Estoy **por** llamar al ginecólogo y decirle que lo prepare todo.*
- *Estoy **por** castigarlo, a ver si así aprende.*

b) «cosa que todavía no ha sucedido»:

- *¡Pero todavía estás **por** vestirte!*
- *Las dos ya, y la comida (está) **por** hacer.*
- *Todavía tengo **por** preparar el exámen de mañana.*

7 Verbo de movimiento seguido de

por + nombre = «a comprar», «a buscar»

- *Bajo **por** pan.*
- *Fue **por** Antonio al colegio.*

El hablante nativo común usa en este caso **a por**, aunque esto se considere académicamente incorrecto:

- *Bajó **a por** pan.*
- *Fue **a por** Antonio al colegio.*

para + infinitivo:

- *Bajó **para** comprar el pan.*
- *Fue al colegio **para** recoger a Antonio.*

También, lógicamente, se puede usar **a:**

- *Bajó **a** comprar pan.*
- *Fue al colegio **a** buscar a Antonio*

8 Con los verbos *sentir, experimentar, profesar,...*

El complemento de «cosa» (*amor, odio, afecto, cariño, pasión, compasión, predilección, admiración,...*) se construye, lógicamente, sin preposición, pero la persona o cosa objeto del sentimiento van introducidas por **por** (o **hacia**):

- *Siente una gran admiración **por** ellos.*
- *Profesa un gran cariño **hacia** los animales.*

La preposición **para** no cabe, pues, en este caso. Cuide este aspecto ya que son frecuentes los errores del tipo:

- *Siente compasión *para ellos.*

En lugar de la frase correcta:

- *Siente compasión **por** ellos.*

9 Para expresar la relación que guardan dos cosas → **para:**

- *Está muy alto **para** su edad.*
- *Las ventanas son pequeñas **para** este edificio.*

10 Para la expresión del tiempo

Con meses, años, estaciones y nombres de fiestas:

tiempo exacto → **en:**

- *Juan se casó **en** enero.*
- *Vendrán **en** primavera.*
- *Joaquín y Ana se casarán **en** Navidades.*

tiempo aproximado → **por, hacia** (pasado y futuro), **para** (futuro):

- *Juan se casó, creo, **por** enero.*
- *Juan se casó, creo, **hacia** enero.*
- *Se casarán **por** las Navidades.*
- *Se casarán **hacia** las Navidades.*
- *Se casarán **para** las Navidades.*

Con horas:

tiempo exacto → **a:**

- *Llegó **a** las doce.*
- *Llegará **a** las doce.*

tiempo aproximado → **sobre, hacia, alrededor de** (pasado y futuro), **para** (futuro):

- *Llegó **sobre (hacia, alrededor de)** las doce.*
- *Llegará **sobre (hacia, alrededor de, para)** las doce.*

EJERCICIO AII.2

Complete con las preposiciones por **o** para.

1. Busca, que tiene que estar .... ahí, ... algún rincón.
2. Le di las gracias .... todo lo que había hecho .... nosotros.
3. Échate .... allá, que no cabemos todos.
4. Elvira no puede ir, así que iré yo .... ella.
5. Compré más .... ti.
6. Lucharía .... algo que realmente mereciera la pena.
7. No hay nada .... lo que una persona tenga que arriesgar su propia vida.
8. Es verdadera pasión lo que siente .... la cultura oriental.
9. Lo siento .... ti, pero me tengo que marchar.
10. .... el color de su pelo le va mejor este otro.
11. Estoy .... llamarlo y decirle que no podemos ir.
12. Dice que lo ha hecho .... mí.

La preposición DE

1 Posesión o pertenencia:

- *Esa cámara es* ***de*** *Marta.*

2 Materia de la que está hecha una cosa:

- *Le regaló un reloj* ***de*** *oro.*

La preposición **con** → «hecho en parte de»:

- *Hay un sepulcro* ***de*** *mármol ≠* ***con*** *unos mármoles muy valiosos.*

Las preposiciones **de** y **con** pueden tener también los valores:

de → «completamente lleno» o «hecho especialmente para contener algo»:

- *Le regaló una caja* ***de*** *bombones.*

con → «que contiene cierta cantidad, sin estar lleno» o «cosa no específica para lo que contiene»:

- *Ahí hay una caja* ***con*** *unos bombones.*

3 Materia o asunto del que se habla o del que trata un libro, una conferencia, una película, etc.:

- *Compré un libro* ***de*** *literatura.*
- *Habló* ***del*** *siglo XIX.*

También pueden usarse **sobre** y **acerca de:**

- *Un libro* ***sobre*** *la literatura del Siglo de Oro.*

Reglas prácticas para el uso de **de** y **sobre:**

de tiende a crear nombres compuestos, es decir, sintagmas en cierto modo invariables:

una novela **de** acción
una película **del** oeste
un libro **de** matemáticas

sobre (y **acerca de**):

a) Suele sustituir a **de** en frases libres:
   - *Compré un libro **sobre** la astronomía en el antiguo Egipto ≠ un libro **de** astronomía.*

b) Uso de **sobre** (o **acerca de**) para deshacer la ambigüedad de una frase como:
   - *Voy a ir a la conferencia **de** Cela ≠ a la conferencia **sobre** Cela.*

c) El uso de **sobre** (o **acerca de**) es obligatorio en frases en las que **de** tiene otro valor:
   - *Declaraciones del ministro [de Asuntos Exteriores] **sobre** el tema de Gibraltar.*
   - *Puntualizaciones de la Diputación [de Salamanca] **sobre** el Hospital Clínico.*

4 Cantidad parcial, partitivo:
- *Alguno **de** vosotros sabrá algo.*
- *Diez **de** los más exaltados fueron detenidos.*
- *Comeremos **de** éste. ≠ Comeremos éste.*

5 Nombre + **de** + infinitivo o nombre = «para». A veces **para** puede sustituir a **de:**
- *Compré una goma **de** borrar.*
- *Eso era un instrumento **de** tortura.*
- *Lleva unos trapos **para** el polvo.*

de y **para** forman nombres/**para** tiene, además, su valor propio de finalidad, y se refiere al uso concreto del objeto:
- *Compró una goma **de** borrar.*
- *Déjame un momento la goma **para** borrar esto.*

6 Se intercala entre el nombre genérico y el propio de las cosas:
- *En la región **de** La Mancha se produce vino.*
- *Esa tienda está en la calle **del** Sol.*

7 Procedencia:
- *Ana es **de** Madrid.*
- *Joaquín desciende **de** una familia del norte.*

8 Origen:

En el espacio:

Si hay origen y término → **de** o **desde**

– Cuando sólo hay origen:

generalmente → **desde**
- *Me lo enviaron **desde** Barcelona.*

algunos verbos como *salir, partir, venir,...* admiten también **de:**
- *Salió **de/desde** el puerto de Málaga.*

– Cuando no hay movimiento → **desde:**

- ***Desde*** *su casa se ve toda la ciudad.*

En el tiempo:

Si hay origen y término, como en el espacio:

de (desde) *1964* ***a (hasta)*** *1986*

Cuando sólo hay origen → **desde:**

- *Está así* ***desde*** *hace mucho tiempo.*
- *No se habían vuelto a ver* ***desde*** *1978.*

Pero si aparece la expresión *en adelante* → **desde/de:**

de/desde *1492 en adelante*

Y en este caso es muy frecuente **a partir de:**

a partir de *1492*

EJERCICIO AII.3

Complete con la preposición adecuada.

1. Cada día me admiro más .... lo mucho que habéis avanzado.
2. .... buena gana iría con vosotros, pero no puedo.
3. Te prometo que, ... que te conocí, no he vuelto ni siquiera a mirar a otra.
4. .... hoy en adelante procuraré tener más cuidado.
5. Ten cuidado con el bolso, que te lo pueden quitar .... un tirón.
6. Se resbaló y se cayó .... espaldas.
7. Nos conocemos .... siempre, ... toda la vida.
8. Lleva en España .... marzo.
9. Come .... ese otro queso, que es mucho mejor.
10. Vimos pasar la procesión .... el balcón.
11. No he dejado .... pensar ....él .... el día que nos presentaron.
12. Los coches procedentes .... norte deberán desviarse .... la carretera de El Escorial.
13. .... aquí .... nada se hacen mayores y nos quedamos solos.
14. Necesitamos gel .... baño, bolsas .... basura y unos trapos .... el polvo.
15. Las palabras .... el fraude fiscal tienen una intención muy clara: amedrentar .... pobre contribuyente.
16. .... eso hablaremos más tarde.
17. El libro .... presidente .... Gobierno es muy interesante.
18. Le dio un vaso .... agua y se lo bebió .... un trago.
19. Le dio un vaso .... un poquito .... agua, y el pobre no podía ni beberlo.
20. La policía retiró otro paquete .... dos artefactos más.

La preposición EN

1 Lugar:

a → movimiento/**en** → reposo, quietud:

- *Estuvo **en** Francia.*
- *Vive **en** Salamanca.*
- *Estudia **en** la universidad.*

Como usted sabe, el español, frente a otros idiomas {AT, IN/A, EN}, no hace distinción entre «lugar grande» y «lugar pequeño». En esto el español es más fácil: siempre utiliza **en:**

en Italia
en Roma
en la ciudad
en el colegio
en clase

Lugar **sobre, encima de** o **dentro de** el que está algo:

- *La comida está **en** la mesa.* — ON/IN
- *Siempre escribía **en** papel rayado.* — DANS/SUR
- *El cuaderno está **en** el pupitre.* — AUF/IN

La preposición **en** es la de uso general; **sobre**, **encima de** y **dentro de** sólo se usan cuando el hablante quiere o tiene que especificar. Fíjese:

— *¿Has mirado **en** el armario?*
— *Sí, y no está.*
— *¿Pero **encima del** armario?*
— *Y **dentro de** los cajones también.*

La preposición **en** → lugar exacto/**por** → lugar aproximado:

- *Eso está **en** Galicia.* ≠ *Eso está **por** Galicia.*

2 Tiempo:

Exacto y aproximado con años, meses, estaciones, fiestas y horas. Véase **POR.**

Día de la semana o día concreto del mes → Ø:

- *Fue el 12 de mayo.*
- *Llegará el próximo martes.*

Para significar «cuando tenía» o «cuando llevaba» → **a:**

- *La conoció **a** los veinte años.*
- *Lo declararon en ruina **a** los cinco años de haberlo construido.*

Con las palabras *noche, día, mañana, tarde* y *madrugada:*

de: *de noche, de día, de madrugada,...* → «oscuridad» frente a «con luz»:

- *Lo hicieron **de** noche.*
- *Llegaron **de** madrugada.*

por: *por la noche, por la mañana, por la tarde,...* → «de un día concreto del que se está hablando, en el pasado o en el futuro» (no del día actual → *esta noche, esta mañana,...*):

- ***Por** la noche visitaremos la catedral.*

Tiempo invertido en algo → **en:**

- *Lo hizo **en** tres días.*
- *Lo terminará **en** un momento.*

Cuando se señala la fecha de terminación → *estar* **para/para dentro de:**

- *Estará **para** el día 10/el martes/el mes que viene/marzo/el año que viene/1999.*
- *Estará **para dentro de** cinco días/una semana/dos meses/un año.*

3 Vestido incompleto o no apropiado para la ocasión → **en**/completo o apropiado → **con:**

en mangas de camisa
en bañador
en bragas
en calzoncillos
en pijama
en zapatillas
con chaqueta
con traje
con corbata
con zapatos

- *Iré a la recepción **en** zapatillas/jugaré (al tenis) **con** zapatillas.*

4 Régimen de los verbos *creer, esperar, confiar, pensar,...*

Terminaremos como empezábamos: recordando que las dificultades más serias en el caso de las preposiciones no están en los usos derivados de sus valores, sino en aquellos otros debidos al régimen o construcción propios de algunos adjetivos y verbos. Aunque claro que esto es tan difícil, y a la vez también tan fácil, como memorizar cualquier otro aspecto del vocabulario; de manera que todo consiste en saber, por ejemplo, que:

Hay un verbo *pensar que/pensar* **en** (pronombre o sustantivo) que significa «tener algo en la mente»:

- *Pienso que es mejor así.*
- *Pienso en ella.*
- *Pienso en Alicia.*

Verbo que es «distinto» de **pensar de**, que significa «opinar»:

- *¿Qué **piensas de** lo de ayer?*

A su vez, «distintos» de **pensar a,** verbo de uso poco frecuente y culto, que significa «crear»:

- *Dios **pensó** al hombre.*

Pero ya sabe usted que no debe crearse un problema con esta cuestión, que tendrá que ir dominando pacientemente con su uso diario del español, con sus lecturas y con la consulta y el manejo de un buen diccionario.

¡Adiós y suerte!

EJERCICIO AII.4

Complete con la preposición adecuada.

1. ¿.................... qué piensas?
2. Llegaron .... tren .... Salamanca y luego continuaron .... pie .... la sierra.
3. Se tiró un rato .... la cama porque le dolía la cabeza.
4. Se tiró .... río para intentar salvarlo.
5. Confío ciegamente .... él.
6. Tú sabes que pienso .... eso exactamente lo mismo que tú.
7. Todos fueron cayendo y él, como fue el último, cayó .... los demás.
8. .... tu edad yo ya salía con chicas.
9. Venga, a la cama, que .... la mañana podáis levantaros temprano.
10. No me gusta nada conducir .... noche.
11. Esto se lo tenemos listo a usted .... cuatro días.
12. Vuelva usted .... cuatro días.
13. Estará .... dos o tres meses.
14. Me parece que no está bien que vayas .... mangas de camisa, así que ponte una chaqueta.
15. Es que .... corbata me ahogo.

EJERCICIO AII.5

Complete con la preposición adecuada, si es necesaria.

1. Fueron entrando .... uno .... uno.
2. Van empatados: dos .... dos.
3. Fueron entrando tranquilamente uno .... otro.
4. Volvía a casa muy tarde y un borracho se metió .... ella.
5. Como hacía frío y llovía nos metimos .... el cine.
6. Jugó muy mal y le metieron .... cuatro goles.
7. Lo siento, pero los niños han roto .... un vaso.
8. Y sin saber por qué rompieron todos .... reír.
9. Discutieron y rompió .... él.
10. Rompieron .... cuestiones de dinero, creo.
11. Se las da .... listo, y es un bobo.
12. La casa es interior, pero da .... un patio muy grande.
13. La policía no ha logrado dar todavía .... los que huyeron ayer.
14. Hay cuatro desaparecidos, ... los que las autoridades, dado el tiempo transcurrido, dan .... muertos.
15. Esto luego da mucho .... sí.
16. Su casa da .... atrás.
17. Le dio .... beber y el matrimonio se fue .... pique.
18. Les dio .... unos duros .... los niños para que bajaran .... comprar golosinas.
19. El golpe se lo dio .... la cuarta y la quinta vértebras.
20. Dio .... beber y la convivencia se hizo imposible.
21. .... el tipo de vida que llevaba no se podía esperar otra cosa: terminó dando .... sus huesos en la cárcel.
22. Eso es muy difícil .... comprender.

23. Es más fácil .... decirlo que .... hacerlo.
24. No te preocupes, eso es difícil .... ti, lo es .... mí y lo es .... todo el mundo.
25. Eso no tiene ningún problema; es muy fácil .... hacer.
26. Está todavía .... los efectos de los sedantes.
27. Cuando era niña metía muchos juguetes .... la cama y luego mi madre tenía que sacarlos .... una escoba.
28. Como no tenía otra cosa .... mano le dio .... el teléfono.
29. Llámala .... teléfono a ver qué pasa.
30. .... la hora que es debe .... haber llegado ya.
31. No estás todavía bien del todo, así que debes .... quedarte en la cama unos días más.
32. Le levantó un poco la voz y se echó .... llorar.
33. Le dolía la cabeza y se echó un rato .... la cama.
34. El perro se echó .... él sin que le diera tiempo .... reaccionar.
35. Échate .... la izquierda para que te pueda ver mejor el oído.

Índice alfabético de partículas